LES ORIGINES

DU

CONCORDAT

PAR

LÉON SÉCHÉ

II. — PIE VII ET LE CONSULAT

D'après la Correspondance inédite des Préfets du Consulat

ET DES

Documents tirés des Archives nationales et des Archives des Affaires étrangères.

ÉTAT NOMINATIF DES PRÉFETS DU CONSULAT

PORTRAITS DE PIE VII, DE BERNIER ET DU Iᵉʳ CONSUL

PARIS

LIBRAIRIE CH. DELAGRAVE

15, RUE SOUFFLOT, 15

LES ORIGINES DU CONCORDAT

PORTRAIT DE PIE VII

d'après un dessin de David

LES ORIGINES

DU

CONCORDAT

PAR

LÉON SÉCHÉ

II. — PIE VII ET LE CONSULAT

D'après la Correspondance inédite des Préfets du Consulat

ET DES

Documents tirés des Archives nationales et des Archives des Affaires étrangères.

ÉTAT NOMINATIF DES PRÉFETS DU CONSULAT

PORTRAITS DE PIE VII, DE BERNIER ET DU Ier CONSUL

PARIS

LIBRAIRIE CH. DELAGRAVE

15, RUE SOUFFLOT, 15

SAVENAY. — IMP. J.-J. ALLAIR

A MONSIEUR E. POUBELLE

PRÉFET DE LA SEINE

CE LIVRE

EST RESPECTUEUSEMENT DÉDIÉ

L. S.

LES ORIGINES DU CONCORDAT

DEUXIÈME PARTIE

PIE VII ET LE CONSULAT

CHAPITRE PREMIER

Le Conclave de Venise. — Mémorialiste et chroniqueur. — Les lettres du cardinal Maury à Louis XVIII. — Caractère de ces lettres. — Pourquoi le Conclave se réunit à Venise. — L'empereur se charge d'acquitter toutes les dépenses publiques. — Le droit d'exclusion et l'Espagne. — Mesures prises par le roi Charles IV à la mort de Pie VI. — Causes de la disgrâce d'Azara. — Les candidats préférés de l'Autriche et de l'Espagne : Mattei et Valenti. — Le cardinal Herzan donne, au nom de l'empereur, l'exclusive à Bellisomi. — Intrigues à ce sujet. — La candidature Gerdil est écartée. — Entrée en scène de Maury. — Conférences proposées et acceptées. — Dix commissaires nommés. — Résultats des listes probatoires. — Calcagnini obtient vingt-quatre suffrages. — Nouvelle exclusive d'Herzan. — Maury et Consalvi se concertent ensemble pour amener l'élection de Chiaramonti. — Rôle joué dans la circonstance par le conclaviste de Maury. — Raisons qui déterminèrent le choix de l'évêque d'Imola. — L'Autriche maîtresse des légations, et Naples de Rome. — Mattei soupçonné de servir les desseins de l'Autriche qui voulait garder ces légations. — Bonaparte et sa lettre au général Hédouville, relative aux honneurs funèbres accordés à Pie VI. — Ce que Maury pensait du retour d'Egypte et du Dix-Huit Brumaire. — Portrait de Chiaramonti. — Sa conduite en 1797 lui avait mérité l'estime de Bonaparte. — Son homélie du 25 décembre 1797. — Ce qu'en dit Artaud. — Sentiments libéraux de l'évêque d'Imola. — Empêchements *extrinsèques* à son élection. — Comment Consalvi et Maury finirent par en triompher. — Antonelli devient leur instrument sans le savoir. — Election de Chiaramonti.

I

La vérité historique ressemble à la justice dont parle Homère : elle est boîteuse mais elle finit toujours par arriver. On savait déjà que le Conclave de 1799 d'où sortit le pape Pie VII avait eu son mémorialiste dans le cardinal Consalvi, mais on ignorait jusqu'en ces dernières années qu'il avait eu dans le cardinal Maury son chroniqueur, d'aucuns diraient son pamphlétaire. Car ce sont de véritables petits pamphlets que les chroniques adressées sous forme de lettres au roi de Mittau par l'archevêque de Montefiascone. Elles ont comme un avant-goût des fameuses lettres que Louis Veuillot écrivait de Rome à l'*Univers* pendant le Concile du Vatican. C'est la même verdeur, le même sans-gêne, le même souci du pittoresque, la même façon de pousser le portrait à la caricature, tranchons le mot, la même impertinence. Il est possible que le Saint-Esprit les ait inspirées, mais je doute qu'il les ait dictées. Quoiqu'elles aient été écrites dans le monastère de Saint-Georges, elles ont l'air d'avoir été rédigées sur le coin d'une table d'auberge par une plume trempée dans du vinaigre. Il y a pourtant cette différence entre les lettres de Veuillot et les chroniques du cardinal Maury, que les premières ne s'attaquent qu'aux évêques de la minorité, tandis que les secondes s'en prennent à peu près à tout le monde. Le Conclave de Venise se composait de trente-cinq cardinaux en comptant Herzan qui cumulait les fonctions d'ambassadeur de S. M. l'empereur d'Autriche (1). Sur ces trente-cinq cardinaux on en trouverait à peine sept ou huit que la verve Maury ait épargnés. De ce nombre étaient Braschi, neveu du pape défunt, chef de la majorité dans le Con-

---

(1) Ces trente-cinq cardinaux étaient : Albani, le duc d'York, Antonelli, Valenti Gonzaga, Caraffa di Trajetto, Zelada, Calcagnini, Mattei, Archetti, Josef Doria, Livizzani, Borgia, Caprara, Vincenti, Maury, Pignatelli, Proverella, della Sonaglia, Antoine Doria, Braschi, Carandini, Flangini, Rinuccini, Honorati, Giovanetti, Gerdil, Martiniana, Herzan de Harras, Bellisomi, Chiaramonti, Lorenzana, Busca, Dugnani, de Pretis, Fabrice Ruffo.

Onze cardinaux n'avaient pu se rendre à Venise, savoir : Sentmanat, Mendoza, Gallo, La Rochefoucauld, Rohan, Montmorency-Laval, Frankenberg, Migazzi, Batthiany, Ranuzzi, Zurlo.

Il y avait donc le 1er décembre 1799 — date de l'ouverture du Conclave — quarante-six cardinaux sans compter Antici qui avait renoncé à la pourpre pour échapper à la déportation et à la confiscation de ses biens pendant l'occupation de Rome par les Français et qui, s'étant présenté quand même à Venise, ne fut pas admis par ses anciens collègues.

clave ; Albani, doyen du Sacré-Collége ; le duc d'York, sous-doyen ; Bellisomi, qui fut pape pendant la première quinzaine ; Gerdil, qui balança un moment ses chances ; Honorati, pour qui Maury vota dans les premiers jours, et Chiaramonti qui l'emporta enfin par miracle, à la suite de toutes sortes d'intrigues. Les autres étaient pour Maury comme autant de têtes de Turcs : des ambitieux, des nullités, des avares, des impotents, des aveugles, des sourds. Ganganelli définissait un Conclave : *Uno luogo di rispetti, di dispetti et di rospetti.* Maury surenchérissait encore. Tous ces Italiens lui semblaient être « de l'espèce des oignons que la nature a recouverts de cent téguments l'un sur l'autre. » Et le fait est que, pris seul à seul, la plupart de ces Pères de l'Eglise, à commencer par Maury, n'inspiraient rien moins que le respect. Mais, comme disait Fénélon : « Dieu fait son œuvre dans les conclaves au milieu des conflits des passions, et c'est toujours sa volonté qui domine. » L'élection de Chiaramonti en est la preuve la plus éclatante.

Quelque temps avant que le pape Pie VI eût rendu le dernier soupir, le Sacré-Collége s'était préoccupé de l'endroit où le futur Conclave pourrait s'assembler en pleine liberté. Il avait pensé d'abord au vaste Couvent des Bénédictins de Sainte-Justine de Padoue qui se trouvait dans les Etats de l'empereur ; ensuite à la ville de Parme qui paraissait lui offrir toutes les commodités, toutes les convenances désirables ; finalement il hésitait entre Pérouse et Viterbe où l'on avait tenu d'autres conclaves et qui, à ce moment, étaient délivrées du joug des Français. « Il est bien naturel, disait Maury, que l'on souhaite de préférence de se réunir chez soi, s'il est possible, pour n'être à charge à personne. » Par malheur, le Sacré-Collége était hors d'état de pourvoir aux frais du Conclave. Les banquiers révolutionnaires, qui désiraient que le Sacré-Collége se réunît à Rome, avaient bien mis leur caisse à sa disposition, mais accepter c'était se lier les mains et reconnaître la légitimité de la Révolution. Aussi, quand l'empereur, après la mort de Pie VI, fit savoir aux cardinaux qu'il leur permettait de se rassembler à Venise, dans le monastère de Saint-Georges, ils acceptèrent avec d'autant plus d'empressement, qu'il prenait tous les frais du Conclave à sa charge (1).

En échange il va sans dire qu'il entendait être le maître absolu de l'élection du nouveau pape et donner l'exclusive à tout candidat qui ne lui serait pas agréable. Ce fut, en effet, le premier mot du cardinal Herzan à son arrivée au Conclave. Il ajouta que, si l'empereur voulait un pape qui lui convînt, « il n'était pas nécessaire de choisir un homme de talent, parce qu'on emprunte aisément des lumières à Rome. »

Le droit d'exclusion appartenait à la France, à l'Autriche et à l'Espagne, mais dans les circonstances d'alors il n'y avait réellement que l'Autriche qui pût l'exercer d'une façon souveraine. Maury, qui représentait la France à lui tout seul au Conclave, ne pouvait avoir la prétention de donner l'exclusive au nom de Louis XVIII. D'autre part les deux cardinaux espagnols qui étaient présents n'avaient aucune mission bien déclarée de leur cour, et d'ailleurs la conduite étrange du roi d'Espagne, à la mort de Pie VI, lui avait aliéné tous les esprits dans le Sacré-Collége. Charles IV, en annonçant à ses sujets la mort du pape, avait déclaré, sous l'inspiration sans doute d'Urquijo (2), son premier ministre, gallican renforcé, qu'il était le seul

---

(1) Les dépenses publiques s'acquittèrent à l'aide d'une somme de 24,000 écus romains (l'écu romain ou *scudo* vaut 5 fr. 37). Les autres dépenses furent payées par le banquier Torlonia qui offrit 3,000 ducats au Sacré-Collége et par le cardinal espagnol Lorenzana. Ce cardinal disait depuis dix-huit mois à tous les cardinaux, qu'il était dépositaire d'une somme de 80,000 écus romains pour la dépense du Conclave, et il ajoutait que les évêques et chapitres d'Espagne en faisaient hommage au Sacré-Collége. Mais quand vint le moment de s'exécuter, il allégua l'interruption du courrier d'Espagne pour retarder le versement de cette somme et se contenta d'envoyer un acompte de 1,500 écus.

(2) D'Urquijo fut congédié le 13 décembre 1800, et voici ce qu'Alquier, notre représentant à Madrid, écrivait à ce sujet à M. de Talleyrand, le 5 janvier 1801 : « Le Jansénisme est le mot dont on s'est servi pour agir efficacement sur l'esprit du roi. Il est donc très persuadé que d'Urquijo est janséniste, et chef de secte; et cette dénomination est celle que l'on donne aujourd'hui à toutes les personnes qu'on croit devoir éloigner ou dont on veut obtenir les places.. » (Boulay de la Meurthe : *Documents sur les négociations du Concordat*, t. I, p. 256.)

roi qui n'eût pas pris un intérêt stérile au sort du Souverain-Pontife, et il avait statué que désormais les évêques
accorderaient toutes les provisions et dispenses qui éma-
naient du Saint-Siège; que sa nation ne reconnaîtrait le
nouveau pape que lorsqu'il aurait proclamé son élection
et qu'en attendant on s'adresserait pour la consécration
des évêques à son ministre.

Ces déclarations ouvertement schismatiques n'étaient
point faites pour augmenter le crédit de son ambassadeur
au Conclave. Aussi Mgr Despuigs, ennemi juré du chevalier d'Azara et qui vraisemblablement n'était pas étranger
à sa disgrâce (1), s'était-il rendu compte que le meilleur
moyen d'y exercer quelque influence était d'agir de concert avec le cardinal Herzan pour amener l'élection du
candidat de l'empereur. Mgr Despuigs disposait de cinq à
six voix qui, dès lors, furent acquises au parti de l'Autriche. Seulement pour ne pas paraître faire cause commune ensemble, il fut convenu tacitement que les voix

(1) Maury écrivait à ce sujet à Louis XVIII, le 9 octobre 1799 :
« J'ai fait, sire, durant le cours de cette semaine par moi-même et
par des intermédiaires clairvoyants, toutes les recherches possibles
auprès des Espagnols qui sont à Venise, pour me mettre en état
de rendre un compte exact à V. M. des causes et des suites de la
disgrâce du chevalier Azara, rappelé de Paris et relégué à quelques
lieues de Barcelone. Mgr Despuigs, son ennemi déclaré, se fait une
généreuse délicatesse d'éluder toutes les questions qu'on lui adresse
à ce sujet, et sa discrétion ne se laisse pas entamer. Le cardinal
Lorenzana, qui ne parerait pas si bien la botte, ne sait rien. Les
autres Espagnols, qu'on pourrait vampiriser avec plus de succès,
sont réduits à des conjectures très incertaines par l'interruption des
courriers d'Espagne depuis trois mois. Ce qu'on peut recueillir de
plus probable jusqu'à présent sur cette disgrâce généralement ap-
plaudie, c'est que le chevalier Azara vient de finir irrévocablement
sa carrière diplomatique, à l'âge de soixante-douze ans. Il était
craint et haï de la reine et des ministres, dont il a été constamment le détracteur le plus amer et le plus indiscret. Ne tenant à
personne par sa naissance, il n'avait à la cour que des ennemis.
On le regardait comme un philosophe du jour, dans toute la latti-
tude de ce mot. On lui connaissait des systèmes hardis et une fré-
nésie d'innovations en tout genre, dont il ne prenait pas la peine
de se cacher, et qu'il insinuait dans toutes ses dépêches. On lui a
fait un crime d'avoir placé depuis longtemps des fonds très considérables dans les banques de Florence et de Vienne tandis qu'il
abusait les trop crédules Romains en faisant beaucoup de dépenses
à Rome, même pour y embellir un jardin où il tenait en secret une
loge de francs-maçons... » (Mgr Ricard : *Mémoires et correspondance inédite du cardinal Maury.*)

espagnoles se porteraient d'abord sur le cardinal Valenti
et puis sur le cardinal Mattei, tandis que les Autrichiens
voteraient en première ligne pour le cardinal Mattei, et
en seconde pour le cardinal Valenti. Ce dernier appartenait à la famille des Valenti-Gonzagne, de Mantoue, et
passait en Italie pour l'ami des Jésuites. Il avait rempli
pendant quelque temps les fonctions de nonce en Espagne,
et son oncle, le cardinal Valenti, qui avait été secrétaire
d'Etat sous Benoît XIV, avait vendu la daterie aux Espagnols, en 1752. Il était donc tout naturel que la cour de
Madrid, en souvenir de l'oncle, favorisât l'élection du
neveu. Mais le Conclave lui signifia dès les premiers
scrutins qu'il ne voulait pas entrer dans cette combinaison, et le nom du cardinal Mattei qu'on mit alors en
avant eut toutes les peines du monde à rallier les quelques voix qui étaient allées à Valenti. C'est que depuis le
traité de Tolentino le cardinal Mattei avait perdu la confiance du Sacré-Collége qui lui reprochait de s'être humilié
devant Bonaparte et d'avoir accepté des conditions de paix
qui équivalaient à la ruine de l'Etat ecclésiastique. Reproche injuste mais bien humain !

En présence du double échec de Mattei et de Valenti, le
cardinal Braschi convint avec Albani de faire une épreuve
en faveur du cardinal Bellisomi, évêque de Césène, homme
doux et modéré qui avait rempli non sans succès les nonciatures de Cologne et Lisbonne et jouissait de l'estime de
tous. L'épreuve réussit au-delà de leurs espérances, puisqu'il obtint dix-huit suffrages au premier scrutin et qu'ils
ne comptaient que sur douze voix. Il en fallait vingt-quatre
pour consommer une élection canonique. On juge du contentement des uns, de l'intimidation des autres, de la surprise de tous. Dans le premier moment cette coalition
imprévue de plus de la moitié des suffrages causa une telle
émotion dans le monastère de Saint-Georges, que Bellisomi
eût certainement été élu au scrutin de l'après-midi si le
cardinal Herzan n'avait demandé au Conclave d'ajourner
cette élection jusqu'à ce que l'empereur lui eût fait savoir
s'il l'agréait. Malgré cela chacun la regardait comme faite,
et Bellisomi conservait fidèlement ses dix-huit voix aux
deux scrutins que le Conclave tenait chaque jour. On était

à la fin de décembre, et les cardinaux Albani et Antonelli qui s'étaient ralliés à cette candidature avaient consenti, par un acte de déférence inconnu dans l'histoire de l'Eglise, à renvoyer l'élection jusqu'à l'Épiphanie. Le cardinal Herzan, qui n'avait pas abandonné la candidature de Mattei, mit ces quelques jours à profit pour lui recruter des voix, disant qu'elle était agréable aux cours de Vienne, de Madrid, de Naples et à la ville de Rome. Et il manœuvra si bien que le cardinal Antonelli qui, sans être jaloux de Bellisomi, sentait parfaitement qu'il ne pourrait dominer sous son pontificat, se rallia au parti de l'Autriche et parvint à réunir treize voix sur le nom de Mattei dont il disait quelque temps auparavant qu'on ne pouvait voter pour lui sans commettre un péché mortel.

Cependant Bellisomi tenait toujours la tête, et le Conclave n'avait pas l'air de vouloir se déjuger, quand surgit tout-à-coup la candidature du cardinal Gerdil qui parut mettre tout le monde d'accord. Gerdil était presque Français puisqu'il était né à Samoens en Savoie, et que ce pays était occupé par la France, mais il avait le malheur d'être sujet du roi de Sardaigne; c'est pourquoi Maury, qui brûlait de jouer un rôle dans le Conclave, fit cette réflexion dans le comité secret convoqué pour conclure : « qu'il avait souvent entendu dire qu'aux approches de l'élection du pape, les cardinaux perdaient visiblement la tête. » — « A quoi bon voter pour Gerdil du moment qu'on était sûr qu'Herzan s'opposerait à son élection ? » Maury avait raison, aussi sa motion fut-elle généralement approuvée. Mais ce n'était pas une solution. On cherchait partout un candidat qui obtînt la majorité des voix et ne déplût pas à l'Autriche, et l'on retombait toujours sur Bellisomi qui était définitivement écarté, sur Valenti qui était tout d'une pièce, sourd comme une cloche et presque aveugle, impossible par conséquent, et sur Mattei dont on ne voulait entendre parler à aucun prix. Comment dénouer cette crise intérieure qui menaçait de s'éterniser et dont on se demandait les causes au dehors ! La majorité, ne voulant pas qu'on pût imputer à son obstination exclusive en faveur de Bellisomi le retard scandaleux de l'élection du pape, députa un de ses membres au cardinal Herzan pour lui proposer des conférences dans lesquelles on traiterait loyalement du choix d'un tiers qui pût réunir la pluralité des suffrages. Herzan et la minorité acceptèrent cette proposition. On choisit donc de part et d'autre deux commissaires (1) qui nommèrent chacun cinq sujets de leur bord et convinrent de se remettre réciproquement une liste signée d'eux, avec le nombre de voix que les deux groupes voudraient donner à chacun des dix concurrents. Mais lorsqu'on dépouilla ces listes, on s'aperçut que la minorité n'avait pas donné un seul de ses suffrages aux membres de la majorité, sauf deux voix à Chiaramonti, tandis que la majorité avait disposé de quatre des siennes au profit de Valenti. Calcagnini avait obtenu dix-sept voix et Valenti seize. Les Espagnols redoublèrent d'ardeur pour faire agréer leur candidat, mais le cardinal Maury qui avait inventé la manœuvre ci-dessus, « leur fit une profonde révérence en leur rappelant qu'on lie les hommes avec des paroles mais qu'avec des cordes on n'attache que des bêtes : *verba ligunt homines, taurorum cornua fines.* »

Calcagnini restait donc maître du terrain. Au scrutin suivant, il obtint vingt-quatre suffrages. C'était la première fois que ce chiffre était atteint par un membre du Conclave. Déjà tous s'apprêtaient à lui baiser la main lorsque le cardinal Herzan déclara qu'il lui donnait l'exclusive. La situation s'embrouillait de plus en plus. Quel homme serait assez habile pour la dénouer à la satisfaction de tous? Certains historiens prétendent que ce fut Consalvi, je croirais plutôt que ce fut Maury, en tout cas c'est à ce dernier que, d'après les mémoires de Consalvi, reviendrait l'honneur d'avoir conçu le nouveau plan qui prévalut. Maury n'avait jamais eu l'illusion qu'il porterait la tiare, quoique Louis XVIII lui reconnût toutes les qualités requises (2),

(1) Albani et Braschi pour la majorité ; Antonelli et Flangini pour la minorité.

(2) Louis XVIII lui écrivait de Mittau, le 12 août 1798 : « Je voudrais que le futur chef de l'Eglise fût un homme d'un âge mûr, sans être dans la vieillesse, dont les plus rudes épreuves eussent fait éclater le courage et les bons principes, qui eût déjà réuni tous les suffrages dans l'administration d'un diocèse, dont l'éloquence fût connue de toute l'Europe et dont la santé fût en état de résister aux fatigues qui plus que jamais seront inséparables de la tiare. Il ne manque à ce tableau que votre nom ; c'est donc vous que je désirerais voir élever sur le trône pontifical, et ce

mais il était allé à Venise avec le ferme dessein de diriger l'élection du pape, et les événements le servaient à merveille. Un jour qu'il se promenait, après l'échec de Calcagnini, sous les portiques du monastère de Saint-Georges, il rencontra Consalvi qui remplissait les fonctions de secrétaire du Conclave et s'entretint avec lui dés difficultés de la situation. Il reconnut d'abord que, dans l'alternative où se trouvaient les partis, il était pour ainsi dire impossible que l'un des deux consentît à élire un sujet appartenant à l'autre. D'où cette conclusion que le Conclave allait s'immobiliser. Il fallait donc trouver le moyen de concilier les intérêts des deux camps, et ce moyen, suivant lui, était que le parti opposé prît le nouveau pape dans le sein de son rival. De la sorte, dit-il, tout le monde serait content, et ceux du parti dans lequel on aurait choisi le pape, puisque le Souverain-Pontife sortirait de leurs rangs, et ceux qui n'auraient pas la gloire de fournir un chef à l'Eglise, parce qu'ils l'auraient désigné dans le parti opposé. Il se flattait ainsi de sauvegarder l'amour-propre de tous et de garantir l'affection du pape à ceux à qui il devrait son exaltation. Ce plan était en effet très ingénieux, mais il dépendait du parti Mattei de le faire réussir en consentant à choisir le nouveau pape dans le sein du parti Bellisomi. Consalvi fut frappé de la justesse des observations de Maury et lui proposa une combinaison dont le succès était assuré. Maury avait auprès de lui, en qualité de familier et de conclaviste, un homme qui avait toujours possédé la faveur du chef du parti Mattei et qui jouissait de l'affection et de l'estime de tout ce parti. Il se nommait l'abbé François Pinto Poloni. Consalvi fut d'avis de l'employer à gagner les voix du parti Mattei en faveur de la candidature Chiaramonti. Et il fut fait comme il le désirait. Mais avant d'aller plus loin il est indispensable que j'ouvre ici une parenthèse. Quelles raisons pouvaient avoir Maury et Consalvi de patronner la candidature de Chiaramonti, de préférence à celle d'Honorati et de Borgia, par exemple, qui appartenaient également à la majorité et avaient eu

serait le plus grand bonheur qui pût arriver à la France et à l'Eglise » (Mgr Ricard : *Mémoires et correspondance inédite du cardinal Maury*. T. i., p. 189.)

plus de voix que lui sur les listes probatoires où Calcagnini était arrivé premier ? M. Thiers donne à entendre qu'ils voulaient avant tout donner des gages à Bonaparte lequel avait en effet beaucoup d'estime pour l'évêque d'Imola. « C'est de la France, aurait dit Consalvi aux membres du Conclave, que nous sont venues les persécutions depuis dix années. Eh bien, c'est de la France que nous viendront peut-être à l'avenir les secours et les consolations. La France, depuis Charlemagne, fut toujours pour l'Eglise le plus utile, le moins gênant des protecteurs. Un jeune homme bien extraordinaire, bien difficile à juger encore, y domine aujourd'hui. Il aura prochainement, n'en doutez pas, reconquis l'Italie. Souvenez-vous qu'il a protégé les prêtres en 1797 et qu'il a tout récemment rendu les honneurs funèbres à Pie VI. Des paroles singulières qu'on lui a entendu dire sur la religion, sur la cour de Rome, nous ont été répétées par des témoins dignes de foi. Ne négligeons pas les ressources qui s'offriraient de ce côté. Arrêtons-nous à un choix qui ne puisse pas être considéré comme une hostilité pour la France, qui puisse même lui convenir jusqu'à un certain point ; et nous ferons peut-être une chose plus utile pour l'Eglise qu'en demandant des candidats à toutes les cours catholiques de l'Europe (1). »

Rien de tout cela ne se trouve dans les mémoires de Consalvi, non plus que dans ceux du cardinal Maury. Mais le langage que M. Thiers met dans la bouche du secrétaire du Conclave paraît d'autant plus vraisemblable, qu'il était bien approprié aux circonstances. L'Autriche et Naples, tout en protestant de leur dévouement aux intérêts de l'Eglise, avaient fini par réaliser leurs vues ambitieuses : la première en s'emparant des légations après la bataille de la Trebbia ; la seconde en occupant militairement Rome et l'Etat romain. Et l'Autriche ne cachait pas son dessein de ne restituer au successeur de Pie VI que le territoire compris entre Pesaro et Rome. C'est même pour cela qu'elle tenait tant à voir sortir du Conclave un pape qui acceptât cette situation. Mais le Sacré-Collége n'avait

______

(1) Thiers : *Histoire du Consulat et l'Empire.*

pas renoncé à l'espérance de recouvrer les légations, et si la candidature du cardinal Mattei n'avait pas eu plus de voix dans le Conclave, c'est qu'on craignait que, pour arriver au pontificat il n'en eût fait d'avance l'abandon à l'Autriche.

III

Quant à Bonaparte, s'il était dans l'ignorance complète
de ce qui se tramait à Venise, il voyait les choses de trop
haut pour être indifférent à la prochaine élection du pape.
C'est ainsi que, dès le 13 février 1800, il avait chargé
M. de Talleyrand de déclarer à l'ambassadeur du roi d'Espagne qu'il faisait ses réserves sur la reconnaissance du
pape, en raison des motifs qui infirmaient selon lui les
opérations du Conclave (1). Et j'ai comme idée que c'était
avec l'intention de prévenir le Conclave en sa faveur que,
le 5 janvier 1800, il mandait au général Hédouville, commandant en chef de l'armée d'Angleterre : « Le Premier
consul désire que vous fassiez placarder et distribuer partout l'arrêté (du 30 décembre 1799) que vous trouverez
dans les journaux, relatif aux honneurs funèbres accordés
à Pie VI. » Aussi bien Maury, tout emmuré qu'il était
dans le monastère de Saint Georges, suivait-il attenti-
vement les moindres faits et gestes du héros d'Arcole et
des Pyramides. Parlant de son brusque retour d'Egypte, il
écrivait à Louis XVIII : « Personne ne doute plus ici du
retour du général Bonaparte en France. C'est un homme
dangereux, mais la Providence a ses desseins, et il faut
attendre que les événements nous les expliquent. » Et

(1) Ces motifs étaient : le défaut de concours des cardinaux de
toutes les puissances catholiques ; l'influence d'une seule de ces
puissances ; la participation étrangère des deux gouvernements
non catholiques de Pétersbourg et de Londres. (Boulay de la
Meurthe : *Documents sur la négociation du Concordat*, t. I, p. 3.)

quelques jours plus tard le cardinal avait applaudi à tous les actes de réparation qui avaient suivi le Dix-Huit Brumaire. Dès lors quoi d'étonnant que Maury et Consalvi, écœurés de la tournure que prenait le Conclave après trois mois de clôture, aient pensé au Premier consul en se faisant les promoteurs de la candidature de Chiaramonti ? L'évêque d'Imola n'était pas seulement le prélat courageux qui était resté à son poste, en 1797, quand les Français avaient envahi l'Etat ecclésiastique, et dont Bonaparte avait opposé la belle conduite à celle du cardinal Ranuzzi, évêque d'Ancône. Il passait pour avoir l'esprit ouvert aux idées nouvelles, et l'on avait encore présente à la mémoire l'homélie toute républicaine qu'il avait publiée à l'occasion de l'enlèvement du pape Pie VI. Dans cette homélie l'évêque d'Imola recommandait à ses diocésains la plus entière soumission au pouvoir établi, lisez la République cisalpine. Il faisait l'éloge de la forme démocratique de ce nouveau gouvernement et s'efforçait de démontrer que ses principes étaient absolument conformes aux enseignements des saints évangiles. Et cela à la mode du temps, dans une langue ampoulée, où les souvenirs d'Athènes et de Sparte se mêlaient d'une étrange façon à ceux de l'évangile et du vicaire savoyard. Certes c'étaient là des sentiments qu'on n'avait pas coutume de trouver sur les lèvres d'un prince de l'Eglise. Je ne crois pas cependant, comme le dit Artaud, que Chiaramonti les ait exprimés sous l'influence de la peur, car il montra plus tard, quand il porta la tiare, que s'il savait rendre à César ce qui appartient à César, il savait aussi lui résister lorsque l'intérêt de l'Eglise le commandait.

Artaud dit encore que tout le passage sur la forme du gouvernement démocratique lui fut inspiré par ses conseillers. Qu'importe ? Qu'importe, par exemple, qu'on lui ait soufflé la citation de la profession de foi du vicaire savoyard qui scandalisa si mal à propos, à cette époque, les catholiques à courte vue, les émigrés et les puristes ? L'essentiel est qu'il en ait pris la responsabilité en publiant cette pièce sous sa signature. Il faut reconnaître d'ailleurs qu'il n'eut pas trop à s'en plaindre, puisque c'est à l'éclat qu'elle fit dans le monde, bien plus qu'à ses vertus privées, qu'il dut son élévation au pontificat. Et pourtant ses vertus n'étaient pas ordinaires, si l'on s'en rapporte aux mémoires de Consalvi : « Une grande douceur de caractère, une très aimable gaieté dans le commerce habituel, une pureté de mœurs qui n'avait jamais été souillée en aucune manière, une sévérité de conduite sacerdotale jointe à une indulgence parfaite pour les autres, une sagesse constante dans le gouvernement des deux églises confiées à ses soins, une profondeur peu commune, spécialement dans les études sacrées, aucune contrariété individuelle, aucune hauteur, jamais une querelle avec ses collègues, enfin le renom d'un excellent homme dont il jouissait partout, comptaient pour autant de titres et de qualités *intrinsèques*. »

Mais il y avait aussi à son élection des empêchements *extrinsèques* que Consalvi a détaillés tout au long dans ses mémoires. D'abord Chiaramonti était né à Césène comme Pie VI, et les traditions s'opposaient à ce qu'on nommât l'un après l'autre deux Césenates. Ensuite l'évêque d'Imola passait à tort pour être le parent du pape défunt. Voter pour lui dans ces conditions c'était vouloir perpétuer le règne des Braschi. Enfin — circonstance non moins grave — Chiaramonti n'avait que cinquante-huit ans c'est-à-dire l'âge exact de Pie VI quand il avait été élu. On doit bien penser, comme dit Consalvi, qu'un règne qui avait duré près de vingt-cinq ans détournait absolument de l'idée de donner à Pie VI un successeur qui pouvait vivre aussi longtemps. Les cardinaux étaient habitués à voir les papes occuper le siège de Saint-Pierre pendant sept ou huit années, aucun d'eux ne se souciait de brider son ambition pendant une nouvelle période de vingt-cinq ans. Telle était la nature des impossibilités extrinsèques dont il s'agissait de triompher dans le Conclave. Après les avoir bien pesées, Maury estima que le plan qu'il avait conçu pouvait en avoir facilement raison. Tout dépendait de l'habileté de son conclaviste. Or l'abbé Pinto fit preuve de tant de dévouement, de tant de diplomatie, qu'il gagna le parti Mattei à la cause de son maître. Pendant que Consalvi mettait Albani et Braschi dans le secret de son jeu, l'abbé Pinto persuadait Antonelli que lui seul pouvait sauver la situation en proposant à la majorité de faire l'accord définitif sur le nom de Chiaramonti. Et le chef de la minorité dont le moindre défaut était de vouloir dominer partout, tomba dans le piège sans se douter le moins du monde qu'il était l'instrument du parti adverse. Il faut avouer aussi que tous les cardinaux avaient hâte de sortir de prison et que la lassitude de l'ennui contribua puissamment à rapprocher les esprits, suivant l'expression de l'évêque de Montefiascone.

Et voilà comment Dieu fit son œuvre dans le Conclave. Il s'était ouvert le 30 novembre 1799. Ce n'est que le 14 mars 1800, que Chiaramonti fut, à l'unanimité des voix, proclamé pape sous le nom de Pie VII. Il n'avait donc pas duré moins de trois mois et demi. O comédie humaine !...

CHAPITRE II

Le cardinal Maury fait reconnaître le titre de roi de France à
Louis XVIII par le Conclave de Venise et le pape Pie VII. —
Illusions du comte de Provence à ce sujet. — Comment Maury
trahit les intérêts de Louis XVIII dans le sein du Conclave. —
Etait-il si désintéressé qu'il le disait? — Les conférences de
Verceil. — Promesses de Bonaparte au cardinal Martiniana. —
Premières bases du Concordat. — Effet produit par cette nou-
velle sur l'esprit de Louis XVIII. — Négociations de ce dernier
avec la cour de Rome en vue de revenir à l'exécution du Concordat de 1516. — La question des évêchés vacants. — Louis XVIII
déduit immédiatement toutes les conséquences du traité de paix
proposé par Bonaparte au pape Pie VII. — Il compte sur la
résistance des évêques émigrés pour en empêcher la conclusion.
— Attitude réservée du pape. — Il refuse à l'archevêque de
Reims le chapeau de cardinal et éconduit le cardinal Maury. —
Il garde un silence obstiné sur la promesse de fidélité à la Constitution imposée par le Consulat à tous les ecclésiastiques exer-
çant publiquement le culte — Comme quoi le Concordat de 1516
avait été abrogé par la Constitution civile. — Sentiments vrais
de Bonaparte envers la religion, d'après Chaptal et le chancelier Pasquier. — Louis XVIII prie inutilement le tsar Paul Ier
d'intervenir auprès du pape pour empêcher toute entente entre
Bonaparte et la cour de Rome. — Il échoue également dans sa
tentative de former un conseil d'évêques. — MM. de Boisgelin,
de la Luzerne et de Cicé disposés à faire la promesse. — M. de
Juigné refuse de nommer l'abbé Edgeworth son coadjuteur. —
Craintes de Louis XVIII au sujet de la démission possible des
évêques de France. — Il menace le pape de rompre, comme roi,
toute communion avec lui.

I

Pie VI, tout en lui prodiguant, ainsi qu'à Mesdames
royales de France, les marques de sa respectueuse sym-

pathie, n'avait pas voulu reconnaître la royauté de Louis XVIII. Le cardinal Maury, qui guettait une occasion favorable, profita de la réunion du Conclave à Venise pour obtenir du Sacré-Collège et du pape Pie VII que le titre de roi de France lui fût enfin donné d'une manière officielle (1). « Le cardinal-doyen et tous les membres éclairés du Sacré-Collège, écrivait-il à Mittau, du monastère de Saint-Georges à Venise, ne comptent solidement que sur le rétablissement et la protection de Votre Majesté. Le titre de comte de Provence a disparu et on me dit avec une affectation qui me fait sourire : « Le roi de France ou votre roi, quand on parle de Votre Majesté. » L'émigration est une fort bonne école de droit politique. »

Ce n'était pas la première fois que Maury mettait ainsi l'eau à la bouche du royal exilé de Mittau. Le 4 septembre 1799, dans l'ignorance où il était encore de la mort de Pie VI, il lui écrivait que la présence du pape, *son précurseur* en France, « devait avoir produit sur la convalescente opinion publique des effets absolument opposés aux intentions irréfléchies qu'avaient eues les auteurs décriés de cette atroce bêtise. » — « C'est l'arche au milieu des Philistins, lui disait-il, ce sera bientôt le vieux Jacob transporté en Egypte pour y assister à la réconciliation de ses enfants. » Il ajoutait : « On espère, on croit qu'il sacrera, qu'il couronnera Votre Majesté à Reims, de ses mains défaillantes et que la Providence a permis son voyage en France pour y sceller au nom de toute l'Eglise dont il est le chef suprême, cette belle réhabilitation de la royauté. » Enfin, comme il faut tout prévoir, Maury protestait que dans le cas où ils auraient le malheur de perdre plus tôt cet auguste et excellent pontife, il ne s'occuperait que des seuls intérêts de Sa Majesté.

C'est pourtant au sein du Conclave de Venise qu'il commença de les trahir. En avait-il bien conscience ? Je n'oserais l'affirmer. Pourtant il s'était vanté au roi « d'acheter plus au Conclave qu'il ne vendrait et de ne pas se

<hr>

(1) Le 8 octobre 1799, le collège des cardinaux lui annonça officiellement la mort de Pie VI, — et Pie VII, à peine élu, lui écrivit comme aux souverains régnant en Europe pour lui notifier son élévation au pontificat.

laisser conduire sans savoir où il irait. » Je crois plutôt
qu'en favorisant, de concert avec le cardinal Consalvi,
l'élection de Chiaramonti, il était préoccupé surtout de
ménager ses propres intérêts dans le présent et dans
l'avenir ; car, bien qu'il se soit défendu un jour dans une
lettre hautaine à M. de Boisgelin, d'être « responsable de
sa grande fortune, » il serait difficile de croire à son désintéressement. Ne parlons pas de son chapeau de cardinal :
on sait que les honneurs de la pourpre romaine ne sont
jamais accordés qu'au mérite ; — mais il aurait pu se
contenter de son bénéfice de Montefiascone, et il avoue
lui-même qu'aussitôt après l'élection de Pie VII — il n'ose
pas dire pour prix de son patronage — il sollicita l'archevêché de Fermo, un des premiers sièges de l'Etat pontifical. Encore y mettait-il cette condition que son frère qui
lui servait de grand vicaire lui succéderait sur le siège de
Montefiascone. Ce n'est pas tout. En même temps qu'il
demandait cela pour lui-même, il fit nommer son neveu à
un canonicat de Saint-Pierre de Rome d'une valeur de
six mille francs. Il me semble après cela que Maury était
mal venu à nous vanter son désintéressement. Faut-il dire
toute ma pensée ? J'ai la conviction que lorsqu'il passa
avec armes et bagages du côté de Napoléon, c'est qu'il
n'avait plus rien à espérer du pape qui le laissait moisir
dans son fromage de Montefiascone, ni de Louis XVIII dont
« l'usurpateur avait pris la place sur le trône de France. »
   Peut-être cependant, quand il noua à Venise l'intrigue
qui aboutit à l'élection de Chiaramonti, avait-il l'illusion
que Bonaparte, dont il servait ainsi les grands desseins,
jouerait le rôle de Monk et que, comme dit Lamartine :

Soldat vengeur des rois plus grand que ces rois même,

il se ferait le restaurateur des Bourbons. Il est bien difficile
de lire dans une âme aussi compliquée que celle de Maury !
Parlant de Brumaire dont le contre-coup s'était fait sentir
jusqu'au sein du Conclave, Maury écrivait à Louis XVIII
le 30 novembre 1799 : « Ce sera la fin de Bonaparte, si ce
n'est pas son commencement dans la carrière de la véritable gloire. » Phrase à double entente et que Louis XVIII

interpréta évidemment dans le sens qui lui était le plus favorable.

Quoi qu'il en soit, le bruit des premières conférences de Verceil paraît avoir ébranlé quelque peu ses espérances monarchiques. Autant il avait montré jusque là d'empressement à tenir son royal correspondant au courant des moindres faits qui lui semblaient de nature à l'intéresser, autant il montra de discrétion, de nonchalance, quand ils s'agit de l'informer de ces conférences inattendues (1). Ce n'est que le 12 juillet 1800 qu'il lui rendit compte de l'entretien que Bonaparte avait eu les 25 et 26 juin avec le cardinal Martiniana. Et la fin de sa lettre n'était guère encourageante. « On ne voit rien de monarchique, lui disait-il, dans cette proposition qui semble au premier coup d'œil la première marche du trône. » Que s'était-il donc passé entre le Premier consul et l'évêque de Verceil ? Voici. En traversant cette ville, après Marengo, Bonaparte reçut la visite du cardinal Martiniana et le pria dès le lendemain, au cours de celle qu'il lui rendit à la tête de son état-major, d'aller à Rome pour annoncer au pape qu'il voulait lui faire cadeau de trente millions de catholiques français ; que son intention était de restaurer la religion en France ; que les intrus du premier et du second ordre étaient un tas de brigands déshonorés dont il était résolu à se débarrasser ; que les diocèses étaient anciennement trop multipliés en France et qu'il fallait en restreindre le nombre ; qu'il désirait établir un clergé vierge ; que quelques-uns des anciens évêques n'étaient nullement considérés dans leurs diocèses où ils ne résidaient jamais (2) ; que plusieurs n'avaient émigré que pour cabaler et qu'il ne voulait pas les reprendre ; qu'on traiterait avec eux de leurs démissions et qu'il leur ferait un traitement convenable ; qu'en attendant qu'il pût doter le

---

(1) Voir pour tout ce qui concerne les conférences de Verceil et les préliminaires du Concordat, la *Correspondance diplomatique et les Mémoires inédits du cardinal Maury* publiés par Mgr Ricard, (t. I, pp. 407, 435 et suivantes).

(2) Se rappeler à ce sujet les doléances du clergé en 1789. Voir aussi le cahier des Jansénistes publié à l'appendice du t. I des *Derniers Jansénistes*.

clergé avec des biens-fonds (1) il lui assurerait un sort très honnête, mais sans magnificence, et que le plus pauvre des évêques aurait quinze mille livres de rente ; que l'exercice de la juridiction spirituelle du pape reprendrait librement son cours en France ; que le pape seul instituerait les évêques et qu'ils seraient nommés par celui qui administrerait l'autorité souveraine ; enfin qu'il voulait rétablir le pape dans la possession de tous ses Etats.

Cette conversation dans laquelle furent jetées les premières bases du Concordat avait lieu le 25 juin 1800. Le lendemain, le comte Altiaci, neveu du cardinal Martiniana, partait pour Rome avec une lettre de son oncle où toutes ces propositions étaient consignées, et il déclarait au Saint-Père qu'il porterait sa réponse à Verceil où l'attendait le courrier de Bonaparte.

On juge de l'effet produit par cette nouvelle sur l'esprit de Louis XVIII. Ce fut comme un coup de foudre. Car Maury s'était bien gardé de lui apprendre à quelle arrière-pensée il avait obéi quand il avait « ourdi la trame » qui devait amener l'élection de Pie VII. Si Louis XVIII avait su que c'était à cause du souffle libéral qui animait l'homélie de l'évêque d'Imola, datée du 25 décembre 1797, et dans l'espoir aussi que Chiaramonti s'entendrait avec Bonaparte pour rétablir l'ordre dans l'Eglise de France, il lui aurait certainement crié : Casse-cou ! et je doute qu'il lui eût gardé sa confiance. Le proverbe dit qu'on ne peut pas servir deux maîtres à la fois. A plus forte raison quand ils représentent deux principes contraires.

La lettre de Maury, l'informant des premières conférences de Verceil, parvint à Louis XVIII au moment où il attendait le résultat des négociations qu'il avait prié le cardinal, par lettre du 21 avril 1800, d'entamer avec la cour de Rome, en vue de réparer les maux qu'avait faits à l'Eglise gallicane la longue séparation qui avait existé entre le Souverain-Pontife et le roi très chrétien. Ces né-

(1) C'était l'idée de l'abbé Grégoire qu'il s'appropriait, idée déjà ancienne, puisqu'elle avait été exprimée à la Constituante, pendant la discussion de la Constitution civile. Nous verrons plus loin que Bonaparte, qui, comme Molière, prenait son bien où il le trouvait, s'appropria plus d'une autre idée de l'ancien évêque de Blois.

gociations portaient sur trois points, à savoir : 1° la vacance d'un grand nombre de sièges épiscopaux ; 2° l'absence des évêques vivants ; 3° le schisme occasionné parmi le clergé fidèle par les diverses opinions qui s'étaient établies même parmi les évêques au sujet des serments exigés par les révolutionnaires.

Louis XVIII faisait remonter la responsabilité de cette situation à la faiblesse du pape Pie VI qui, n'ayant pas voulu lui reconnaître le titre de successeur du roi Louis XVI, l'avait mis par cela même dans l'impossibilité de pourvoir aux évêchés vacants. Pour y remédier, il n'y avait suivant lui qu'un moyen : c'était de revenir à l'exécution du Concordat. Mais il fallait avant tout empêcher le pape « de se prêter jamais à aucune conciliation avec le gouvernement monstrueux qui désolait la France depuis dix ans et l'amener à clore la dispute sur le serment de l'an VIII en condamnant la dernière formule de soumission au gouvernement révolutionnaire. » Là était l'objet principal de la mission que Louis XVIII avait donnée à Maury en l'accréditant en qualité d'ambassadeur auprès du Saint-Siège.

Les choses en étaient là quand arriva à Mittau la nouvelle des pourparlers de Verceil. Avec sa perspicacité ordinaire, Louis XVIII en déduisit immédiatement toutes les conséquences. D'abord il se plaignit de n'apprendre jamais les événements qui pouvaient l'intéresser que lorsqu'ils étaient à peu près accomplis. Ensuite il retorqua un à un tous les arguments que lui avait fait valoir Maury, quand, pour lui dorer en quelque sorte la pilule, il lui avait présenté comme obstacle à tout arrangement définitif l'impossibilité où était Bonaparte de concilier le catholicisme avec les décades, avec les serments, avec l'instabilité d'un clergé salarié, avec le divorce et les autres lois existantes, avec la destruction enfin des colléges et des séminaires.

« Le roi, disait Louis XVIII dans sa note du 17 août, n'est pas aussi frappé que le cardinal Maury paraît l'être des difficultés qui, selon lui, s'opposent à la réunion de l'Eglise prétendue gallicane avec l'Eglise romaine. Les décades, on les supprimera ; le consul Bonaparte a trop de jugement pour ne pas sentir que le nouveau calendrier est détesté en France ; que même en voulant admettre une tolérance universelle, on ne peut le laisser subsister, parce que tout ce qui a, ou du moins, professe une religion catholique, protestants, juifs ou musulmans ont un jour consacré au Seigneur qui revient tous les sept jours et que ceux qui n'en n'ont point ne se soucient pas plus du décadi que du di-

manche. Le serment, on l'abolira ; le consul Bonaparte ne
s'embarrasse guère d'une vaine formalité. L'instabilité d'un
clergé salarié... on sanctionnera les mariages qui en ont été
jusqu'à présent la suite (1), on l'abolira pour l'avenir, et si
le consul Bonaparte se dégoûte d'une femme surannée que
le débordement des mœurs et la guillotine ont placée dans
son lit, s'il-veut avoir des enfants, on trouvera facilement
des nullités dans leur mariage. La destruction des colléges
et des séminaires, on les rétablira. Les premiers seront
remplis de professeurs dévoués à l'usurpateur, et les autres
ne seront pas à craindre pour lui, quand les évêques eux-
mêmes auront fléchi le genou. »

On dirait vraiment que tout ce passage fut écrit après
coup, tant les prévisions de Louis XVIII se vérifièrent à la
lettre. Mais il n'y avait pas qu'un visionnaire en
Louis XVIII, le politique était doublé chez lui d'un casuiste
de premier ordre, comme en témoignent les lignes suivantes :

« Le consul Bonaparte dit qu'il désire d'établir *un clergé
vierge ; que plusieurs des évêques n'ont émigré que pour
cabaler, et qu'il ne veut pas les reprendre ; qu'on traitera de
leur démission,* etc. — Ici le roi aperçoit deux moyens que
l'usurpateur se réserve pour former un clergé à son gré. Il
exclura : 1° ceux des évêques qui refuseront de reconnaître
son autorité ; 2° ceux encore qu'il voudra accuser d'avoir
cabalé. On ne peut s'empêcher de dire ici quelques mots sur
ce premier article. Le roi a lu les raisons qu'ont déduites
les évêques de Langres et d'Alais pour justifier le serment

(1) On lit dans les *Souvenirs du baron de Barante,* t. i, p. 98 :

« Au moment où les pourparlers touchaient à leur terme, le
cardinal Consalvi, alors à Paris pour traiter du Concordat, et qui
s'était montré conciliant, vint un soir chez la marquise de Bri-
gnole. En ancienne amitié avec elle, il passait peu de temps sans
la voir. Il avait ce jour-là une physionomie joyeuse et triomphante.
La marquise lui demanda d'où lui venait tant de gaieté. Ils étaient
seuls et le cardinal lui répondit en toute confiance qu'il regardait
le Concordat comme conclu. Puis il continua : Nous en sommes
quittes à meilleur marché que nous ne nous y attendions. J'ai
pouvoir pour des concessions autrement considérables... »
On sait maintenant qu'il s'agissait du divorce et du mariage
des prêtres.

exigé. Ils distinguent deux personnes dans un évêque, le
clergé et le pasteur ; et pour faire valoir le dernier, ils s'ap-
puient de la conduite des évêques, de Grégoire lui-même, au
sujet des fréquents changements d'empereurs qui ont eu lieu
pendant les premiers siècles de l'Eglise et de ce qui se passe
en temps de guerre, lorsqu'une ville ou une province tom-
bent au pouvoir de l'ennemi. Ni l'un ni l'autre de ces
exemples ne peut s'appliquer au cas présent. On peut dire
avec vérité que la dignité impériale était plutôt un besoin
pour l'empire qu'un droit ; et comme l'extermination de la
famille régnante était toujours la suite de son détrônement,
il n'était pas possible de lui garder fidélité ; il fallait donc
suivre le torrent. Ce qui se passe de nos jours en temps de
guerre ne conclut pas davantage. Le souverain qui la déclare sait que ses provinces peuvent-être envahies ; il donne
par sa déclaration même un consentement virtuel au serment qui les mettra sous la protection du vainqueur dont
elles peuvent même devenir la possession légitime à la paix.
Ici la chose est différente. La famille royale n'est point
éteinte, et la révolte qui a renversé le trône ne peut en rien
se comparer au bouleversement occasionné par la guerre et
légitimé par un traité de paix. C'est ainsi que pensent la
plupart des évêques de France. La preuve en est dans le
mémoire de l'évêque d'Uzès, dans la lettre que les évêques
de la province de Narbonne ont écrite au pape, dans tous
les écrits de l'évêque de Boulogne. Croit-on que M. l'archevêque de Reims, que les évêques de Clermont, de Castres,
enfin tous les prélats qui sont la gloire de l'Eglise gallicane,
et on peut dire de la religion elle-même, se prêtassent à plier
le genou devant Aman ? Ce seraient donc des cabaleurs, ils
recueilleraient pour fruit d'une constance, d'une fermeté
dignes des martyrs, d'être rejetés par le père commun des
fidèles, il leur demanderait leur démission ! Pourraient-ils
la donner en conscience ? Mais admettrait-on que quelques-
uns d'entre eux ont cru devoir sacrifier les pasteurs au
troupeau, certes le plus grand nombre s'y refuserait. Quel
parti prendrait alors le Souverain-Pontife ? Lancerait-il un
anathème sur eux ? Ils braveraient la foudre en respectant
la main. Les déclarerait-il déchus de leur sièges ? Il sait
bien qu'il ne le peut pas. Non jamais, Pie VII n'établira

lui-même un schisme, un schisme affreux et bien plus effrayant pour l'Eglise que celui du xvɪᵉ siècle... »

Ici Louis XVIII était moins bon prophète, peut-être parce qu'il raisonnait moins en politique qu'en théologien gallican. L'événement ne devait pas tarder à lui apprendre qu'il avait eu tort de compter sur l'appui du pape et sur la fidélité des évêques français.

Pie VII était Italien avant tout et, comme tel, on pouvait lui appliquer dans une certaine mesure ce que Maury disait de son entourage (1). Comme pape, il ne lui était pas possible de repousser les avances de Bonaparte. L'intérêt de l'Eglise catholique en général et celui de l'Eglise de France en particulier lui commandaient, au contraire, d'y répondre, comme il le fit, par l'envoi de Mᵍʳ Spina à Paris. Or, du moment qu'il avait consenti à négocier avec le Premier consul, la sagesse la plus élémentaire et aussi le sentiment des convenances lui faisaient un devoir de ne donner aucuns gages à Louis XVIII. C'est pour cela qu'il avait éconduit poliment le cardinal Maury quand il s'était présenté à lui comme ambassadeur du roi de France, avec la mission que l'on sait ; qu'il refusait de donner à M. de Talleyrand-Périgord, archevêque de Reims, le chapeau de cardinal que Louis XVIII demandait pour lui (2) ; qu'il évitait de se prononcer sur la promesse (3) et qu'il s'abs-

---

(1) « Il ne faut pas attendre des Italiens cette fermeté d'esprit, cette constance de principes, cette probité d'opinion, cette sincérité avec soi-même et avec les autres que les honnêtes gens en France avaient éminemment. Cette espèce d'hommes n'existe pas ici : ils sont tous versatiles ; ils appartiennent au moment ; ils ont un instinct naturel pour les moyens termes, pour les accommodements, pour l'intrigue ; ils se fient tous à l'espérance de tromper, et ils regardent insolemment la franchise d'un grand caractère et la loyauté d'un beau naturel comme une espèce de folie nationale qui nous est propre et qui nous laisse à une grande distance de cette sagesse qu'ils s'attribuent exclusivement. Il est vrai qu'il ne faut désespérer de rien avec eux et qu'ils reviennent promptement au parti qu'ils ont quitté dès qu'ils s'aperçoivent qu'il devient le plus fort. La sottise consiste selon les moralistes de cour à rester dans la minorité. »
(2) Il ne l'obtint qu'en 1817.
(3) Il écrivait à l'archevêque de Reims le 6 décembre 1800 que la promesse de fidélité n'avait pu être jugée avant que toutes les opinions eussent été examinées, et que, en attendant la décision du pape, les évêques agiraient selon leur conscience.

tenait de pourvoir aux sièges vacants. Cette question des évêchés vacants n'était pas, d'ailleurs, sans présenter de grandes difficultés. Aux termes du Concordat de 1516, c'était le roi qui nommait les évêques. Louis XVIII ne faisait donc que revendiquer un droit qui appartenait à ses prédécesseurs en demandant au pape de ne donner l'investiture qu'à des candidats de son choix. Mais il oubliait que depuis 1790 le Concordat de 1516 était abrogé et que, devant la loi française, le pape, pas plus que lui, n'avait le droit de pourvoir à des sièges que la Constitution civile avait en partie supprimés (1). D'autre part, à quoi ces nominations auraient-elles servi ? L'Eglise de France en aurait-elle été moins divisée sur elle-même, et cet acte de souveraineté, renouvelé au fur et à mesure des vacances, aurait-il avancé en quoi que ce soit les affaires de Louis XVIII ? Maury le croyait mais il se trompait. Les cinquante évêques qu'on aurait pu nommer ainsi depuis dix ans (2) n'auraient jamais été que des évêques *in partibus*, puisque le Premier consul, pas plus que le Directoire, ne leur aurait permis de s'asseoir sur leurs sièges, et le pape, lors du traité de paix avec Bonaparte, aurait peut-être trouvé devant lui de plus fortes résistances. Quant à la promesse, il était facile de deviner les raisons pour lesquelles le pape s'obstinait à garder le silence à son sujet. La conseiller c'était engager l'avenir et faire le jeu de Bonaparte, avant de savoir si les négociations en cours aboutiraient. La condamner, c'était irriter le Premier consul et couper court à ces négociations.

(1) Cette erreur de Louis XVIII était partagée par la plupart des évêques émigrés, notamment par l'archevêque de Lyon, qui écrivait de Lubeck au pape, le 12 juillet 1797, pour l'avertir que « les jansénistes ont pris la résolution d'envoyer à Lyon un nouvel intrus comme successeur du sieur Lamourette, » et pour le prier de mettre fin au schisme en nommant suffragant de Lyon le sieur Jean-Pierre Girard, curé de Lucenay. « Si Votre Sainteté pensait encore, ajoutait-il, que, conformément aux règles suivies en France, M. l'abbé Girard ne peut être pourvu à l'épiscopat sans avoir préalablement obtenu le consentement du roi Louis XVIII, j'aurai l'honneur de lui répondre que j'ai tout lieu d'espérer que S. M. accorderait à mes instances son approbation. » (Theiner : *Documents inédits relatifs aux affaires religieuses de la France 1790-1800*, t. II, p. 460).

(2) Il y avait, en effet, cinquante sièges vacants au commencement du Consulat.

III

Maury induisait donc Louis XVIII en erreur, quand il
lui écrivait que le pape avait bien accueilli le mémoire
que, de Montefiascone, il lui avait fait porter par son
frère. Comment, un homme aussi réservé, aussi averti
que Pie VII, aurait-il pu lire sans en être choqué, un mémoire qui contenait, outre les revendications de la note
royale, une charge à fond de train contre le Premier
consul?

Que son ambition fût l'unique motif qui déterminait
dans le moment Bonaparte à se rapprocher du pape, la
chose était incontestable, mais il n'était pas exact de dire
que le général ne connût d'autre religion que son intérêt.
Un homme qui a été longtemps son collaborateur et son
ami, Chaptal, dit à ce propos dans ses *Mémoires:* « On a
coutume de regarder Bonaparte, comme un impie, un
athée. Je ne puis pas partager cet avis, et ceux qui l'ont
connu dans les années de son consulat seront de mon opinion. Alors Bonaparte n'était pas dévôt, mais il croyait à
l'existence de Dieu et à l'immortalité de l'âme. Il parlait
toujours de la religion avec respect et plaisantait souvent
ceux qu'il croyait athées. Il pensait surtout qu'un peuple
ne pouvait pas exister sans religion. Avant de proclamer
le rétablissement du culte, et surtout au moment où il
méditait ce projet il parlait dans ce sens à toutes les personnes de son intérieur, sans qu'aucune se doutât qu'il
allait le mettre à exécution. Il disait souvent que l'empe-

reur de Russie et celui de Constantinople avaient sur lui
un immense avantage, celui de commander aux consciences. Il ajoutait : Je ne puis pas parvenir à ce degré
de pouvoir, mais du moins je ne dois pas m'aliéner les
consciences de mes sujets. Il faut donc que je rende au
peuple la plénitude de ses droits en fait de religion. Les
philosophes en riront, mais la Nation me bénira (1). »
Maury était donc mal informé ou de mauvaise foi
quand il s'appuyait sur certaines paroles prononcées un
peu légèrement peut-être par Bonaparte en Egypte, pour
en conclure qu'il mettait Mahomet au-dessus du Christ.
Le général n'avait pas attendu d'être Premier consul pour
donner au catholicisme des marques de son respect. Le
duc Pasquier raconte que quelques mois après le traité de
Campo-Formio, sa sœur Pauline, mariée au général Leclerc,
depuis princesse Borghèse, étant accouchée dans la ville
de Milan, chef-lieu de la République cisalpine, Bonaparte
voulut que l'enfant fût baptisé, et en effet le baptême fut
célébré dans une église de capucins non assermentés (2).
Et dans la campagne d'Italie qui aboutit au traité de Tolentino, n'était-ce pas calomnier Bonaparte que de soutenir
qu'il s'était conduit envers le Saint-Siège comme son plus
mortel ennemi ? Quand Maury lui faisait un crime d'avoir
envahi les Etats de l'Eglise, il oubliait qu'il avait agi par
ordre du Directoire et non de sa propre autorité. Encore
s'était-il toujours refusé à marcher sur Rome, comme nous
l'avons vu précédemment. Ce n'était pas lui, non plus qui
avait imposé au pape l'obligation de rétracter ses Brefs,
qui l'avait dépouillé de trois de ses provinces et qui avait
poussé le général Duphot à consommer par une révolution
intérieure l'anéantissement de l'autorité pontificale. Maury
savait tout cela mieux que personne, et s'il appuyait si
fort sur la chanterelle, c'était, à mon avis, bien moins avec
l'espoir de convaincre Pie VII de l'indignité de Bonaparte,
que pour montrer au roi (auquel il avait envoyé le double
de son mémoire au pape) qu'il partageait ses sentiments à
l'égard de l'usurpateur. Aussi bien, pourquoi n'était-il pas
allé lui-même à Rome plaider la cause de son royal client ?

(1) *Mémoires du comte Chaptal*, p. 236.
(2) *Mémoires du chancelier Pasquier*, tome I, p. 151.

Il dit que ç'avait été sa première pensée, mais qu'en réfléchissant il lui avait paru que son retour dans cette ville, s'effectuant aussitôt après le départ de Mgr Spina pour Verceil, aurait pu donner l'éveil et l'épouvante à la multitude des égoïstes qui craignaient uniquement de voir leur tranquillité compromise. La vérité, c'est qu'après avoir été éconduit une première fois par le Souverain-Pontife, toute insistance nouvelle de sa part aurait dépassé les bornes de l'indiscrétion et qu'il sentait très bien au bout du compte qu'il défendait une cause perdue. Cela se lit entre les lignes.

Louis XVIII ne fut pas moins dupe de ses belles protestations et de ses violences de langage. Cependant, comme il voulait à tout prix empêcher un accord quelconque entre le Saint-Siège et le Premier consul, en même temps qu'il chargeait le cardinal de multiplier les obstacles sous les pas de Bonaparte, il recourait à l'amitié de Paul Ier, empereur de Russie, « pour l'engager à représenter au pape que condescendre aux demandes de Bonaparte, ce serait flétrir les premiers jours de son pontificat et ajouter qu'il verrait avec peine le Saint-Père se prêter à des conciliations, à des démarches qui tendaient à raffermir l'usurpateur sur le trône d'un roi dont Sa Sainteté avait si authentiquement épousé les intérêts. »

Mais l'empereur de Russie, tout en témoignant à son hôte de Mittau le même intérêt, la même amitié, lui répondit que les circonstances ne lui permettaient pas d'employer auprès du pape une intervention qui serait vaine.

Restaient les évêques sur le concours desquels Louis XVIII était le plus en droit de compter, puisqu'ils avaient presque tous embrassé sa cause. Il ne fut pas plus heureux avec eux. Il leur avait proposé par lettre-circulaire de lui désigner dix de leurs collègues pour former un conseil chargé de fixer l'opinion commune du clergé de France sur les matières qui importaient le plus au rétablissement du trône et de l'autel ; — cette mesure n'avait point obtenu le succès qu'il en attendait (1). Et cela pour

(1) Voici le texte de cette lettre-circulaire : « Mon Cousin, la Religion sainte de nos pères a été constamment regardée par les Rois, nos prédécesseurs, comme le soutien le plus assuré de leur

une bonne raison, c'est que le corps épiscopal était divisé
de sentiment sur la question primordiale de la promesse
de fidélité à la Constitution de l'an VIII. Ainsi, M. de Boisgelin, qui avait joué un si grand rôle à la Constituante,
venait de donner son approbation à ce nouveau serment ;
M. de la Luzerne avait fait de même, et le comte d'Avaray
écrivait à Maury à la date du 28 septembre 1800 qu'une
nouvelle défection — celle de l'archevêque de Bordeaux —
était à craindre, M. Champion de Cicé ayant dit publiquement que la formule de la promesse ne devait répugner
à aucun ecclésiastique (1). — A quoi donc ont servi les

couronne. C'est sur son rétablissement dans toute sa pureté que je
me propose de fonder celui du trône, que les droits les plus incon-
testables m'assurent contre les attentats de l'impiété et de la rebel-
lion. Je regarderai toujours comme un de mes devoirs les plus
essentiels de seconder l'exercice de l'autorité spirituelle, et je
m'empresserai même de concerter avec les dépositaires de la foi,
les mesures que mon autorité souveraine emploiera dans les matières qui peuvent être de son ressort. J'aurais vivement désiré de
m'entourer dans ce moment des respectables prélats dont la fidélité
à leur Dieu et à leur Roi a donné au monde entier un exemple si
héroïque qu'il sera à jamais consigné dans les fastes de l'Eglise
catholique et dans ceux de la France, mais les circonstances ne me
permettant pas de satisfaire à cet égard le vœu de mon cœur, j'ai
cru pouvoir y suppléer par la formation d'un Conseil de dix évêques ou archevêques qui, chargés des pouvoirs de tous les membres
de l'Episcopat, et choisis par la pluralité des suffrages, pourraient
déterminer et fixer l'opinion commune du clergé de France sur les
matières les plus importantes au rétablissement de la Religion, diriger les pasteurs du second ordre dans leur différente carrière,
solliciter la sanction du Saint-Siège aux principes qu'ils auraient
arrêtés, et concerter avec moi les mesures les plus propres à accélérer la restauration des autels et du trône. C'est dans cette vue
que je me suis déterminé à vous adresser cette lettre-circulaire.
Vous me ferez passer directement, sous une enveloppe à l'adresse
du baron de Flaschlauden, votre réponse en y joignant la note des
dix évêques ou archevêques que vous aurez choisis. Quand toutes
les réponses à ma lettre-circulaire me seront parvenues, je pré-
viendrai ceux que la pluralité des suffrages aura désignés, et je
leur indiquerai le lieu où ils pourront se réunir. Ce ne sera pas la
ville même de ma résidence actuelle, mais celle dont la position
facilitera le plus prompt rassemblement. Vous sentirez l'importance d'observer sur cette décision le plus profond secret, et je vous
le recommande particulièrement. Sur ce, je prie Dieu, mon Cousin,
qu'il vous ait en sa sainte et digne garde. Louis. » *(Arch. des
Aff. étr).*
(1) Relativement à cette promesse de fidélité, Maury mandait à
Louis XVIII, le 1ᵉʳ mars 1800 : « J'ai reçu, Sire, au sujet de ce
nouveau serment une lettre du clergé de Marseille qui me demande
mon avis, et j'ai été également consulté par quelques évêques fran-

conciliations ? demandait l'évêque de Montefiascone à l'archevêque d'Aix. — A quoi ont servi les plus fortes oppositions ? ripostait M. de Boisgelin. Maury devait éprouver lui-même, quelques années plus tard, qu'on se lasse de tout, même de l'exil (1).

Mais ce qui fut encore plus sensible au cœur de Louis XVIII, c'est l'échec qu'il essuya auprès de M. de Juigné. En l'absence du vénérable archevêque de Paris, son diocèse était administré par trois vicaires généraux, dont l'abbé Emery, partisan déterminé de la promesse et qui avait déjà rallié à son opinion non seulement l'évêque d'Alais et les autres prélats qui résidaient alors en France, mais encore quelques-uns de ceux qui avaient émigré à la suite des princes. Louis XVIII avait songé de bonne heure à enrayer ce mouvement de conversion. Par quel moyen ? en obtenant pour l'abbé Edgeworth qui avait accompagné Louis XVI jusqu'au pied de l'échafaud la coadjutorerie de l'archevêché de Paris. C'était l'abbé Maury qu'il avait chargé de négocier cette affaire par l'entremise de l'abbé de Floirac qui passait pour avoir tout crédit sur l'esprit de M. de Juigné. Mais il venait d'apprendre que l'archevêque ne voulait pas demander au pape des Bulles de coadjutorerie pour son protégé.

Tout cela n'était pas de bon augure pour l'avenir, et Louis XVIII commençait à craindre que les évêques ne donnassent leur démission le jour où le pape la leur demanderait. Justement on lui écrivait de Vienne que le prélat Gravina avait secrètement demandé à l'évêque de Vence la lettre au pape Pie VI rédigée le 3 mai 1791 par l'archevêque d'Aix et signée de trente évêques, lettre où

çais réunis à Munich. Je leur ai adressé immédiatement une réponse négative et motivée. Mon principe de décision est que tous les Français, étant liés par un serment antérieur de fidélité à leur roi, dont aucune puissance ne les a encore affranchis, ils ne peuvent sans parjure promettre contre leur conscience d'être fidèles à la République ; que la Religion deviendrait un jeu, si après avoir dit et enseigné qu'elle fondait sur les consciences l'autorité sacrée des princes, elle ne leur était fidèle que dans les temps calmes, où, en la protégeant, ils n'aient pas besoin de son appui... »

(1) Ce fut au mois d'août 1804 que Maury adhéra à l'Empire. Sa lettre d'adhésion fut remise au ministre des cultes par M. de Belloy, archevêque de Paris.

ils déclaraient qu'à l'exemple des évêques d'Afrique ils consentiraient à se démettre de leurs sièges. Louis XVIII avait beau se dire que cette offre des évêques de France, en 1791, n'avait pu être faite que sous la condition que le *bien de la Religion* l'exigerait, et que dans les circonstances présentes la Religion n'aurait qu'à perdre si on sacrifiait des pontifes aussi religieux, aussi éclairés, que ceux dont il s'agissait, — c'étaient là des distinctions de casuiste ; au fond il se doutait que le pape avait l'intention de se servir de cette lettre contre les évêques qui feraient les récalcitrants. Et cette perspective n'était pas sans lui causer de grandes inquiétudes. Quel parti devrait-il prendre si jamais ses craintes venaient à se réaliser ? Le comte d'Avaray l'avait dit à Maury dans une note du 7 septembre : « Le jour où le Saint-Père adhérerait aux propositions de Bonaparte et refuserait tout concert avec S. M. le devoir du roi était tout tracé : *fidèle,* il resterait dans la communion du Vicaire de Jésus-Christ ; mais *roi,* il n'aurait plus rien de commun avec lui ; et si le cardinal Maury voyait le pape faiblir, S. M. le chargeait de déclarer au Saint-Père que, s'il violait le Concordat et autres traités passés entre les trois prédécesseurs de S. M. et le Saint-Siège, sans son préalable consentement, Elle se regarderait désormais comme déliée de tous les engagements qui s'y trouvaient stipulés envers la cour de Rome. »

Nous verrons plus loin que Louis XVIII tint parole.

CHAPITRE III

Du rôle des préfets du Consulat dans l'œuvre de la pacification religieuse. — Comment ils avaient été recrutés. — L'esprit public au lendemain de Brumaire et de Thermidor. — Les élections de l'an v. — Bonaparte acclamé par la France . Etat nominatif des préfets. — Leurs opinions, leurs appointements, leur costume. — La question religieuse sous la Révolution. — La promesse de fidélité à la Constitution remplace sous le Consulat le serment de haine à la royauté sous le Directoire. — Réfractaires soumis et insoumis. — Devoirs des préfets en face des différents cultes. — Deux lettres du préfet de l'Aude au ministre de la Police générale. — Dispositions d'esprit de M. de Barante à son arrivée à Carcassonne. — Vexations des municipalités et des catholiques romains à l'égard des prêtres constitutionnels. — M. Le Coz, évêque métropolitain d'Ille-et-Vilaine, et l'église Saint-Léonard de Fougères. — Démêlés du préfet de la Haute-Marne avec le sous-préfet de Langres. — Conduite des prêtres réfractaires ayant fait la promesse. — Situation précaire des constitutionnels. — Une lettre du préfet d'Agen. — Le préfet de la Sarthe essaie inutilement de réunir les réfractaires aux assermentés. — Rentrée en masse des catholiques. — Les missionnaires et leurs manuels. — Mariages nuls et valides. — Le parti de la rigueur et celui de l'indulgence. — Concessions faites par les préfets aux catholiques. — Les cloches des églises, l'exposition des crèches à Besançon, les fêtes décadaires. — Le serment restrictif et le préfet des Landes. — Fouché veut qu'on exécute la loi au pied de la lettre. — Comment il protégeait les constitutionnels. — L'habit violet et la croix pectorale de Saurine. — Fouché s'oppose à la rentrée des évêques émigrés. — Situation de l'Eglise de France, en 1800. — Note de Portalis à Bonaparte sur la rentrée en masse des prêtres déportés. — Statistique à cet égard de l'abbé Grégoire et de M. Boulay, de la Meurthe. — Les constitutionnels dans l'Orne à cette époque. — Par qui furent relevés les autels. — Quel fut le mérite réel de Bonaparte dans le Concordat. — Une lettre du préfet des Deux-Sèvres à Fouché. — Le clergé réfractaire dans l'attente du Concordat. — Comment fut accueillie l'arrivée de Mgr Spina en France.

I

Tous les historiens qui ont décrit l'état de la France sous le Consulat ont négligé de nous dire quelle fut la part des Préfets dans le grand œuvre de la pacification religieuse. Cette négligence est à mes yeux presque de l'injustice, car si le principal mérite du Concordat revient au Premier consul, les Préfets ont droit à la reconnaissance de l'histoire pour avoir facilité la négociation et surtout l'application de ce traité de paix par le tact et l'habileté qu'ils déployèrent dans leur mission. Mission d'autant plus délicate qu'ils avaient, d'une part, à effacer le souvenir détestable de l'administration des commissaires du Directoire, et, de l'autre, à faire oublier le rôle plus ou moins actif que la plupart d'entre eux avaient joué dans le drame sanglant de la Révolution française.

Cacault disait que le Premier consul avait choisi les Préfets dans toutes les opinions pour réunir tous les partis (1). C'est exact, mais il faut s'entendre. L'esprit public n'était pas au lendemain du 18 Brumaire ce qu'il était au lendemain du 9 Thermidor. Après la chute de Robespierre, il y avait eu plus qu'un temps d'arrêt, il y avait eu un véritable recul dans la marche des idées révolutionnaires. La France, heureuse d'avoir secoué le joug du monstre, ne trouvant devant elle aucun homme supérieur qui fût digne de forcer son admiration et de fixer son estime, s'était prise à regretter les Bourbons, sans vouloir cependant revenir à l'ancien régime. Les élections de l'an v avaient marqué le réveil de l'esprit monarchique. Mais ce réveil, traversé par le 18 Fructidor, ne fut qu'un signe des temps, qu'une vaine protestation. Vint le coup d'Etat de Brumaire. S'il avait été accompli par un Barras ou un Tallien, nul doute que la France y aurait répondu en protestant de nouveau et plus fortement encore de son attachement à la monarchie. Mais comme le soldat qui en était le fauteur portait un nom illustre, comme Bonaparte s'était couvert de gloire en Egypte et en Italie, la France fut éblouie, fascinée par l'éclat de son génie militaire. Bien loin de songer à rappeler les Bourbons, elle se jeta dans les bras de ce jeune homme « providentiel » qui pour mieux montrer que la Révolution était

(1) D'Haussonville : *L'Eglise romaine et le Premier Empire.* — T. i, p. 163.

finie, faisait rendre les honneurs suprêmes à la dépouille mortelle de Pie VI et parlait déjà de réconcilier l'Eglise gallicane avec la papauté.

Il n'est donc pas étonnant que le Premier consul ait choisi ses préfets dans toutes les opinions. Du moment que les partis désarmaient devant lui, son devoir et son intérêt lui commandaient d'oublier leurs rivalités, leurs luttes fratricides. Si nous consultons l'état nominatif des préfets qui entrèrent en exercice immédiatement après la loi du 28 pluviôse an VIII, que voyons-nous ? sur quatre-vingt-dix-sept préfets, un tiers environ avait appartenu aux diverses assemblées révolutionnaires, depuis la Constituante jusqu'au Conseil des Cinq-Cents ; il y avait un ancien membre du Directoire (1), quatre anciens ministres (2), deux ecclésiastiques de l'ancien régime (3). Les autres avaient rempli en province les fonctions de commissaire central, d'inspecteur des finances, d'administrateur ou de procureur-syndic, fonctions qui les avaient mis plus ou moins en évidence, s'ils n'avaient pas eu le temps d'y donner leur mesure. C'étaient donc bien toutes les nuances de l'opinion publique, à commencer par le rouge vif du régicide impénitent pour finir par le rose pâle du parlementaire demeuré partisan d'une monarchie constitutionnelle. Mais toutes ces nuances s'étaient fondues, comme par l'effet d'un charme, sous le regard vainqueur de Bonaparte, et ce serait une erreur de croire que le Premier consul avait nommé les préfets à la légère. Chaque nomination, au contraire, avait été précédée d'une enquête sérieuse et d'éliminations successives. Bonaparte tenait essentiellement à ce que les préfets fissent bonne figure dans leurs départements respectifs ; aussi leur

(1) Letourneur, de la Manche, nommé préfet de la Loire-Inférieure.

(2) Ch. Delacroix, ancien ministre des Relations extérieures, nommé préfet des Bouches-du-Rhône ; Quinette, ancien ministre de l'Intérieur, nommé préfet de la Somme ; Cochon, ancien ministre de la Police générale, nommé préfet de la Vienne ; Faypoult, ancien ministre des Finances, nommé préfet de l'Escaut.

(3) Caffarelly, ancien chanoine de Toul, nommé préfet de l'Ardèche ; Musset, ancien curé de Falleron (Vendée), nommé préfet de la Creuse.

avait-il donné de beaux appointements (1) et un beau
costume (2); mais il savait par expérience que le fonctionnaire qui n'a que sa solde pour vivre est condamné
d'avance à vivre dans la gêne, et son choix s'était porté
de préférence sur des hommes ayant de la famille et un
certain patrimoine. J'ajouterai qu'avant de leur attribuer
tel ou tel département de l'Ouest, du Nord ou du Midi,
il avait tenu compte de leur passé, de leur état de service.
Ce n'est pas indifféremment, par exemple, qu'il avait
envoyé Thibaudeau dans la Gironde, Beugnot dans la
Seine-Inférieure, Delacroix dans les Bouches-du-Rhône,
Quinette dans la Somme, Lamarque dans le Tarn, et
Français de Nantes, dans la Charente-Inférieure; ce faisant, il avait la conviction que, l'esprit de ces départements étant plus conforme au leur, ils travailleraient
d'une manière plus efficace à la pacification du pays, qui
était alors tout son programme.

(1) Leurs appointements allaient de 12 à 24,000 francs. De plus,
à leur arrivée dans la ville pour laquelle ils étaient destinés, ils
touchaient à la caisse du receveur général, sur le produit des
centimes additionnels, la somme de 2,400 francs pour frais d'établissement, et le montant de leur frais de route calculés à raison
de 10 francs par poste, à compter du lieu de leur départ jusqu'à
celui de leur destination.

(2) Habit bleu, veste, culotte ou pantalon blancs, collet, poches
et parements de l'habit brodés en argent, suivant les dessins dé-
terminés pour les habits du gouvernement, écharpe rouge, frange
d'argent, chapeau français brodé en argent, une arme.

II

Cette pacification dépendait absolument de la question
religieuse, laquelle primait toutes les autres. On pourrait
même dire que la question religieuse était, en 1800, toute
la question sociale, car depuis dix ans elle n'avait cessé de
passionner tous les esprits, même ceux qui faisaient profession de ne croire à rien. Après avoir mis le feu à la
Vendée, elle avait divisé profondément les plus petites
communes de France. La Convention avait cru la trancher
d'un seul coup en fermant du jour au lendemain toutes
les églises ; au bout de deux ans de ce régime abominable,
elle avait avoué publiquement son erreur en les rouvrant
au culte. Mais ce qu'elle avait été dans l'impossibilité de
faire, c'était d'éteindre le schisme allumé par la Constituante. Et la France du Consulat, comme celle du Directoire, se retrouvait en présence des mêmes frères ennemis,
les constitutionels et les réfractaires.

Le Premier consul comprit dès le premier jour que le
seul moyen d'en finir avec le schisme c'était de négocier
la paix avec le pape, d'où les conférences de Verceil, après
la victoire de Marengo, et le voyage de Mgr Spina à Paris.
Mais en attendant qu'on pût arriver à une entente avec
Pie VII, il fallait trouver un *modus vivendi* qui, tout en
donnant pleine satisfaction à la religion du peuple, fût
compatible avec la paix publique. Le Directoire avait
imposé à tous les chrétiens le serment de Fructidor. Bonaparte remplaça le serment de haine à la royauté par la
promesse de fidélité à la Constitution de l'an VIII, qui

devint, aux termes de la loi du 11 janvier 1800, la seule condition de l'exercice du culte (1).

Certes le régime politique inauguré par la promesse était infiniment plus libéral que tous ceux qui l'avaient précédé ; il ne fut cependant accepté avec enthousiasme que par les constitutionnels dont il devait ruiner peu à peu le crédit. La minorité des prêtres réfractaires qui suivaient la direction de l'abbé Emery s'y soumit, par raison, dans l'intérêt de la paix religieuse ; les autres qu'on appelait les puristes, peut-être parce qu'ils étaient plus catholiques que le pape, attendirent pour s'y soumettre que le Concordat fût signé ; encore un certain nombre d'entre eux suivirent-ils leurs évêques révoltés jusque dans le sein de la Petite Eglise. De là des rivalités déplorables, une agitation générale et « des schismes partiels entre catholiques romains non moins préjudiciables à la religion que le schisme des constitutionnels (2). »

Dans cette situation troublée quel était le devoir des préfets, et comment le comprirent-ils? C'est ce que nous allons examiner à l'aide de leur correspondance.

En arrivant à la préfecture de Carcassonne, M. de Barante écrivait à son fils :

« Je compte sur une administration aisée et paisible, parce que tout semble me le présager. Si cela se peut, mon département sera comme les honnêtes filles dont on ne parle pas. Les journaux racontent toutes les merveilles de tous les préfets. Je reçois des lettres des rédacteurs où l'on m'invite à parler de moi, de mon département, de mes actes d'administrateur, mais je veux dans ma vie publique, comme autrefois dans ma retraite, conserver le goût de l'obscurité et tâcher qu'on ne s'occupe que le moins possible de ce que je suis et de ce que je fais. N'espère donc pas savoir de mes nouvelles par le *Moniteur* ou par tel autre papier ; tu n'en auras que par moi-même (3). »

(1) Encore cet exercice du culte continua-t-il d'être réglé par la loi du 7 vendémiaire an IV dont les dispositions prohibaient tout signe extérieur du catholicisme et par la loi du 22 germinal an IV qui interdisait la sonnerie des cloches.

(2) Mémoire adressé au pape par l'abbé Emery, 1800.

(3) *Lettre ms.* — Voy. aussi les *Derniers Jansénistes*, 2° édition, t. II, pp. 125 et suivantes.

Admirables dispositions d'esprit et qui faisaient autant d'honneur à la modération qu'à la modestie de M. de Barante, mais que les événements ne tardèrent pas à contrarier de la façon la plus désagréable. A quelque temps de là, le préfet de l'Aude écrivait au ministre de la Police générale :

Carcassonne, 14 germinal an ix.

« ... Je vous avais parlé des inquiétudes que pouvaient faire concevoir dans plusieurs communes rurales les menaces et l'intolérance de quelques sectateurs des prêtres constitutionnels et la rivalité des divers ministres du culte. Les communes dans lesquelles il y avait eu des menaces et même des voies de fait sont maintenant très paisibles. Mais dans plusieurs autres il s'est développé des germes semblables de division. Cette époque (celle de Pâques) où les citoyens fréquentent davantage les églises fait nécessairement ressortir davantage la diversité des opinions religieuses et fournit, par conséquent, plus d'occasions de troubles. Il n'y en a eu cependant dans aucune partie de ce département que de très légères. La seule commune de Rieux-Minervoix a présenté le spectacle scandaleux d'une dispute assez vive dans l'église même entre les sectateurs des deux prêtres rivaux, mais tous deux également soumis. Tout a été apaisé par la sagesse du maire, mais j'ai cru devoir faire fermer l'édifice dont les citoyens avaient si mal usé et y interdire l'exercice du culte qui pouvait devenir l'occasion d'un nouveau trouble.

« Dans un village dépendant de la municipalité de Carcassonne on a prétendu que le culte était exercé d'une manière contraire aux lois et par deux prêtres insoumis et rentrés sans permission. J'ai fait faire les recherches les plus exactes, et elles n'ont pu me procurer ni la certitude des faits, ni celle de la présence de ces deux prêtres dans le pays. Ainsi une *sévère impartialité* entre tous les cultes, une égale indifférence pour l'objet de ces misérables disputes, une surveillance assidue pour empêcher qu'elles ne dégénèrent en troubles religieux suffiront pour assurer dans cette partie comme dans toutes les autres, la tranquillité dans ce département (1). »

Mais ceux des prêtres réfractaires, qui rentraient en cachette dans leurs anciennes paroisses avec l'intention bien arrêtée de ne pas faire la promesse, se moquaient de l'impartialité, de l'indifférence que M. de Barante se proposait de garder entre tous les cultes, et bientôt il fut obligé d'user de rigueur pour maintenir l'ordre.

« ... Dans trois arrondissements de ce département, écrivait-il le 24 brumaire an IX au ministre de la Police générale, les prêtres sans aucune difficulté, se montrent disposés à la promesse que le gouvernement leur demande. Dans l'arrondissement seul de Carcassonne c'est une matière de controverse et de dispute. Un ecclésiastique qu'ils reconnaissent pour leur supérieur et revêtu de pouvoirs de leur évêque absent de France, tourmente les opinions, inquiète les consciences et les détourne du devoir d'offrir au gouvernement la garantie de leurs intentions. Cet ecclésiastique habite hors de ce département. Je ne connais pas son nom. D'après les rapports qu'on m'a faits, je crois qu'il est actuellement dans la Haute-Garonne. L'arrêté du 28 brumaire a été mal interprété. Plusieurs prêtres se sont crus autorisés à rentrer. Dans le quatrième arrondissement douze environ se sont présentés au sous-préfet qui a reçu et fait inscrire sur un registre leur promesse de fidélité. Dès qu'il m'en a donné connaissance, je lui ai fait connaître l'erreur dans laquelle il était tombé en regardant le droit à l'élimination comme devant produire l'effet d'une radiation actuelle et définitive. La rentrée subite d'un assez grand nombre de prêtres à la suite de l'arrêté du 28 brumaire a produit dans quelques communes un commencement de troubles que j'ai eu le bonheur de pacifier. A Conques, l'ancien curé est rentré. La presque totalité des habitants l'a reçu avec transport. On l'a engagé à exercer les fonctions de son culte. On s'est rendu avec affluence dans l'église où il disait la messe. J'ai été informé de cette violation des lois et du mécontentement de quelques habitants ainsi que des inquiétudes que

(1) *Arch. nat.* F. 7. 7820, D^{er} 4425.

paraissait avoir à cet égard le prêtre soumis et constitutionnel qui y exerce depuis plusieurs années ses fonctions.
J'ai mandé le maire, je l'ai rappelé à ses devoirs. D'après
mes ordres, le prêtre a quitté le département. L'autre a été
rassuré. Il a paisiblement repris le cours de ses fonctions.

« A Villemagne, les mêmes causes ont fait naître des
divisions semblables avec des caractères un peu plus fâcheux
parce que le maire a plus ouvertement favorisé le prêtre
rentré. J'ai éloigné le sujet de la discorde. J'ai rapproché et
réconcilié le maire et le prêtre constitutionnel, et ils m'ont
promis que la paix ne serait plus troublée.

« A la Bécède, il n'a été question que de régler les heures
entre plusieurs ministres qui, différant entre eux par quelques nuances d'opinions mais également soumis aux lois
de la République, exercent leur culte dans un même édifice.

« A Alet, des querelles religieuses ont éclaté de même.
J'ai chargé le sous-préfet de vérifier les faits qui m'ont été
dénoncés (1). J'attends les explications qu'il me donnera pour
prendre un parti. Ce moment est délicat et difficile. Beaucoup de prêtres sont rentrés et se cachent. Plusieurs retrou-
vent l'affection des habitants et obtiennent l'appui de
quelques fonctionnaires. Alors ils exercent plus ou moins
secrètement leurs fonctions, et les prêtres qui avant leur
retour étaient en possession de la confiance s'en voient
privés. Abandonnés et sans salaire, quelquefois chassés
honteusement du local qu'ils occupaient, ils font éclater
leurs ressentiments, échauffent les partisans qui leur restent
et forment ainsi des partis et des divisions. Tout serait

(1) Voici ce qui s'était passé, d'après ce que l'adjoint au maire
d'Alet écrivait le 19 frimaire au ministre de la Police générale :

« Depuis sept ans, un prêtre constitutionnel nommé Signoret,
desservait la paroisse, lorsqu'après le 18 Brumaire deux prêtres
réfractaires, profitant de l'indulgence du gouvernement, vinrent y
fixer leur domicile. Comme ils avaient fait leur soumission, ils
exercèrent d'abord paisiblement leur culte, mais bientôt arriva le
prêtre Lucet qui refusa de se soumettre et troubla la paroisse. — A
la suite de cette plainte, Lucet fut expulsé et le ministre de la
Police générale, afin de prévenir toute concurrence qui pourrait se
produire à l'avenir, rendit une ordonnance aux termes de laquelle
le citoyen Louis Signoret, demeurait autorisé à continuer l'exercice de son culte, dans l'église Saint-André d'Alet, depuis neuf
heures du matin jusqu'à onze heures et depuis deux heures après-
midi jusqu'à quatre heures. »

perdu si l'un ou l'autre de ces partis espérait un soutien dans l'autorité supérieure. C'est en maintenant sévèrement et avec impartialité les lois sur la police des cultes, en conciliant, quand les circonstances le permettent, les esprits aigris et divisés, que je chercherais à prévenir toute espèce de trouble religieux. Je puis vous assurer qu'il n'en existe en ce moment aucun qui puisse inquiéter le gouvernement et qui ne doive céder facilement aux moyens que dictent la prudence et la modération.

« Ainsi, en résumant toutes les informations que j'ai sur la situation de ce département, je crois pouvoir vous rassurer sur la tranquillité intérieure des communes. Elle n'a jamais été troublée par les émigrés. Elle ne l'a été que légèrement à l'occasion des prêtres, et les mesures indiquées par les lois et par vos instructions suffiront pour rétablir la paix partout où elle a pu être altérée (1). »

(1) *Arch. nat.* F. 7, 7820, D^{er} 4425.

III

Ces deux lettres de M. de Barante résument assez exactement la situation générale du pays, telle que l'avait créée
l'arrêté des Consuls, en date du 7 nivôse an viii. Si les
préfets n'avaient eu affaire qu'à des prêtres constitutionnels, la paix n'aurait été troublée nulle part ; ils auraient
même contribué à la rétablir là où elle avait été compromise par les agents du Directoire, puisqu'ils ne cessaient
de prêcher l'obéissance aux lois. Malheureusement le
clergé patriote qui, sous la législation de Prairial, avait
déjà souffert de la concurrence des prêtres réfractaires
rentrés et soumis, se retrouva face à face avec eux à la
suite dudit arrêté des Consuls, et n'eut qu'à se plaindre
de leurs agissements. D'abord ces réfractaires étaient généralement soutenus par les municipalités dont l'esprit
n'était rien moins que républicain et profitaient de cette
protection pour rendre aux constitutionnels la vie aussi
dure que possible. Exerçaient-ils le culte en commun, ils
troublaient les églises à cause du partage des heures ou
pour tout autre motif, dans le but d'en faire chasser
leurs concurrents. Les constitutionnels demandaient-ils
une église plus grande que celle qui leur avait été attribuée, le maire la leur refusait ; en revanche, quand ils
occupaient une cathédrale, on se livrait à toutes sortes
d'intrigues pour la leur ôter. C'est ainsi que M. Le Coz,
évêque métropolitain d'Ille-et-Vilaine, ne put obtenir,
malgré l'appui de Fouché, l'église Saint-Léonard de Fou-

gères pour le prêtre constitutionnel de cette paroisse (1),
et que le préfet de la Haute-Marne dut intervenir, en frimaire an x, pour empêcher le sous-préfet de Langres de
mettre la cathédrale de cette ville à la disposition des
réfractaires soumis (2). Ce préfet était d'avis d'établir en
principe « que nul prêtre ci-devant déporté ne pourrait
exercer là où il aurait rempli précédemment des fonctions
ecclésiastiques (3). » C'était l'opinion d'un homme sage. Il
est incontestable, en effet, que la rentrée des prêtres réfractaires n'aurait pas eu les mêmes inconvénients si le
pouvoir civil les avait astreints à résider dans d'autres
paroisses que celles qu'ils avaient administrées sous l'ancien régime. « Deux prêtres dans une même commune y
vivent rarement en paix », disait le préfet de la Somme (4).
À plus forte raison quand l'un vit sur le fonds de l'autre.
Les prêtres constitutionnels avaient beau n'avoir rien à se
reprocher — je parle de ceux qui n'avaient point abjuré
sous la Terreur et dont les mœurs étaient demeurées pures
— la partie réactionnaire de leurs paroissiens ne les rendait pas moins responsables des crimes de la Révolution
qu'ils représentaient malgré tout. Et si les moins ardents
de leurs adversaires avaient fini par les accepter, c'est
qu'ils leurs savaient gré d'avoir rouvert les églises à un
moment où l'on avait tant besoin de prier. Mais le jour où

(1) « Ce prêtre, nommé Le Roux, était réduit depuis longtemps,
avec trois ou quatre prêtres soumis, à faire ses fonctions religieuses
dans une petite chapelle de l'hospice, incapable de contenir le
quart des citoyens catholiques et patriotes qui suivent ces prêtres
amis de la République et de l'ordre. Depuis près d'un an j'avais
invité ces prêtres à réclamer l'église Saint-Léonard, seule convenable à l'exercice de leur culte. Ils craignaient un refus. Votre lettre,
citoyen ministre, les a enhardis, et le maire de Fougères, dont
l'élection a tellement indisposé la garde nationale, qu'elle a refusé
de prendre les armes le jour de son installation, a, par un arrêté,
faux dans ses bases et illégal dans sa forme, éconduit ces estimables
prêtres et les citoyens au nom de qui ils agissaient. Et il a déclaré
vouloir réserver cette église de Saint-Léonard pour des prêtres
insoumis et spécialement pour son frère, prêtre émigré et rentré,
que cependant il n'a point osé nommer. » (Lettre de M. Le Coz au
ministre de la Police générale. Thermidor [an ix.) *Arch. nat.*
F. 7, 7901.
(2) *Arch. nat.* F. 7, 7870.
(3) *Arch. nat.*, F. 7, 7870.
(4) *Arch. nat.*, F. 7, 7820.

les anciens curés rentrèrent, la population qui était restée de cœur avec eux, déserta la messe des « jureurs » pour entendre celle des « martyrs ». Et l'on vit, dans un grand nombre de paroisses, des prêtres qui avaient juré fidélité à la Constitution, contester, à peine de retour, non-seulement la validité des sacrements administrés par les « intrus », mais encore la légitimité des mariages contractés devant l'officier civil.

« Depuis que le prêtre Nancey exerce publiquement ses fonctions, écrivait le 29 frimaire an ix, l'adjoint au maire de Vievigne (Côte-d'Or) au ministre de l'Intérieur, il ne cesse de détruire par ses discours et par ses actions la promesse qu'il a faite du bout des lèvres et contre son cœur. Il continue de s'expliquer ouvertement contre les lois ; il dit hautement que les enfants nés d'un mariage contracté devant l'officier public et non devant lui, sont illégitimes et les enregistre comme nés de père et mère inconnus, lorsqu'on les lui présente pour les cérémonies du baptême ; il damne sans miséricorde les père et mère de ces enfants, ceux même qui, après s'être mariés civilement ont encore reçu la bénédiction nuptiale d'un autre prêtre soumis aux lois; il compare charitablement ces derniers à des chiens et tous ceux qui s'adressent à eux pour quelque fonction du culte religieux à des apostats. Il en résulte dans cette commune et dans beaucoup d'autres qu'il fanatise les plus graves inconvénients : l'époux est divisé de son épouse ; les voisins se fuient et se détestent les uns les autres, et plusieurs sont préparés à s'armer contre les bons citoyens au nom d'un Dieu de paix et notamment contre ceux qui sont honorés de la confiance publique (1). »

Comment s'étonner après cela des dénonciations dont les *Annales de la Religion* se faisaient l'écho à chaque page, et que les préfets du Consulat tout en s'efforçant de garder une neutralité entre les différents cultes, aient protégé les

____

(1) *Arch. nat.*, F. 7, 7820, D" 4425. — Vers le même temps, Louis Guyon, curé constitutionnel de Blain (Loire-Inférieure) se plaignait au ministre de la Police générale de ce qu'un curé réfractaire voisin voulait remarier deux personnes à qui il avait conféré le sacrement de mariage le 6 novembre 1792.

constitutionnels contre les attaques de leurs adversaires ?
Ils étaient d'autant plus à plaindre, ces prêtres qui
avaient lié leur sort à la République, que chaque désertion
qui se faisait dans leurs églises leur enlevait un morceau
de pain, — le peu d'argent qu'il y avait alors en France
se trouvant aux mains des royalistes.

« Le nombre des prêtres qui se sont conformés à la loi
est considérable, écrivait le préfet de Lot-et-Garonne au
ministre de la Police générale, à la date du 21 prairial,
an IX, mais il s'établit toujours dans l'opinion de ceux qui
y ont recours une distinction entre les prêtres constitutionnels et les soumissionnaires. Ceux-ci dans bien des communes attirent une affluence plus grande et sont suivis par
une classe de citoyens plus en état de les salarier; on ne
doute pas que les prêtres qui résistent absolument à la loi
ne le soient encore mieux, de sorte que leur aisance est
depuis longtemps en raison inverse de leur docilité politique, et c'est peut-être le principal motif qui les empêche de
faire la soumission. Cet état de choses qui excite des jalou-
sies, du mécontentement, ne laisse pas que d'offrir quelque
sujet d'inquiétude, et s'il peut survenir du trouble, des
divisions, ce ne peut être aujourd'hui que par une suite de
ces classifications subtiles dans les opinions religieuses (1) »

Mais le moyen de s'opposer à ces sortes de classifications ? Les préfets faisaient bien tout ce qu'ils pouvaient
pour amener les réfractaires à se réunir aux assermentés,
mais ils perdaient leur peine, n'ayant point l'autorité
nécessaire pour mettre fin à un conflit qui portait presque
exclusivement sur les choses spirituelles :

« Eh ! qui pourrait empêcher ce rapprochement entre
eux ? écrivait le préfet de la Sarthe aux maires et adjoints
du département, le 15 thermidor an IX, ne sont-ils donc pas
tous les ministres d'un même Dieu ? Elle n'existe plus,
cette différence qui jusqu'à ce jour avait établi entre eux
une ligne de démarcation qu'il semblait impossible de
détruire; je ne vois plus en eux que les enfants d'une seule
famille soumis au même chef.... (2) »

(1) *Arch. nat.* F. 7, 7870.
(2) *Arch. nat.* F. 7, 7901.

IV

Pendant ce temps-là la grande famille catholique continuait d'être divisée sur elle-même, moins encore par la
faute des réfractaires soumis que par celle des puristes
qui refusaient d'obéir aux lois et prenaient plaisir à atti-
ser le feu du schisme. Aux termes de l'arrêté des Consuls,
aucun prêtre déporté n'avait le droit de rentrer en France
sans accomplir la formalité de la promesse. Mais les fron-
tières étaient si mal gardées, il y avait tant de moyens de
tromper la police, que c'est par milliers que les prêtres
insoumis pénétrèrent en France, après le 18 Brumaire (1).
D'abord ils se répandirent dans l'Ouest où, pour en finir
avec la guerre civile, les préfets avaient reçu l'ordre de
les dispenser de la promesse et où ils pouvaient circuler
librement ; puis ils envahirent tous les départements de
proche en proche, officiant en cachette dans des oratoires
privés, critiquant la conduite des soumissionnaires qu'ils

(1) « La route la plus sûre pour arriver ici (dans la Sarthe), est
celle de Hollande. Pour peu qu'on ait mis le pied en France, on
est sûr de voyager tranquillement. » (Lettre du chanoine Michot
à l'abbé Bonnet, vicaire général du Mans, déporté et réfugié à
Londres.) — *Arch. nat.* F. 7, 7823). Voir le texte *in extenso* de
cette lettre à l'*Appendice*.

4

allaient jusqu'à traiter de schismatiques (1) et déversant
le blâme et le mépris sur les prêtres constitutionnels dans

(1) Il n'y avait pas que la promesse qui divisât les puristes et
les soumissionnaires. Ils étaient également en désaccord sur la
manière d'administrer les sièges vacants. D'après la discipline de
l'Eglise, telle qu'elle a été fixée au Concile de Trente, la juridiction
d'un évêque est transmise à sa mort au chapitre cathédral, qui
doit dans les huit jours la confier à un ou plusieurs délégués,
appelés vicaires capitulaires. Si le chapitre laisse écouler ce court
délai, à plus forte raison s'il est empêché, l'administration du diocèse passe de droit au métropolitain, ou, lorsque le siège vacant est
une métropole, au plus ancien suffragant de la province ecclésiastique. Mais depuis la mise en pratique de la Constitution civile du
clergé, aucun de ces principes n'avait été observé fidèlement par
suite du manque de clarté des instructions contenues dans les
brefs du pape Pie VI en date des 13 avril et 26 septembre 1791.
Aux termes de ce dernier bref, lorsque le diocèse devenait vacant
et que le chapitre ne pouvait élire un vicaire capitulaire, le métropolitain et, à son défaut, le plus ancien suffragant, recevait pour
une année des pouvoirs d'administration qui lui étaient délégués
par le pape. Mais l'abbé Emery et le parti des soumissionnaires
soutenaient qu'avant de renoncer à la juridiction capitulaire il fallait aller jusqu'à l'extrême limite du possible. Ainsi les chanoines,
proscrits et dispersés, ne pouvaient jamais se réunir à temps pour
faire une élection dans les huit jours, lors même qu'on aurait fait
courir ce délai de l'instant où la nouvelle certaine de la mort de
l'évêque émigré parvenait dans le diocèse. Il suffisait donc, d'après
l'abbé Emery et les partisans de sa thèse, de voter aussitôt que le
permettaient l'éloignement et la sûreté des personnes. D'autre part,
aucun chapitre n'était au complet en 1800, ce qui compliquait
encore la situation, car les canons avaient omis de décider en quelle
proportion les chanoines devaient être présents un jour d'élection.
Mais cette difficulté n'en était pas une pour l'abbé Emery. Ne
restât-il qu'un seul chanoine, celui-là représentait à ses yeux tout
le chapitre et concentrait l'autorité du corps entier. C'est-à-dire
qu'il avait le droit et le devoir de désigner à lui seul un vicaire
capitulaire. Ce n'est que lorsque toutes ces ressources manquaient
à la fois, que le Saint-Siège pouvait nommer directement un administrateur apostolique. Telle était la thèse des soumissionnaires.
En somme c'étaient les principes mêmes de l'Eglise gallicane.
   Les puristes soutenaient, au contraire, que le pape avait, en
raison des circonstances, dérogé aux canons qui attribuent positi-
vement au métropolitain et au plus ancien évêque la juridiction
du diocèse, quand le chapitre est déchu de ses droits, et qu'il s'était
réservé dans tous les cas, comme chef de l'Eglise, la prérogative
de désigner un administrateur. Et ils s'appuyaient sur le bref du
26 septembre pour affirmer que les pouvoirs apostoliques, limités
à un an, témoignaient nettement de cette intention. Or, comme
rien ne circonscrit le choix des délégués du Saint-Siège, le pape
avait suivant eux le pouvoir de nommer qui bon lui semblerait, un
simple prêtre aussi bien que le métropolitain dont parlait le bref
du 26 septembre. En d'autres termes l'autorité du pape était substituée, dans ce système à celle du chapitre.
   Est-ce à dire que les puristes s'étaient convertis, sous l'influence

des libellés infâmes (1). Tout cela dans le but avoué de
faire échec à la politique de « l'usurpateur » et sur le mot
d'ordre, je ne dirai pas de Rome (car le pape, ainsi que
nous l'avons vu, ajournait son jugement sur la promesse,
jusqu'à ce que la Congrégation qui en était saisie eût terminé son travail), mais des évêques émigrés qui avaient
lié leur cause à celle des Bourbons. Ce sont ces évêques
qui dès le commencement du Consulat inondèrent la
France de missionnaires, véritables agents royalistes dont
la mission moitié politique et moitié religieuse, consistait
surtout à jeter le trouble dans les consciences. Aux prêtres soumissionnaires ils insinuaient doucement que le
pape condamnait la promesse et que c'était faire acte
d'intrus que de suivre la direction des *Annales catholiques*
et de l'abbé Emery (2); — aux puristes qui hésitaient à se
soumettre ils persuadaient d'attendre jusqu'à la conclusion du Concordat (3); — aux fidèles enfin qui avaient

des événements, aux doctrines ultramontaines? Non, mais ils se
méfiaient des chanoines qui étaient restés sur le sol de la République, ils les accusaient de s'être soumis aux différents serments
qu'elle leur avait imposés, et ils leur préféraient les administrateurs que le Saint-Siège choisissait dans les rangs des émigrés,
parce que leurs sentiments royalistes n'étaient pas douteux. De là
des tiraillements, des divisions, des conflits de toute sorte dans le
gouvernement des diocèses privés de pasteurs. (Voy. *la Négociation du Concordat*, par le comte Boulay de la Meurthe, pp. 32 et
suiv.)

(1) Le préfet de la Corrèze écrivait au ministre de la Police générale, le 29 pluviôse an ix, que les prêtres Brival et Graviche, de
Tulle, ayant livré à l'impression un écrit dont la teneur lui avait
paru dangereuse, en ce sens qu'on y déversait le blâme et le
mépris sur les prêtres conformistes, il en arrêta sur le champ l'impression et la distribution, et l'ouvrage fut supprimé. (*Arch. nat.*
F. 7, 7820, D^{er} 4425).

(2) Le petit livre de l'abbé Emery sur la *Conduite de l'Eglise
dans la réception des ministres de la Religion, qui reviennent de
l'hérésie et du schisme*, fut vivement attaqué par les puristes qui
l'accusèrent d'être un prêtre *jureur*, « un de ces fauteurs du
schisme constitutionnel, exercés depuis longtemps à falsifier l'histoire de l'Eglise, » ou encore « d'être équivoquement placé entre les
schismatiques et les catholiques », au point de ne pas laisser soup-
çonner auquel des deux partis il appartenait lui-même. (Voy. la
préface de la 2e édition de cet ouvrage).

(3) Le préfet de la Manche écrivait, le 29 nivôse an x, que le
prêtre Oury, autorisé à sortir de l'hospice d'Avranches, où il était
retenu provisoirement, avait déclaré qu'il attendrait la publication
du Concordat avant de profiter de la liberté. (*Arch. nat.* F. 7,
7818, D^{er} 4328).

abandonné les prêtres constitutionnels ils faisaient entendre qu'aucun des sacrements qu'ils avaient reçus dans
leurs églises n'était valide. Quelques-uns même, pour protester contre les négociations entamées par le Souverain-
Pontife avec le gouvernement, poussaient l'audace pour
ne pas dire la folie jusqu'à répandre des doutes sur la
légitimité de l'élection de Pie VII (1). Et pour mieux faire
entrer dans les esprits ces doctrines dangereuses, ils lais-
saient derrière eux, partout où ils passaient, des exem-
plaires imprimés ou manuscrits de manuels dits des
Missionnaires. Ces manuels variaient d'un diocèse à l'autre,
selon les évêques qui les avaient inspirés. Celui de l'abbé
Coste (2), que j'ai présentement devant les yeux, et qui
après avoir couru pendant des années en manuscrit, fut
publié à Rome, en 1801, avec l'approbation de l'archevêque
de Vienne, passe à juste titre pour être un des plus mo-
dérés. Il n'en contient pas moins un certain nombre d'articles sur les mariages valides et licites, illicites et nuls,
sur les vendeurs, déprédateurs, acquéreurs et détenteurs
de biens ecclésiastiques qui, par leurs distinctions subtiles,
étaient de nature à jeter la perturbation dans les paroisses.
Exemple relatif aux mariages : « Ces mariages étaient
nuls, si les parties étaient domiciliées dans les lieux que
les intrus avaient usurpés ; — *valides,* si elles ou une
d'entre elles étaient domiciliées dans les bornes de la paroisse dont ils étaient canoniquement pourvus ; — *valides*
encore, si les intrus ou vicaires jureurs les avaient célé-
brés en vertu d'une délégation du vrai curé des parties,
quoique ce curé fût schismatique, parce que ce dernier
n'ayant pas été canoniquement dépouillé de son titre avait
pu valablement exercer le pouvoir de délégués. »

Exemple relatif aux vendeurs, acquéreurs et détenteurs
de biens ecclésiastiques. « Quand même l'Eglise, pour le
bien de la paix exempterait de la restitution tous ceux qui
ont coopéré à la dépouiller, ils ne seraient pas pour cela

(1) Lettre du chanoine Michot à l'abbé Bonnet, vicaire général
du Mans, déporté et réfugié à Londres, déjà citée.
(2) Jean Noël Coste, curé de Haute-Faye, diocèse de Tulle, et
nommé par le Saint-Siège administrateur du même diocèse mourut
à Ancône le 12 septembre 1796, à l'âge de 45 ans, et fut enterré
dans l'église des chanoines réguliers de Saint-Jean-de-Latran.

moins coupables du péché déjà commis par cette usurpation ni moins obligés d'en avoir une vraie douleur pour être absous dans la foi de la conscience et pour être relevés des censures qui y sont attachées. »

Quant aux prêtres qui revenaient à l'orthodoxie, le manuel de l'abbé Coste les obligeait à confesser publiquement « que la prétendue Constitution civile du clergé était formée de principes hérétiques, par conséquent hérétique et contraire aux dogmes catholiques dans plusieurs décrets ; et dans d'autres, sacrilège, schismatique, renversant les droits de la primauté du Saint-Siège, contraire à la discipline de l'Eglise soit ancienne, soit moderne et tendant à abolir la Religion catholique. » Après quoi, si ces intrus avaient des moyens, ils devaient, comme pénitence, employer en bonnes œuvres les revenus qu'ils avaient illicitement et injustement perçus pendant leur intrusion.

Voilà ce que l'abbé Emery appelait avec raison le parti de la rigueur, par opposition au sien qu'on avait baptisé le parti de l'indulgence. Il est probable que les missionnaires n'auraient pas eu grand succès à Paris auprès des prêtres constitutionnels qui se montraient disposés à rentrer dans le giron de l'Eglise romaine ; aussi n'opéraient-ils guère qu'en province, sous les yeux de l'administration qui feignait de les ignorer et qui, pour obtenir la soumission de tous les catholiques, ne savait quelles concessions leur faire. Ainsi, tel préfet (celui de l'Allier) sur la seule réclamation du maire d'une toute petite commune, rapportait son arrêté du 23 brumaire an ix par lequel il ordonnait la mise en vente de toutes les cloches des églises qui avaient été vendues (1). Tel autre (celui du Doubs) autorisait à Besançon pendant le temps de Noël les expositions des crèches, malgré les protestations indignées des Jacobins qui avaient la sottise de se reconnaître au physique et au moral dans les personnages à figure de cire que l'on faisait jouer à cette occasion (2). Tel autre encore (celui des Deux-Sèvres) rapportait à son arrivée l'arrêté

(1) *Arch. nat.* F. 7, 7823.
(2) *Arch. nat.* F. 7, 7823.

départemental qui ne permettait les offices et d'ouvrir les temples aux fidèles que le décadi, et rétablissait les foires à leurs anciennes dates, ce qui était le premier pas vers l'annulation légale du calendrier républicain (1). Enfin le préfet des Landes se faisait réprimander vertement par Fouché à propos du serment restrictif qu'il avait permis de prêter aux curés non conformistes, sur la proposition de l'ancien évêque de Dax : « *Sauf la religion catholique*, je promets fidélité à la Constitution de l'an VIII » (2).

Car, il faut bien que je le dise, le ministre de la Police générale ne souffrait aucune transaction avec la loi et voulait qu'elle fût observée à la lettre par tout le monde. On lui a reproché de favoriser les constitutionnels au détriment des réfractaires. Cela n'est vrai qu'à moitié. Fouché ne cachait pas ses sympathies pour les prêtres qui étaient issus, comme lui, de la Révolution, mais il ne se gênait pas pour les rappeler à l'ordre quand par hasard ils s'écartaient de la ligne droite, c'est-à-dire des décrets et règlements, même les plus arbitraires. Saurine fut le premier à s'en apercevoir. L'évêque des Landes s'étant permis, en fructidor an VIII, de paraître dans les rues de Saint-Sever en habit violet et avec la croix sur la poitrine, le ministre de la Police générale donna l'ordre au préfet de ce département de le poursuivre, « le costume seul de M. Saurine pouvant être une contravention à la loi, et la justice devant être égale pour tous (3). » Les préfets auraient donc été mal venus à lui demander d'user de douceur envers les réfractaires qui ne voulaient pas faire la promesse ou qui, l'ayant faite, se mettaient en révolte contre les lois. Si Bonaparte l'avait consulté, il n'aurait jamais étendu l'application de l'arrêté du 7 nivôse aux prêtres sexagénaires reclus, encore moins aux émigrés, mais il aurait gardé

(1) *L'Eglise et la Révolution à Niort et dans les Deux-Sèvres*, par le vicomte de Lastic-Saint-Jal.

(2) *Les diocèses d'Aire et de Dax pendant la Révolution*, par l'abbé Pelgé.

(3) *Arch. nat.* F. 7, 7779, D^{er} 9392. Mais l'évêque des Landes écrivit à ce sujet une si admirable lettre au premier adjoint de la commune de Saint-Sever, que le préfet, après l'avoir entendu, abandonna les poursuites. (Voy. les *Derniers Jansénistes*, 2e édition, t. I, chap. VI.)

ces deux catégories de prêtres en surveillance. Fouché était d'avis qu'on ouvrait trop facilement les portes de la France à ceux qui avaient pris librement le chemin de l'exil (1) ; il était effrayé de l'énorme quantité de prêtres déportés qui lui demandaient à rentrer dans leurs anciennes paroisses, et le fait est qu'ils semblaient sortir de dessous terre (2). M. Boulay de la Meurthe estime qu'en 1800, au moment de l'arrivée en France de Mgr Spina, il y avait en fonctions de six à huit mille prêtres dont deux mille constitutionnels environ. M. Boulay de la Meurthe est selon moi, bien au-dessous de la vérité. D'abord il se trompe absolument quand il avance (3) que dans aucun départe-ment le nombre des constitutionnels n'excédait cent cinquante et que dans beaucoup ils étaient à peine dix. Je connais pour ma part une dizaine de départements où leur nombre dépassait trois cents et pas un où il fût inférieur à trente. C'est un point que je me propose d'établir quelque jour ; mais je puis citer dès aujourd'hui le département de l'Orne comme un de ceux où le nombre des assermentés dépassait de moitié le chiffre donné par M. Boulay de la Meurthe, malgré les ravages faits par la chouannerie dans l'église constitutionnelle de Séez (4).

(1) Il réussit à les faire fermer aux quelques évêques émigrés qui, comme ceux d'Auch, de Luçon, d'Amiens, offraient de plein gré la promesse pour rentrer dans leurs diocèses. Et cela sous prétexte que leur influence serait trop funeste à la paix intérieure.

(2) Bonaparte lui-même n'en revenait pas, et en demanda un jour l'explication à Portalis qui lui répondit par la note suivante :

« Quatrième jour complémentaire de l'an x :

« Dans le cours de la Révolution et lorsque l'autorité eût déclaré, par une mesure insensée qu'elle ne voulait plus s'occuper de religion, et qu'elle ne reconnaissait plus aucun ministre de culte, chaque parti voulut augmenter et fortifier sa milice, et chaque parti le put, parce que les ordinations avaient cessé d'être surveillées. En conséquence, les évêques non assermentés, les évêques constitutionnels ordonnèrent à l'envi et sans choix une multitude de prêtres que l'on voit aujourd'hui sortir *comme de dessous terre*. D'autre part, les moines dispersés se sont jetés dans les paroisses et les moines étaient ignorants et grossiers, souvent même crapuleux et turbulents. » (*Arch. nat.* A. F. iv, 1044.)

(3) *La Négociation du Concordat*, p. 9.

(4) D'après les tableaux des desservants inscrits comme pensionnaires ecclésiastiques, le chiffre des prêtres constitutionnels, fonctionnaires publics, était au moins de quatre cents douze en l'an vii et antérieurement à cette date ; et il résulte d'un *Mémoire adressé au citoyen Portalis par les prêtres constitutionnels du diocèse de*

Ce n'est donc pas, d'après mes calculs, six à huit mille prêtres, mais vingt à trente mille, au bas mot, qui exerçaient le culte publiquement ou en cachette, aux approches du Concordat. Maintenant, combien y avait-il d'églises rouvertes, en 1800 ? Il serait bien difficile de répondre d'une façon précise. L'abbé Grégoire a soutenu mainte et mainte fois que, suivant un relevé fait à l'administration des domaines, en septembre 1796, il y avait trente-deux mille communes qui avaient repris à cette époque l'exercice du culte, et que quatre mille cinq cents autres se préparaient à le reprendre ; mais, sans vouloir mettre en doute la bonne foi de l'ancien évêque de Blois, je crois que dans l'espèce elle avait été surprise. M. Boulay de la Meurthe, qui, pour réfuter cette assertion de Grégoire, s'appuie principalement sur une note de Tabaraud, ne veut pas que le nombre des églises rouvertes en 1796 ait été supérieur à dix mille et prétend qu'il avait plutôt diminué qu'augmenté en 1800 (1). Je crois que la vérité, là comme ailleurs, est entre le chiffre de M. Boulay de la Meurthe et celui de l'abbé Grégoire. Celui-ci s'exagérait vraisemblablement les forces du catholicisme, dans la conviction où il était que la religion n'avait pas besoin du Concordat pour se relever ; celui-là les amoindrit peut-être dans la pieuse pensée de rapporter au principal auteur du Concordat l'honneur et le mérite du relèvement des autels. Je respecte leur opinion, mais je ne pense pas que ni l'une ni l'autre soit ratifiée par l'histoire. Si l'on ne sait pas encore exactement le nombre de prêtres assermentés ou réfractaires qui exerçaient en 1800, ni celui des églises paroissiales qui étaient alors rouvertes au culte, il est d'ores et déjà acquis à l'histoire que les autels s'étaient relevés à peu près partout sous l'effort doublé par la concurrence, des cinquante évêques constitutionnels et des prêtres réfractaires soumis, et que tout le mérite de Bona-

Sécz, *en recours contre l'abus de pouvoir de M. l'évêque,* qu'à la cérémonie de l'intronisation de M. de Boischollet, évêque concordataire, laquelle eut lieu le 25 juillet 1802, les prêtres constitutionnels surpassaient d'un tiers le nombre des prêtres non assermentés. Ce Mémoire mentionne quatre-vingt-quatorze signataires. (Note communiquée par M. Duval, archiviste de l'Orne.)

(1) *La Négociation du Concordat,* pp. 24 et 25.

parte, — mérite énorme et qui suffirait à sa gloire, — fut
de pacifier, d'unifier l'Eglise de France en la réconciliant
avec la papauté.

S'il en fallait une dernière preuve, je la trouverais dans
la lettre suivante que le préfet des Deux-Sèvres adressait,
le 29 vendémiaire an x, au ministre de la Police générale :

« L'avis qu'on vous a donné qu'un grand nombre de
prêtres insoumis s'agitaient pour semer le trouble et prê-
chaient ouvertement la révolte, heureusement n'est point
exact... Quelques-uns se sont réunis dans l'arrondissement
de Thouars pour conférer sur la question du serment, mais
la majeure partie des citoyens ne prend aucune inquiétude
de ces réunions que je fais surveiller et qui, jusqu'à présent,
n'ont produit que de copieux dîners. Vous pouvez compter
que s'il se passait quelque chose de contraire au bon ordre,
je le réprimerais aussitôt, et je vous en rendrais compte.
*Tout le monde attend avec impatience le résultat du Con-
cordat ; les prêtres en convoitent beaucoup l'espérance et je
sais que les plus influents sont très disposés à s'y soumettre.
J'ai aussi la preuve que parmi les prêtres qui passent pour
insoumis, il en est plusieurs qui ont fait leur promesse de
fidélité, mais qui attendent pour l'avouer hautement que ce
Concordat soit connu* (1). »

(1) *Arch. nat.* F. 7, 7870. — Quelque temps auparavant le
préfet de Maine-et-Loire, M. Montault-Desisles, écrivait à Fouché :
« Les prêtres de ce département peuvent se diviser en trois
classes : constitutionnels, insermentés restés en France, et déportés
rentrés. Les constitutionnels seraient très nombreux si tous avaient
repris l'exercice du culte, mais beaucoup se sont mariés ou ont
exercé diverses professions, et un très petit nombre exerce aujour-
d'hui. Je dois avouer qu'ils ne sont ni aussi suivis ni aussi considérés que les autres. Cela tient principalement à ce que pendant
la Terreur qui a pesé sur ce département plus que partout ailleurs
les constitutionnels ont été obligés d'abjurer publiquement une
profession dont on leur faisait un crime ; que d'autres sont allés
au-devant de cette abjuration et l'ont faite avec plus ou moins de
scandale ; qu'enfin plusieurs ont attaché leur nom à des époques
fâcheuses de la Révolution. Toutes ces causes ont jeté de la défaveur
et de la déconsidération sur les constitutionnels quoiqu'il en soit
beaucoup encore qui n'ont à se reprocher aucun écart et qui jouissent de toute l'estime publique... *On attend impatiemment le
Concordat qui doit, dit-on, faire cesser le scandale des divisions
religieuses.* (*Arch. nat.* F. 1c, Maine-et-Loire.)

C'est dire que l'arrivée de Mgr Spina en France fut saluée par la majorité des catholiques romains comme la venue du Messie.

———

PORTRAIT DE L'ABBÉ BERNIER

d'après une mauvaise gravure du temps.

CHAPITRE IV

I

Lorsqu'en arrivant à Florence, Mgr Spina apprit par
une lettre du cardinal Martiniana que Bonaparte avait
quitté Verceil et lui donnait rendez-vous à Paris, son

premier soin fut de demander des instructions à son gouvernement. Mais la cour de Rome hésita un moment à lui envoyer l'ordre de continuer sa route. Elle n'avait, en effet, qu'une confiance très restreinte dans les talents diplomatiques de ce prélat, même doublé du P. Caselli, ex général des Servites, qu'il s'était adjoint comme conseil. Et si l'archevêque de Corinthe avait été, de préférence à tout autre, chargé d'une mission aussi difficile, c'était bien moins pour sa valeur qu'à cause du long séjour qu'il avait fait en France, pendant la captivité de Pie VI, de la connaissance assez exacte qu'il y avait acquise de la situation religieuse, et du court mais cordial entretien qu'il avait eu avec Bonaparte, à son retour d'Egypte (1). Aussi le cardinal Consalvi, qui remplissait les fonctions de secrétaire d'Etat, ne donna-t-il à Mgr Spina que les pouvoirs d'un agent officieux, au risque de froisser l'amour-propre du Premier consul qui s'attendait à recevoir une sorte de nonce. Il lui recommanda même expressément de se borner à traiter comme évêque, au nom du Saint-Père, les seules affaires ecclésiastiques et d'être d'une extrême prudence dans ses rapports avec la partie orthodoxe du clergé français.

Arrivé à Paris dans les premiers jours de novembre 1800, l'archevêque de Corinthe fut reçu le 6 du même mois par M. de Talleyrand qui, après lui avoir fait quelques représentations sur le caractère irrégulier de son ambassade et l'avoir invité à ne rien laisser transpirer de la négociation, lui promit d'obtenir une audience particulière de Bonaparte et lui annonça que l'abbé Bernier était chargé de traiter avec lui. Quel était ce négociateur dont Mgr Spina n'avait jamais entendu parler ? C'est le moment de tracer son portrait.

Au physique, l'abbé Bernier était de haute taille (cinq pieds et deux pouces) et de tournure vulgaire : la tête

(1) Maury, qui avait passé trois matinées consécutives avec Mgr Spina avant son départ pour Verceil, disait de lui : « Je le trouvai doux, honnête, porté au bien, doué d'un esprit sage et modéré, mais dépourvu de toutes les connaissances théologiques et même canoniques, très peu instruit de notre Révolution, bien persuadé que la religion catholique ne pouvait se rétablir en France qu'avec la monarchie.. »

grosse, la figure pleine et commune, les cheveux noirs, le front bas, le nez fort, les yeux bleus, petits et enfoncés, le regard oblique, et par là-dessus l'air dominateur. — Au moral, le génie de l'intrigue, la fourberie personnifiée, l'ambitieux sans scrupules et sans frein, quelque chose comme l'âme noire d'un Père Le Tellier qui aurait vécu dans les camps et grandi dans la guerre civile.

Il était curé de Saint-Laud, à Angers, au début de la Révolution. Lors de la mise en pratique de la Constitution civile, il ne se contenta pas de refuser le serment, il voulut frapper l'imagination de ses paroissiens, et, par un miracle qu'il prédit en leur faisant ses adieux, les vases sacrés disparurent, les cloches refusèrent de sonner, les cierges de fournir de la lumière pour la première messe du curé constitutionnel. Il avait enlevé les clefs de la sacristie, remonté les cordes des cloches et mouillé les mèches des cierges. « Trait indigne de l'histoire, » s'écrie M. Célestin Port (1). Non, car il trahit cet esprit de fraude et de duplicité dont le curé de Saint-Laud allait dorénavant utiliser toutes les ressources. Qu'on veuille bien se rappeler l'influence prépondérante qu'il exerça durant des années dans les conseils de l'armée vendéenne. Il y était entré par la flagornerie et le mensonge (2); il en sortit par un marché inavouable, après y avoir régné par la division, l'ostracisme et la ruse. La légende dit même par le crime. Oh ! je sais bien que ce n'est qu'une légende et que, faute de preuves matérielles, nul n'a le droit de l'accuser du meurtre de Stofflet et de Marigny. Mais ici la légende est presque de l'histoire, c'est la voix du sang, c'est le cri du peuple, c'est la malédiction des milliers de paysans qui, sur la foi de ses beaux discours, se firent tuer pour la défense du trône et de l'autel... Et l'homme qui joue avec les choses saintes comme avec une guitare; l'homme qui, le même jour, demande à Hoche un pas-

---

(1) *Dict. hist. de Maine-et-Loire, Art. Bernier.*

(2) En faisant courir le bruit, pour se donner de l'importance, que l'évêque d'Angers, en se retirant, lui avait délégué tous ses pouvoirs. Et lui qui, à l'aide de documents venus de Rome en cachette, avait convaincu le faux évêque d'Agra de supercherie, il ne craignait pas de s'attribuer de fait la juridiction épiscopale. L'évêque Lorry le désavoua publiquement le 10 vendémiaire an II.

seport pour la Suisse, et au comte d'Artois des pouvoirs officiels, qui vend son âme au plus offrant et dernier enchérisseur, cet homme-là est capable de tout. Au fond, l'abbé Bernier ne croyait à rien, et le général Hoche l'avait bien jugé quand il écrivait au Directoire, après l'entretien qu'il avait eu avec lui, au May, (le 21 frimaire an iv) que le gouvernement pouvait compter plus encore sur son ambition que sur son zèle. Il tenait par-dessus tout à jouer un rôle. Tant qu'il avait cru au retour possible des Bourbons avec l'appui de la Russie ou de l'Angleterre, il s'était contenté du titre d'agent général qu'il avait pris parmi les Vendéens pour en imposer davantage aux coalisés. Mais lorsque Bonaparte devint Premier consul, il devina qu'avant peu il serait le maître de la France et se tourna de son côté. La chouannerie, d'ailleurs, avait perdu presque tous ses chefs. Il ne lui restait guère que d'Autichamp, encore hésitait-il à continuer la guerre. Bernier dit alors au général Hédouville : Promettez-moi de m'envoyer à Paris auprès de Bonaparte et je vous promets que d'Autichamp déposera les armes. Hédouville promit, et c'est ainsi qu'au mois de janvier 1800 (1) l'abbé Bernier fit son entrée dans Paris.

Il ne faudrait pas croire cependant que Bonaparte fût dupe de son jeu. Il savait pertinemment que son crédit en Vendée était en décadence et que c'était uniquement par ambition qu'il se rapprochait de lui, mais il n'était pas fâché de montrer à la coalition et aux émigrés au moment où l'on attentait à sa vie, qu'il employait à la pacification du pays le dangereux agitateur qui, durant la guerre de Vendée, avait été leur porte-voix, leur instrument. Et c'est une justice à lui rendre que, du jour où le Premier consul accepta ses offres de services, l'abbé Bernier se donna tout entier, sans arrière-pensée, sans partage (2). Il fit plus,

(1) Le 26 janvier, dit M. Boulay de la Meurthe.
(2) Il lui écrivait d'Angers, à la date du 5 thermidor an viii : « Général, si au milieu de vos triomphes, vous pouviez attacher quelque prix aux félicitations d'un particulier, je vous adresserais les miennes. Mais que pourraient-elles ajouter aux témoignages éclatans de la satisfaction et de l'admiration des Français au 14 juillet ? Ce jour, général, a dû être pour vous le plus délicieux de votre vie. C'est à ce moment que vous avez senti, plus que jamais, le prix des services glorieux rendus par vous à la

il dépouilla le vieil homme et redevint, comme par l'effet
d'un charme, le prêtre correct, attaché à ses devoirs, res-
pectueux des libertés gallicanes, qu'il était, avant la Révolution, dans sa cure de Saint-Laud. Tout ce qui lui resta
de l'ancien partisan, ce fut une humeur batailleuse et une
vanité qui le rendit parfois ridicule. On ne peut pas demander à un pécheur qui se convertit, d'acquérir en un
jour toutes les vertus des saints. Constant raconte en ses
mémoires que Bonaparte, s'entretenant avec son frère
Joseph et Cambacérès des conférences sur le Concordat,
leur dit une fois que l'abbé Bernier faisait peur aux prélats
italiens par la véhémence de sa logique. « Rien n'était
plus singulier, ajoutait-il, que le contraste de ses manières
rudes et disputeuses avec les formes polies et le ton miel-
leux des prélats. Le cardinal Caprara est venu, il y a deux
jours, d'un air effaré, me demander s'il était vrai que
l'abbé Bernier s'était fait pendant la guerre de Vendée un

patrie. Les échos des rives de la Loire ont répété à l'envi les accens
de Paris. Le cœur les dictait ici, comme là où vous êtes. Ces con-
trées devenues vraiment libres, puisqu'elles tiennent de vous tout
ce qu'elles désiraient, forment, pour vous, les mêmes vœux que le
reste de la France. La paix y produit les plus heureux fruits. Le
commerce renaît, l'agriculture voit ses travaux récompensés par
la perspective de la plus abondante moisson. Tout prend un aspect
riant et flatteur. C'est en vain que l'Angleterre a fait paraître sur
nos côtes une partie de ses flottes. Cette apparition subite eût pu
dans d'autres temps exciter des troubles. Elle n'a produit dans
celui-cy que le mépris et l'indignation. Le peuple, mieux instruit,
a senti le piège et a seu l'éviter. Ses malheurs lui ont appris à connaître le génie de cette nation, qui ne cherche dans nos troubles
qu'une diversion utile à ses projets et qui voudrait, en armant,
par de fausses promesses, les Français contre les Français, se
former, au milieu de ses ennemis mêmes, une armée d'auxiliaires.
Ces temps ne sont plus. A peine a-t-elle trouvé deux hommes
(Cadoudal et Frotté) qui voulussent courir les chances cruelles
d'une nouvelle insurrection, et ces deux hommes ont fait de vains
efforts pour acquérir des partisans. Partout repoussés par le peuple,
ils ont pris le parti de se dérober à la poursuite qu'en ont faite les
habitans de nos campagnes. La paix est plus raffermie que jamais
parmi nous. Puisse-t-elle bientôt étendre ses bienfaits sur tout le
continent. La France l'attend de vos efforts. C'est au vainqueur de
Maringo qu'il appartient de la donner à l'Europe. Elle sera le fruit
de ses triomphes et la plus douce récompense qu'il puisse espérer
après tant de travaux, de combats et de victoires. — Recevez, Général, l'assurance inviolable des sentiments qui m'attachent à vous
et du profond respect que je vous ai voué. » (*Lettres inédites de
l'abbé Bernier*, publiées et annotées par André Joubert.)

autel pour célébrer la messe avec des cadavres républicains. Je lui ai répondu que je n'en savais rien, mais que cela était possible. — Général, Premier consul, s'est écrié le cardinal épouvanté, ce n'est pas *oun* chapeau rouge, mais *oun* bonnet rouge qu'il faut à cet homme. J'ai bien peur, continua le Premier consul que cela ne nuise à l'abbé Bernier pour la barrette (1). »

Il n'obtint, en effet, que la mître, mais personne de ceux qui l'avaient vu à l'œuvre pendant les négociations du Concordat ne fut scandalisé de sa fortune. Certes, le Premier consul aurait pu opposer à Mgr Spina un négociateur plus digne. On peut même s'étonner qu'il n'ait pas songé à l'abbé Emery qui par son savoir, sa conduite irréprochable, l'estime générale dont il jouissait, son attitude décidée à l'égard de la promesse, semblait tout désigné pour remplir ce poste d'honneur et de confiance. Mais l'abbé Emery n'eût pas déployé plus de zèle ni montré plus d'habileté que l'abbé Bernier dans la défense des grands intérêts qui étaient en cause. Et quelles que soient les rancunes que l'esprit de parti garde encore à sa mémoire, on est bien forcé de reconnaître que l'ancien curé de Saint-Laud s'acquitta de sa mission avec une fidélité toute militaire (2). Je dis fidélité, parce qu'il ne fit, en somme,

---

(1) *Mémoires de Constant*, t ı, p. 129.

(2) Et quand le Corcondat fut conclu, quand il s'agit de la réorganisation des diocèses, l'abbé Bernier apporta dans ses rapports avec les évêques une largeur d'esprit qui malheureusement faisait défaut à beaucoup d'entre eux. C'est ainsi qu'il n'hésita pas à blâmer la conduite de l'évêque d'Angers, M. Montault-Désisles, qui s'était permis de faire signer aux constitutionnels une formule de rétractation, en dépit de la circulaire du cardinal légat du 10 juin 1802, qui disait : Les prêtres constitutionnels voulant se réconcilier à l'Eglise feront la déclaration suivante : *J'adhère au Concordat, et je suis dans la communion de mon évêque nommé par le Premier consul et institué par le pape.* « Voilà donc vos constitutionnels réunis à leur évêque, écrivait Bernier au général Girardon qui commandait alors à Angers. On leur a fait signer une formule que l'on a envoyée ici et qui a également déplu à Rome et au gouvernement. Le cardinal (Caprara) a tancé l'évêque. Monsieur Portalis a aussi dit son mot Pour moi j'ai ri et me suis tu Quelle farce que ces demi-rétractations qui ne tiennent ni à un parti ni à l'autre ? Pourquoi ne pas se borner à la formule dictée par le cardinal et y substituer un écrit de deux pages où la foi et l'opinion sont confondues ensemble et marchent sur la même ligne ? En vérité on est chez vous à un siècle de ce qui se fait

qu'exécuter les instructions de Bonaparte et que rien ne fut laissé à son initiative.

ailleurs... » (Lettre du 22 fructidor an x publiée par André Joubert.) — M. Montault-Desisles avait été évêque constitutionnel de la Vienne, mais s'était effacé lors de la rouverture des églises. Il faisait donc du zèle pour se faire pardonner son erreur. Quoi qu'il en soit le gouvernement fut obligé de déplacer son frère qu'on avait eu la mauvaise inspiration de nommer à la préfecture d'Angers, pour avoir raison de sa résistance. « J'ai trouvé hier soir, en revenant de Malmaison, écrivait Portalis au Premier consul, le premier jour complémentaire an x, une lettre du général Girardon qui m'avertit que l'évêque d'Angers a fait cesser les scandales que certains prêtres donnaient en refusant pour parrains des acquéreurs de biens nationaux, mais ce général m'observe qu'il a été obligé d'avertir lui-même l'évêque et de jouer le rôle de grand vicaire. Je crois que le changement de préfet placera le diocèse dans une meilleure situation, parce que si l'évêque est bête et faible, il suffira que le préfet ne soit ni l'un ni l'autre pour faire marcher l'évêque et tout contenir dans l'ordre légitime. » (*Arch. nat.* AF. iv, 1044.)

On connaît le programme de Verceil. Ce programme résumait à peu de chose près la pensée définitive du Premier consul et servit de base aux conférences qui s'ouvrirent le 8 novembre entre Mgr Spina et l'abbé Bernier.

La première note que l'ancien curé de Saint-Laud remit à l'archevêque de Corinthe, avait trait à la démission générale des anciens évêques. Bonaparte qui n'avait pas l'habitude de peser ses paroles, avait dit au cardinal Martiniana que plusieurs n'avaient émigré que pour cabaler et qu'il ne voulait pas les reprendre. Bernier, dans un style très mesuré et qui trahissait la main de Talleyrand, fit entendre à Mgr Spina que ces prélats contre lesquels militaient une foule de préventions, ne pourraient opérer le bien dans leurs diocèses respectifs, sans agitation et sans secousse. Ainsi l'esprit de parti se retranchait fort habilement derrière l'intérêt de la religion. Bernier ajouta qu'il y a des circonstances où le bien de la paix exige que les évêques, canoniquement institués, offrent leur démission ou qu'on la leur commande. Et après avoir rappelé que c'était le moyen qu'avait employé l'Eglise pour terminer le grand schisme d'Occident, il le pria de l'admettre, au nom du pape, comme le seul efficace, le seul capable de mettre un terme aux dissensions cruelles qui depuis si longtemps désolaient l'Eglise de France (1).

(1) Pour tous les documents se rapportant à la négociation du Concordat et qui m'ont servi dans la rédaction du présent chapitre et de ceux qui le suivent, je renvoie le lecteur à l'important ouvrage de M. Boulay de la Meurthe : *Documents sur la négociation du Concordat*, qui complète celui du P. Theiner sur le même sujet.

Le lendemain, dans son cabinet, le Premier consul lui répéta la même chose sur le ton de commandement qui lui était familier, mais sans rien lui montrer de la mauvaise humeur que lui avait causée sur le moment le défaut de caractère officiel de sa mission. L'archevêque trouva même que l'accueil de Bonaparte avait été des plus aimables, et l'impression qu'il emporta de cette première audience fut d'autant meilleure, qu'avant d'y mettre fin le général l'assura qu'il rétablirait la religion catholique comme *dominante*, ainsi qu'il en avait pris l'engagement à Verceil.

C'est sous cette impression qu'il rédigea sa note en réponse à celle de Bernier. Au fond, la demande de démission des évêques n'était pas pour déplaire au pape, puisque sans y prendre garde, le chef de la République française lui reconnaissait *ipso facto* des pouvoirs égaux à ceux des Conciles, et l'invitait — qu'aurait dit Bossuet? — à affirmer son infaillibilité sur les ruines de l'Eglise gallicane. Mais dans l'espèce il y avait des raisons plus politiques que religieuses qui s'opposaient à ce que la Cour de Rome accédât de gaieté de cœur à cette demande, et ce sont ces raisons que Mgr Spina fit valoir dans sa note du 11 novembre. Supposez, lui disait-il, que les évêques émigrés refusent de donner leur démission, et que le Souverain-Pontife veuille pourvoir malgré eux au gouvernement de leurs diocèses, à quels nouveaux troubles, à quelles calamités n'exposerait-on pas l'Eglise de France? Sous prétexte d'éteindre un schisme on risquerait d'en allumer un autre tout aussi grave. Il valait mieux, suivant lui, recourir au moyen terme que voici : on inviterait, par exemple, les évêques à adresser à leurs diocésains un mandement sur la soumission qu'on doit au gouvernement, après quoi on les autoriserait à rentrer dans leurs églises. Et si, dans le nombre, il s'en trouvait quelques-uns dont la rentrée pouvait être un objet de discorde, le Souverain-Pontife n'hésiterait pas à leur demander leur démission et, en cas de refus, à pourvoir, d'accord avec le gouvernement, à l'administration de leur diocèse.

On voit que les négociateurs n'étaient pas très loin de s'entendre et que ce qui les divisait c'était moins une question de principe qu'une question d'opportunité et de mesure.

Sur la question des biens du clergé ils tombèrent assez vite d'accord. Le 12 novembre, Bernier proposa à Mgr Spina d'adopter, comme base fondamentale de toute réunion, que les acquisitions des biens ecclésiastiques dits nationaux seraient maintenues et ratifiées par l'Eglise. Trois jours après l'archevêque de Corinthe lui répondit que Sa Sainteté, tout en protestant contre l'aliénation de ces biens, considérés par l'Eglise comme *vota fidelium, patrimonium pauperum, sacrificia peccatorum*, était disposée à faire usage de toute son indulgence envers leurs acquéreurs, à condition pourtant que le gouvernement assurerait l'existence non seulement des évêques, mais encore des curés et des autres ministres inférieurs, qu'il rétablirait les séminaires et qu'il rendrait aux églises et aux ecclésiastiques tous les biens qui n'étaient point aliénés. Ces conditions n'avaient rien qui pût surprendre Bonaparte, puisque lui-même avait déclaré à Verceil qu'il ferait la plus grande partie de ce que Mgr Spina lui demandait aujourd'hui. Mais ce qu'il n'avait pas prévu, ce qu'il ne pouvait pas accepter, c'est que la dîme fût rétablie en France à seule fin de pourvoir à la subsistance du clergé. En faisant cette dernière proposition, l'archevêque de Corinthe ne craignait pas d'avancer que la dîme avait toujours été regardée en France comme sacrée. Cela prouve qu'il n'avait pas appris grand'chose pendant son séjour à Valence, car de tous les abus supprimés par la Révolution la dîme était peut-être celui dont le peuple avait gardé le plus mauvais souvenir.

Le 22 novembre, le comte d'Hauterive (1), chef de division aux Affaires étrangères, à qui Talleyrand avait passé la plume (2) pour tout ce qui était relatif à la négociation du Concordat, adressa au Premier consul un rapport extrêmement remarquable qui contenait en germe toute l'économie de ce traité de paix, sous la forme de quatre propositions.

(1) Le comte d'Hauterive qui avait terminé ses études chez les Oratoriens avait été agrégé à cet ordre célèbre sans y être engagé par aucun vœu. De là sa compétence dans les matières ecclésiastiques.

(2) Moitié par paresse, moitié par opposition au Concordat qu'il voyait d'un mauvais œil à cause de la situation fausse dans laquelle ce traité de paix allait le mettre vis-à-vis de l'Eglise.

La première présentait deux choses : des établissements ecclésiastiques et des associations religieuses. Elle était ainsi conçue :

« 1° Il y aura un établissement ecclésiastique pour toutes les associations religieuses qui manifesteront le désir d'exercer un culte public. — Tout établissement ecclésiastique régulièrement et ostensiblement organisé sera sous la protection spéciale du gouvernement. »

« Comme les associations, disait le rapport, sont composées de l'universalité des citoyens, ce n'est pas trop engager le gouvernement que de lui faire promettre protection à des établissements que la réunion de toutes les volontés a formés, et qui, sous ce point de vue, sont tous plus ou moins marqués d'un caractère de délégation publique pour des objets qui tiennent aux droits de tous et n'attentent aux intérêts de personne. Ce ne serait pas faire une objection que de dire qu'il y a un grand nombre de citoyens qui n'ont pas de religion. Ne pas avoir de religion et appartenir à une association religieuse sont deux choses très compatibles. Dans l'exacte vérité, le nombre des hommes qui ont décidément et avec réflexion renoncé aux principes religieux est petit comparativement à celui des hommes qui tiennent plus ou moins à leur croyance ; mais fût-il plus grand qu'il n'est, le gouvernement doit considérer comme appartenant à une association religieuse tous ceux qui, nés sous les auspices de cette association, n'ont pas fait une abjuration publique des opinions qui l'attachent à elle. »

Telles sont les observations que faisait le comte d'Hauterive sur la première proposition.

La seconde était formulée comme suit :

« 2° Les effets de cette protection (de l'Eglise par l'Etat) seront : 1° une sauvegarde contre tout ce qui tendrait à troubler l'exercice du culte ; 2° l'indépendance relative de chaque culte à l'égard d'un autre ; 3° une rétribution annuelle, accordée à chaque établissement dans la proportion du nombre de citoyens qui composent l'association religieuse, à laquelle cet établissement appartient. »

Les objections contre cette proposition ne pouvaient venir, selon le rapporteur, que de cette classe de patriotes dont il parle plus haut et qui trouveraient sans doute étrange qu'à une époque si rapprochée du temps où l'on croyait qu'il était patriotique de former le peuple des villes et des campagnes à devenir irréligieux et philosophe, on osât proposer de salarier les ministres du culte.

« Je ne pense pas, disait le comte d'Hauterive, qu'il faille s'arrêter à cette considération. Il est de fait que la grande masse du peuple français ne s'est éclairée, dans les grands mouvements de la Révolution, que sur la discussion de ses intérêts politiques ; il est de fait qu'il n'a pas fait un pas dans la carrière des vérités philosophiques ; il est de fait aussi qu'il croit avoir besoin d'un culte. Or, puisqu'un culte ne peut pas s'exercer sans ministres, et que des ministres ne peuvent se consacrer au service d'un culte s'ils ne sont salariés soit par des rétributions accidentelles, soit par une rétribution assurée, il faut que le peuple fasse les frais de leur subsistance, et il est de la sagesse du gouvernement d'intervenir dans la répartition de cette dépense, comme il a le droit et l'obligation de le faire dans toutes les autres dépenses publiques. »

Ce raisonnement, d'une logique irréfutable, n'a rien perdu de sa force depuis cent ans tout à l'heure, et les partisans de la séparation de l'Eglise et de l'Etat qui ne poursuivent cette solution qu'avec l'arrière-pensée d'affamer les ministres du culte feraient bien de le méditer.

La troisième proposition était conçue dans les termes suivants :

« 3º Les conditions requises pour l'organisation régulière et ostensible d'un établissement ecclésiastique sont : 1º que chaque établissement ecclésiastique fasse connaître au gouvernement les règles de sa discipline, la hiérarchie et le nombre de ses ministres, l'étendue et les limites de l'auto rité spirituelle dont les divers degrés constituent la hiérar chie ; 2º que la nomination et les promotions des ministres du culte aux divers degrés de la hiérarchie soient soumises à l'approbation du gouvernement. »

Le comte d'Hauterive était d'avis que les objections que
ne manquerait pas de soulever cette troisième proposition
étaient les seules qui demandaient une discussion soignée.
et que cette discussion serait l'objet de la négociation dont
le Premier consul lui avait fourni les premiers éléments.
Tout se bornait, suivant lui, de la part du gouvernement
à admettre toute organisation dans l'établissement ecclésiastique du culte romain, qui ne laisserait prendre aux
ministres aucune part dans les affaires civiles ; qui sépare-
rait bien distinctement l'autorité spirituelle de l'autorité
temporelle ; qui ne laisserait subsister aucun droit à des
restitutions ; qui n'ouvrirait pas d'accès, dans l'intérieur
de la République, aux hommes que le gouvernement n'a
pas le droit d'y admettre ; qui laisserait enfin au gouvernement par un droit de négative, la faculté de choisir les
ministres qui devraient remplir les divers degrés de la
hiérarchie du culte romain.

« De la part du chef du culte romain à qui sont confiées les
règles de la discipline de son Eglise, tout se borne, disait-il :
1° à déterminer une nouvelle répartition dans les ressorts
ecclésiastiques du culte romain établi en France ; 2° à obtenir des anciens évêques une démission devenue nécessaire
par l'incompatibilité de leur exercice et de leur séjour en
France avec les nouvelles lois ; 3° à s'entendre avec le gouvernement de la République sur les nominations et les promotions des ministres. Je ne crois pas qu'un système de
conciliation sur tous ces points soit opposé à rien de ce qui
fait autorité dans la discipline de l'Eglise romaine. La modération qui appartient au caractère de son chef actuel, lui
fera sûrement trouver dans la comparaison des temps un
motif de s'applaudir d'une aussi heureuse issue à des difficultés qui ont longtemps présenté à sa sollicitude de bien
moins favorables perspectives. »

Mais c'était surtout contre la quatrième proposition
que devaient s'élever, suivant le comte d'Hauterive, les
plus vives réclamations. Pourquoi ? parce qu'il s'agissait
d'obtenir du Corps législatif une loi permettant au
gouvernement « de lever une subvention religieuse des

cultes sur l'universalité des citoyens. » Cependant le rapporteur n'hésitait pas à se prononcer en faveur du maintien de cette proposition. Et les raisons qu'il en donnait étaient extrêmement fortes :

« Le Premier consul doit voir, dans la mesure d'une subvention commune un principe général de réconciliation politique des cultes entre eux et des cultes au gouvernement ; il verra dans l'application de cette mesure une sanction donnée par toutes les associations religieuses aux changements que la France a subis dans ses institutions. Il verra enfin, dans cette correspondance perpétuelle des cultes avec l'autorité publique, un grand moyen de puissance pour les maintenir dans une dépendance convenable, pour attacher au gouvernement les établissements ecclésiastiques et faire servir cet attachement au maintien de l'ordre, à la concorde publique et à la propriété de l'Etat. »

Après avoir pris connaissance de ce rapport, le Premier consul y fit en marge quelques annotations (1) dont M. d'Hauterive tint compte dans sa note à l'abbé Bernier sur la négociation. Cette note, datée de la fin de novembre, avisait l'ancien curé de Saint-Laud qu'il recevrait des instructions précises sur ce qu'il devrait proposer à la Cour de Rome et sur ce qu'il devrait exiger d'elle. Elle lui indiquait en même temps les moyens d'exécution. Il y en avait trois : 1° une Proclamation du gouvernement de la

---

(1) Savoir :
1° Combien y aura-t-il de diocèses en France ?
2° Combien d'archevêchés ?
3° Combien auront-ils d'appointements ?
4° La rédaction de la Bulle du pape :
   1° Qui fixe la nouvelle division de la France en diocèses ;
   2° Légalise la vente des biens nationaux ;
   3° Essaie une conciliation de toutes les opinions émanées pendant la Révolution sur l'objet de religion ;
   4° Ordonne obéissance et fidélité au gouvernement.
5° Le projet de traité secret avec le pape.
   1° Pour la nomination aux places ;
   2° Pour les redevances qui étaient dues à la Cour de Rome ;
   3° Pour les dispenses de mariage ;
6° Les noms des évêques à nommer.

République ; 2° une Bulle du pape ; 3° un Traité secret avec la Cour de Rome.

La Proclamation du gouvernement de la République devrait contenir les quatre articles développés dans le rapport ci-dessus ; un cinquième article menacerait des peines les plus rigoureuses quiconque mettrait obstacle à la tolérance ou en abuserait.

La Bulle du pape devrait être adressée à l'Eglise de France. — Elle devrait débuter par une invitation aux prêtres et évêques que la Révolution avait désunis, de se réunir au chef de l'Eglise dans la pratique de la même discipline. — Elle devrait porter une approbation expresse de la légalité des serments qui ont été prêtés par le clergé constitutionnel et de celle de l'aliénation des biens ecclésiastiques. — Elle devrait prescrire l'obéissance et la fidélité au gouvernement de la République. — Elle devrait enfin annoncer que la démarcation des diocèses et la nomination des évêques appelés à les régir, seraient publiées par une Bulle subséquente.

Le Traité secret devrait régler d'une manière précise et définitive : 1° le mode des nominations qu'il conviendrait peut-être de faire désigner par le pape et approuver par le Premier consul : l'investiture des Bulles suivrait toujours l'approbation nécessaire du gouvernement de la République ; 2° le nombre des diocèses ; 3° celui des métropoles ; 4° les redevances à titre de subvention de bienveillance que les catholiques de France accorderaient annuellement au Premier consul ; 5° la discipline du contrat ecclésiastique dans les mariages, ce contrat devant toujours faire suite au contrat civil ; 6° le choix actuel à faire des évêques et des métropolitains. Ce choix devrait être général ; toutes les places devraient être rendues vacantes par démission, tant des évêques de l'ancien clergé que de ceux du nouveau. Enfin on devrait s'entendre pour fournir aux démissionnaires un traitement assuré de retraite.

III

Comme on le voit, tout avait été prévu dans cette note
— même l'impossible (1). Il ne restait plus qu'à mettre sur
pied le projet de Concordat et à en discuter successivement tous les articles avec l'archevêque de Corinthe. C'est
à quoi s'employa l'abbé Bernier.

Le 26 novembre il écrivait à M. de Talleyrand qu'il avait
proposé à Mgr Spina une partie et puis ensuite la totalité
du projet; que l'ouvrage avançait à grands pas et qu'il
espérait sous quelques jours lui présenter le résultat définitif. Mgr Spina lui avait paru très bien disposé. Il lui
avait même insinué que le pape, au risque de mécontenter le prétendant (Louis XVIII) était prêt à inviter par
une Bulle les princes chrétiens à faire la paix avec la
France, pourvu que le Premier consul lui en écrivît ou lui
fît écrire.

Quatre jours après, Bernier mandait au ministère des
Affaires étrangères qu'il dînait le lendemain, 1er décembre,
avec Mgr Spina pour terminer la discussion; que toutes
les difficultés paraissaient levées, et qu'il irait prendre ses
ordres sur les titres que la Cour de Rome devrait donner
au Premier consul. Mais dans l'intervalle, M. de Talleyrand lui avait renvoyé le projet de Concordat en le priant
de donner toute son attention aux notes marginales qui
indiquaient des modifications et des retranchements à faire.

(1) Il n'était guère probable en effet que le pape consentirait à
donner son approbation expresse à la légalité du serment schismatique de 1790.

Sur quoi portaient ces retranchements et ces modificatious ?
On ne le sait pas exactement, mais ce qui est certain, c'est
que Bonaparte avait introduit dans ce premier projet quelques idées dont il n'avait pas soufflé mot à Verceil, et qu'il
avait changé d'avis sur le principe accepté par lui d'une
religion dominante. Cependant, le 3 décembre, en commu-
niquant à M. de Talleyrand le plan des métropoles et des
évêchés de France qu'il avait dressé conformément au
projet de Concordat, l'abbé Bernier se flattait que les notes
marginales du Premier consul ne mettraient aucun obstacle au succès de la négociation. Ce plan comportait douze
métropoles et cinquante évêchés (1). Pour le dresser, Bernier
avait suivi l'ordre des départements, combiné avec celui
des divisions militaires, de telle manière, disait-il, qu'aucun
évêché ne dépendit de deux divisions militaires, et que la
différence des divisions diocésaines n'en fit jamais naître
une dans l'administration militaire et civile. Il n'avait fait
d'exception que pour le département de l'Eure, parce qu'il
ne pouvait, d'après la division militaire, être réuni qu'à
la Seine-Inférieure dont la population était trop considérable pour souffrir une pareille union.

En même temps que le plan des métropoles et des évêchés,
Bernier avait envoyé à M. de Talleyrand le projet de bulle
qu'il avait rédigé pour se conformer à la note du comte
d'Hauterive. Mais ce projet de bulle était écrit dans une
langue trop déclamatoire, trop abondante et trop fleurie
pour avoir chance d'être agréé par la cour de Rome. Aussi
fut-il écourté, remanié à plusieurs reprises avant de revêtir
la forme définitive (du 24 février 1801) qui fut soumise à
l'approbation du Vatican.

Pendant ce temps-là le Premier consul, instruit de la
panique que causaient au pape et à son entourage les
mouvements des troupes françaises à tous les passages de
la frontière romaine, s'empressait de faire savoir au Souverain-Pontife que son intention était de protéger les Etats du
Saint-Siège et que l'armée française en Italie ne dépas-
serait pas les limites de la Cisalpine et de la Toscane, à
moins qu'elle n'y fut forcée : 1° par l'entrée d'une armée

---

(1) Les métropoles étaient : Malines, Reims, Rouen, Paris, Sens,
Besançon, Vienne, Lyon, Toulouse, Bordeaux, Bourges et Tours.

napolitaine sur le territoire de Rome; 2° par le débarquement d'une armée anglaise ou autrichienne. Et, M. de Talleyrand priait le ministre de l'Intérieur de retirer du cabinet des antiques où elle était exposée aux sarcasmes et à la curiosité du public, la statue de Notre-Dame de Lorette qui avait été envoyée en France à la suite des victoires de l'armée d'Italie. « Dans le cas où le nouveau Pontife la réclamerait, lui disait-il, le gouvernement français serait peut-être bien aise de lui remettre ce gage du désir qu'il a de bien vivre avec Rome. »

Rien ne s'opposait donc plus, en apparence du moins, à ce que le Concordat fût conclu à la fin de l'année (1), lorsqu'éclata un incident inattendu qui faillit amener l'expulsion de Mgr Spina. Nous avons vu que M. de Talleyrand lui avait recommandé, dans leur premier entretien, d'observer la plus grande discrétion sur la négociation en cours, et que le cardinal Consalvi lui avait fait en partant la même recommandation. Pendant les cinq premières semaines de son séjour à Paris, on n'eut de ce chef aucun reproche à lui faire. Non seulement il évitait de se montrer en public (2), mais à l'hôtel où il était descendu, il ne recevait presque personne en dehors de l'abbé Bernier et de M. de Muzquiz, ambassadeur du roi d'Espagne. L'abbé Emery lui-même avait eu beaucoup de peine à arriver jusqu'à lui et n'en avait obtenu aucun renseignement. On fut donc très étonné d'apprendre un matin du mois de décembre que l'archevêque de Corinthe venait d'empêcher douze ecclésiastiques de l'Orne de satisfaire à la promesse. Ces ecclésiastiques, avant de se soumettre à cette formalité, avaient jugé à propos de lui demander conseil; Mgr Spina leur avait répondu, par une lettre en date du 19 novembre, que la raison et la prudence lui semblaient exiger qu'on

(1) Le 22 décembre, Bernier écrivait à M. de Talleyrand : « Notre ouvrage exige tout au plus trois ou quatre jours pour conclusion. »

(2) La première fois qu'il se montra en public, ce fut dans l'église des Carmes, à l'occasion de la fête de Saint-Sulpice, le 19 janvier 1801. Encore eut-il soin de se tenir, durant tout l'office, dans une tribune du chœur pour ne pas attirer les regards. Sa présence ne fut révélée que par l'abbé Bernier qui, du haut de la chaire, crut devoir le complimenter sur la manière dont il remplissait sa mission.

attendît pour agir, une décision du pape qui devait délivrer de toute inquiétude. On juge de l'impression que ce document fit sur l'esprit du Premier consul. Dès que Fouché lui en eût donné connaissance, il entra dans une violente colère et pria M. de Talleyrand d'avoir avec l'envoyé du pape une explication catégorique. Cette lettre était-elle authentique ou avait-elle été fabriquée tout exprès pour jeter le trouble dans les consciences ? L'archevêque de Corinthe se défendit de l'avoir écrite, mais tout mauvais cas est niable, et ceux-là même qui la disaient apocryphe se pensaient tout bas qu'elle avait toutes les apparences contre elle. D'abord elle expliquait dans une certaine mesure les hésitations que Mgr Spina éprouvait au moment de finir avec l'abbé Bernier, — hésitations qui lui venaient : 1° de l'absence complète de nouvelles de Rome , — 2° des changements, sur des points essentiels, apportés dans la rédaction du second projet de Concordat qui lui avait été remis du 20 au 25 décembre (1) ; — 3° de la contradiction qu'il avait déjà remarquée entre le langage de Bonaparte et sa conduite en Italie. Ensuite elle avait le tort de suivre de près celles de Maury qui avaient faussement annoncé à toute la France que la congrégation chargée d'examiner la promesse, l'avait condamnée sans retour (2). Enfin, ce n'était un secret

(1) Dans ce second projet de Concordat, on ne parlait plus de rendre à l'Eglise les biens non aliénés et il n'était plus question de la religion dominante.

(2) Lui-même n'était pas très partisan de la promesse, et dans une note du 22 novembre, en réponse à celle de Bernier du 17 du même mois, après avoir dit que la déclaration du gouvernement, relative à la promesse de fidélité à la constitution de l'an viii, avait entre autres inconvénients celui de « prévenir de quelque manière le jugement de Sa Sainteté », jugement qu'on devait attendre sans prévention, il exprimait le vœu que le Premier consul permit aux laïques de faire une simple, pure et par conséquent sincère promesse de fidélité et de soumission au gouvernement, et aux ministres de la religion catholique de continuer l'exercice de leur ministère sans être obligés à prêter aucune promesse. J'ajouterai que dans les corrections indiquées par lui le 7 décembre sur le projet numéro I, Mgr Spina avait proposé la rédaction suivante pour l'article 4 du titre VI, qui avait trait à la promesse : « Article 4. — Le gouvernement déclare que cette promesse n'a pour objet que l'engagement purement civil de fidélité, dû par tous les Français au gouvernement établi par la constitution, et il permet aux catholiques, pour tranquilliser leurs consciences, qu'on ajoute à la promesse : « sauf la religion catholique que je professe ». —

pour personne que Mgr Spina avait des sentiments monar
chiques et que le complot d'Arena avait ébranlé sa confiance dans la durée du gouvernement consulaire. De tout
cela, bien pesé, on tirait naturellement cette conclusion
que le prélat romain, fidèle aux traditions de la curie,
pouvait parfaitement jouer un double jeu. Quoi qu'il en
soit, la lettre aux prêtres de l'Orne eut un profond reten-
tissement dans l'Ouest (1) et gêna la négociation du
Concordat, au grand désappointement de Bernier qui
brûlait de recevoir du Premier consul et du pape, le prix
de ses services et de son dévouement.

Sa prétendue lettre aux ecclésiastiques de l'Orne était donc conforme, sinon à ses propres sentiments, au moins aux instructions
qu'il avait reçues de Rome par dépêche du 13 octobre 1800 et à
l'esprit de l'article ci-dessus.

(1) Voir à l'*Appendice*, la lettre de l'abbé Michot, chanoine, à
l'abbé Bonnet, vicaire général du diocèse du Mans, déporté et
réfugié à Londres.

CHAPITRE V

Silence des négociateurs sur l'Eglise constitutionnelle. — Comment M. Boulay de la Meurthe l'explique. — Pensée de derrièra la tête de Bonaparte à ce sujet. — Le cardinal de Martiniano n'avait pas tout dit. — Crainte momentanée à Rome que le représentant du Premier consul à Verceil ne fût l'abbé Grégoire. — Pourquoi Bonaparte, à son retour à Paris, fit appeler l'évêque de Blois à la Malmaison. — Comment il entendait l'union de tous les Français. — Il n'entrait pas dans ses desseins de sacrifier totalement l'Eglise constitutionnelle. — Conversation de Bonaparte avec Grégoire. — L'évêque de Blois fait l'historique des concordats et notamment de celui de 1516. — Brèves interruptions de Bonaparte. — Comme quoi Grégoire était à côté de la question. — Son mémoire à Bonaparte sur la manière de négocier avec la cour de Rome. — Son influence sur la marche des négociations. — A quelle époque exactement il fut question pour la première fois de faire la part des constitutionnels dans le projet de concordat. — L'assassinat de l'évêque Audrein et la machine infernale rejettent le Premier consul du côté des hommes de la Révolution. — Une lettre d'Audrein à Talleyrand. — Rapport du comte d'Hauterive au Premier consul fait sur diverses pièces remises par Grégoire et ses réflexions sur un plan de pacification. — Ces réflexions portaient sur l'aliénation des biens ecclésiastiques ; l'injonction aux évêques des deux clergés de se démettre de leurs sièges ; l'élection des évêques; leur institution ; la réduction des diocèses ; le droit qu'avait le clergé constitutionnel d'être traité par Rome avec plus de bienséance. — D'Hauterive estime qu'il faudra choisir quelques évêques constitutionnels. — Mgr Spina reçoit le projet de convention numéro 4. — Impression qu'il en ressent. — Il refuse de le signer, disant qu'il n'a pas les pouvoirs nécessaires. — Talleyrand le menace d'expulsion. — Bonaparte rédige à la hâte un cinquième projet de convention avec ordre de l'envoyer d'urgence à Rome. Cacault est chargé d'aller à Rome le discuter. — Double plein pouvoir qui lui est donné à cet égard. — Retard apporté dans l'expédition du courrier de Mgr Spina.

I

Dans les premières conférences qui eurent lieu, à Paris, entre Mgr Spina et l'abbé Bernier, on aura remarqué qu'il

n'avait pas été question de l'Eglise constitutionnelle.
M. Boulay de la Meurthe explique ce silence en disant
qu'au moment de l'arrivée à Paris de l'archevêque de
Corinthe, le dessein bien arrêté du Premier consul était
encore de laisser le clergé constitutionnel en dehors de la
négociation (1). Je crois qu'il se trompe. Lors de sa visite
au cardinal Martiniana, Bonaparte lui avait déclaré, il est
vrai, qu'il était résolu à se débarrasser des intrus, mais
il avait eu soin — ce qu'avait omis de dire l'évêque de
Verceil — de subordonner leur exclusion à celle des
évêques légitimes (2), et, comme le soupçonnait fort justement Maury, « c'était pour accélérer les progrès de la
séduction et mieux consolider sa puissance usurpée (3). »
La preuve en est qu'à Rome on craignait un instant, d'après
certains propos de M. de Labrador (4), ambassadeur d'Espagne, que Bonaparte se fit représenter à Verceil par
l'abbé Grégoire (5), et qu'à peine de retour à Paris le général manda l'évêque de Blois à la Malmaison. Dans quel
but? M. Boulay de la Meurthe dit que « ce n'était pas
avec la pensée d'étudier un compromis entre la doctrine
romaine et le système constitutionnel, mais avec le désir
de consulter et de s'informer. » Je n'oserais le contredire
sur ce point, m'est avis cependant que, lorsque Bonaparte
appela le fougueux évêque, c'était au moins avec l'idée
préconçue — car tous ses actes étaient réfléchis — de rassurer les intéressés sur ses intentions. Au banquet que les
représentants du peuple lui avaient offert, à lui et à
Moreau, dans l'église Saint-Sulpice, quelques jours avant
le 18 Brumaire, il avait porté un toast *à l'union de tous les
Français.* Il se rendait parfaitement compte qu'il ne
pouvait pas faire cette union sans pacifier l'Eglise de

(1) *La négociation du Concordat,* p. 20.
(2) *Documents sur la négociation du Concordat,* t. iii, p. 634.
(3) *Corr. inéd. du card. Maury.*
(4) M. de Labrador, nommé ambassadeur du roi d'Espagne
auprès du Saint-Siège s'était chargé à Paris des commissions du
gouvernement français pour Rome.
(5) On avait, au Vatican, envisagé l'éventualité où l'envoyé de
Bonaparte à Verceil aurait été un évêque ou un prêtre constitutionnel ; dans ce cas, l'ablégat ne devait avoir avec lui aucune
communication *in divinis.* (*Documents sur la négociation.*
t. iii p. 579.

France et que cette pacification ne pouvait s'effectuer que par la réunion des réfractaires et des constitutionnels. Il avoua, du reste, à Grégoire que c'était en vue de réunir ces deux partis qu'il avait projeté de faire un concordat. On peut donc dire sans crainte de se tromper qu'il n'avait jamais été dans les desseins du Premier consul de sacrifier totalement l'Eglise constitutionnelle (1). Pourquoi l'aurait-il sacrifiée, d'ailleurs ? N'avait-elle pas toujours prêché l'obéissance aux pouvoirs publics et contribué puissamment, malgré ses erreurs et l'indignité de certains de ses ministres, à sauver la religion en France ? Aujourd'hui encore, le tableau du clergé constitutionnel ne présentait-il pas une organisation assez complète sur presque toute l'étendue du territoire français ? Sans doute, ce clergé avait perdu quelque peu de son crédit, depuis la rentrée en masse des réfractaires déportés ; il était plus riche en prêtres qu'en sectateurs, comme l'écrivait d'Hauterive au Premier consul ; cependant il était toujours suivi de milliers de fidèles et ne faisait pas trop mauvaise figure, malgré les défections que la misère, le découragement et aussi le repentir ne cessaient d'occasionner dans ses rangs. J'ajouterai que les « évêques réunis » surtout Grégoire, comptaient beaucoup sur le prochain Concile national pour relever les affaires de l'Eglise constitutionnelle et mettre fin au schisme. Bonaparte n'avait donc aucune raison de « se débarrasser des intrus. » Tout au plus aurait-il pu leur faire un grief d'être opposés à l'idée d'un concordat quelconque ; mais cette opposition même était chez eux toute de principe, et le Premier consul savait très bien que, le jour où il aurait traité avec le pape, il ne rencontrerait de leur part aucune résistance sérieuse.

Quoi qu'il en soit, Bonaparte ne dut pas être surpris d'entendre l'évêque de Blois lui déclarer avec sa franchise habituelle que pour faire cesser les divisions religieuses un concordat n'était pas nécessaire. Et si je reproduis textuellement le récit de l'entretien qu'ils eurent ensemble, à la fin de juillet 1800 (2), c'est moins à cause de la force des argu

(1) Ne pas oublier qu'il paya le voyage de Mauviel à Saint-Domingue, quand celui-ci alla occuper son poste (décembre 1800).
(2) Le récit est tout au long dans l'*Essai historique sur les libertés de l'Eglise gallicane,* par l'abbé Grégoire.

ments de Grégoire et de l'intérêt de son exposé historique, que parce que cet entretien et les Mémoires du même prélat qui en furent la suite, nous donnent la clef des changements successifs qui se firent dans les idées du Premier consul.

« Vous me demandez pourquoi point de concordat ? Voici ma réponse :

« Pendant douze siècles, l'Eglise catholique a existé sans concordat ; avait elle, pour diriger son gouvernement, les traditions apostoliques et les règles canoniques ; les quatre premiers Conciles œcuméniques étaient réputés à l'égal des quatre évangiles. Le pape saint Léon, parlant de celui de Nicée, en 325, dit que ces décisions, inspirées par l'Esprit saint, ont été consacrées par l'assentiment et la vénération générale, et qu'elles doivent être immuables. Plusieurs autres papes ont tenu le même langage. Une expression usitée, en parlant du dernier Concile œcuménique le désigne sous le nom de *Saint-Concile de Trente.* Pourquoi n'emploie-t-on pas le même langage en parlant du premier ? Or, *le Saint-Concile de Nicée,* canon 4, a statué de la manière la plus claire, sur l'institution des évêques, par le concours de ceux de la province, ayant à leur tête le métropolitain. Les formes hiérarchiques étant bien déterminées, pourquoi des concordats ? Dans ces transactions, les principes ont toujours été immolés aux calculs de la politique.

« *Le Consul.* — Cependant Léon X et François Ier...

« *L'Evêque.* — Je me hâte de répondre à votre objection, par un exposé succinct de cet événement.

« Les chapitres des cathédrales ayant envahi, dans le moyen âge, le droit d'élire les évêques, l'exercice de ce droit leur fut assuré par la pragmatique sanction de saint Louis, en 1268, et par celle des Etats de Bourges, sous Charles VII, en 1438 ; et comme cette dernière adoptait les décrets des Conciles de Coutance et de Bâle, qui contrariaient les vues ambitieuses de Rome, elle fit des efforts persévérants pour la faire abolir, et malheureusement elle y parvint. Voici comment :

« Le chapeau de cardinal fut promis à Balue, évêque d'Evreux, puis d'Arras, s'il décidait Louis XI à détruire cette pragmatique. Les intrigues de l'ambitieux prélat lui valurent la *barrette*. Après Louis XI, François Ier, ayant porté la guerre en Italie, persuadé que pour s'assurer la possession du Milanez, il lui importe de capter l'amitié du pape, dans une entrevue à Bologne, l'an 1516, il consent à abolir la pragmatique, à la persuasion d'un autre cardinal de hideuse mémoire, le chancelier Duprat.

« Alors les élections, si vivement soutenues par Yves, de Chartres, Hincmar, de Reims, Pierre le Vénérable, Clémengis, Gerson, etc., sont anéanties. Aux élections est substituée la nomination par le roi. Pour être évêque, il faudra être âgé de vingt-sept ans, docteur en théologie ou licencié en droit canon, mais on n'impose pas cette condition aux enfants issus *du sang royal, aux personnages d'une haute naissance,* « consanguineis regis et personis sublimibus », parce que, sans doute, ils ont la science infuse. Plus loin, est un article qui règle les preuves auxquelles sont astreints ces privilégiés ; ils doivent faire preuve, non de piété, de vertu, de science, mais de noblesse, ce qui est, sans contredit, très important pour la religion. »

« Le Concordat s'étend longuement sur les droits des *gradués ;* mais la portion noble du clergé, qui les voyait avec dédain, avait fort à cœur de les repousser des dignités, et d'empêcher qu'elles ne fussent confiées à des hommes *sans naissance ;* après plusieurs tentatives, elle obtint, en 1606, un édit qui exemptait les dignités des cathédrales de l'expectation des gradués.

« Cependant le clergé en général, et tous les ordres de l'Etat, virent le Concordat avec horreur, et le vouèrent à l'exécration. Le terme n'est pas trop fort. Deux articles irritaient spécialement le Parlement, l'abolition des élections et celui qui, pour imprimer des bulles, enjoint de déclarer la *véritable valeur* du revenu des bénéfices. Le fourbe Duprat voulait justifier cette clause, en disant que c'était pour s'assurer si le mérite du sujet élu correspondait au revenu du bénéfice.

« *Le Consul.* — C'était plutôt, sans doute, pour régler la somme à payer à Rome sous le nom d'annates.

« *L'Evêque.* — On avait évité, dans le Concordat, de parler des *annates* prescrites, comme simoniaques, par les

Conciles de Constance, de Bâle et la pragmatique. Le mot d'*annates* rappelait des souvenirs trop odieux; mais la clause dont nous parlons avait évidemment pour but de les faire payer, aussi il en est question comme d'un droit établi dans un décret de Léon X, qu'on a joint depuis au Concordat; décret qui ne fut jamais enregistré.

« *Le Consul*. — Cependant le Concordat fut enregistré au Parlement.

« *L'Evêque*. — Oui, le Parlement qui, pendant deux ans, avait repoussé ce pacte comme étant contraire aux Conciles généraux et aux libertés gallicanes, finit par un acte de faiblesse; il l'enregistra le 19 mars 1518, avec la formule réprobatrice, « par très exprès commandement du roi, plusieurs fois réitéré, » ce qui emportait la nullité de l'enregistrement. La douleur, dit l'histoire, était peinte sur les visages de cette compagnie, quand, quelques jours après, le chapitre de Notre-Dame et l'Université vinrent à la barre du Parlement interjeter appel contre l'abolition de la pragmatique et la réception du Concordat. Mermel, recteur de l'Université, fit même afficher, dans les carrefours de Paris, un mandement qui défendait aux imprimeurs et libraires d'imprimer et de débiter le Concordat, sous peine d'être chassés de l'Université.

« Le clergé qui gémissait, réclama longtemps le rétablissement des élections. Elles furent redemandées par les trois ordres aux Etats d'Orléans en 1560; de Blois en 1576, par des conciles, par diverses assemblées du clergé dans les seizième et dix-septième siècles. A l'assemblée du clergé, en 1585, l'archevêque de Vienne comparaît Léon X et François Ier aux soldats qui se partagèrent les vêtements de Jésus-Christ. Dans plusieurs diocèses on fit, contre la calamité du Concordat, des prières publiques, dont quelques anciens rituels nous ont transmis le souvenir.

« Sans cesse on répétait que Léon X et François Ier s'étaient donné réciproquement ce qui ne leur appartenait pas, le pape cédant au roi le spirituel et le roi lui accordant le temporel; le pape, usurpant les droits de l'Eglise, et le roi ceux de la Nation. Les deux contractants avaient-ils le pouvoir d'altérer ainsi la discipline? Leur pacte n'ayant jamais été sanctionné par l'Eglise, ni par la Nation, il est frappé de nullité. D'ailleurs l'abolition de la pragmatique n'a jamais été enregistrée, le Concordat ne l'a été que forcément ; jamais il n'obtint l'assentiment national, et Gilbert des Ursins, dans un réquisitoire contre une thèse, vers l'an 1755, disait avec raison que le Concordat n'avait jamais été que *toléré*.

« L'archevêque d'Aix, Génébrard, l'historien de Thou, Van-Espen, et tous les bons canonistes, regardent les concordats, et spécialement celui de 1516, comme des mystères d'iniquité. Celui-ci n'a été établi que par la loi du plus fort ; et suivant l'expression de Duhamel, c'est le tombeau où se sont ensevelis les droits de l'Eglise.

« Le pape qui appelait la pragmatique une *corruption,* fut transporté de joie, et fit adopter son concordat dans le cinquième concile de Latran. Bellarmin s'efforce vainement d'attaquer ceux de Constance et de Bâle, et de faire envisager comme œcuménique le cinquième de Latran ; Arnauld a très bien prouvé qu'il n'est ni œcuménique, ni reçu. Un jésuite (le père Longueval) a voulu justifier ce concordat par une raison qui serait ridicule, si elle n'était criminelle ; la nomination déférée au roi paraît à cet historien une chose merveilleuse, en ce que, par là, il devient le canal de toutes les grâces, et qu'il *distingue la noblesse,* etc.

« D'après ces considérations, je pense que le concordat de 1516, désastreux de tant de manières, doit nous inspirer la même aversion qu'à nos ancêtres. Une partie des dispositions qu'il renferme sont inapplicables au temps actuel ; la plupart concernent les droits des gradués aux bénéfices ; or, nous n'avons plus de gradués, et les places ecclésiastiques sont présentement ce qu'elles devraient toujours être : des offices et non des bénéfices. Les prérogatives accordées aux ecclésiastiques de haut parage, sont un outrage à la religion et à la raison. Quant à la nomination aux évêchés, c'est le droit sacré et imprescriptible de la société chrétienne, etc., etc. »

Telle fut en substance la conversation que le Premier consul eut, à la fin de juillet 1800, avec l'évêque constitutionnel de Blois. Cette conversation ne fut en somme qu'un long monologue, puisque Bonaparte ne s'y mêla que sous la forme de rares et brèves interruptions ; mais elle ne pouvait pas être autre chose, du moment que l'abbé Grégoire se bornait à faire le procès des concordats, en général, et de celui de 1516, en particulier. La question, en effet, n'était pas de savoir si les concordats étaient bons ou mauvais en eux-mêmes, mais si dans l'état de division où se trouvait depuis dix ans l'Eglise de France, il y avait un autre moyen de faire la paix religieuse. Pour ma part, je ne le crois pas et j'en donne les raisons dans la préface de ce livre. Bonaparte aurait donc pu dire à l'évêque de Blois que, de même qu'il n'avait pas créé le mal dont souffrait tout le pays, de même aussi il n'avait pas le choix des remèdes.

Il semble d'ailleurs que Grégoire l'ait compris à demi-mot, car il ajoute : « Une fois fixé sur cette idée (que Bonaparte tenait au projet de concordat) il ne s'agissait plus que de savoir sur quelles bases il serait établi. Cette question fut traitée dans plusieurs entretiens et dans cinq mémoires dont un avait spécialement pour objet la manière de négocier avec la cour de Rome. »

II

De ces cinq mémoires remis par l'évêque de Blois au gouvernement, trois seulement ont été conservés. Ils témoignent naturellement de plus d'attachement aux libertés gallicanes que de dévouement au Souverain-Pontife, mais je doute qu'en les rédigeant Grégoire se soit bercé de l'espérance de voir triompher ses principes. Il aurait fallu une dose de naïveté peu commune pour supposer un seul instant, par exemple, que le Premier consul et le pape accepteraient pour base du Concordat le système électif de la Constitution civile. Ces mémoires n'en exercèrent pas moins une influence considérable sur la marche de la négociation.

Le premier en date est du mois d'août 1800. Il traite, comme on l'a vu plus haut, de la manière de négocier avec Rome.

« ..... Ne pourrait-on pas, disait Grégoire, réduire à quelques articles les mesures préliminaires ou concomitantes de la négociation avec la cour de Rome ?

« 1° Etre toujours en garde contre les ruses diplomatiques d'une cour très exercée dans cette tactique.

« 2° Ne jamais trop s'avancer dans les concessions à lui faire ; mais connaître d'abord les conditions qu'elle veut mettre à la pacification, afin de calculer jusqu'à quel point on étendra des sacrifices qui ne doivent jamais franchir les limites fixées par les règles canoniques pour le gouvernement de l'Eglise.

« 3° *Ne pas paraître redouter les écrivains de la cour romaine, se tenir à portée de rentrer militairement dans ses Etats jusqu'à ce que le traité soit consommé, et, dans le traité à intervenir, ne promettre la garantie du temporel papal qu'en échange de la promesse de ne pas troubler le régime ecclésiastique de la France.*

« 4° Par des mesures d'administration intérieure, diriger le parti dissident vers une réunion qu'il soit intéressé à désirer au point peut-être de la solliciter lui-même. Ces mesures ne doivent jamais s'éloigner des principes de douceur et de modération.

« 5° *Agir de concert avec l'Espagne et les autres puissances alliées. Accorder par des articles patents beaucoup au pape dans ce qui est purement honorifique, mais rien dans tout ce qui peut blesser les libertés de l'Eglise gallicane, dont il ne faut pas sacrifier la moindre partie.*

« 6° Ne pas prendre le change par l'émission d'une bulle, dans laquelle le pape se bornerait à recommander au clergé de France la soumission aux lois de la République.

« 7° *Exiger intrépidement que le pape reconnaisse la légitimité des actes de soumission du clergé envers le gouvernement français, depuis le commencement de la Révolution.*

« Le projet qu'on va lire ne concerne que les moyens de pacifier les troubles religieux. Il peut faire partie intégrante d'un traité qui englobera toutes les stipulations d'un autre genre.

« 1° Le pape reconnaîtra que toutes les déclarations de soumission et de fidélité exigées par les lois depuis le commencement de la Révolution française, sous quelque dénomination qu'elles aient eu lieu, ont été faites légitimement et ne pouvaient être justement refusées.

« 2° L'Eglise gallicane conserve la jouissance et l'exercice de ses libertés et des anciens usages : le pape ne s'y opposera en aucune manière et ne fera rien qui y soit contraire.

« 3° Conformément à ces libertés, l'Eglise gallicane élit elle-même ses pasteurs.

« 4° *L'Eglise gallicane ne reconnaît aucune juridiction spirituelle dans les délégués du pape, dans les préfets et vicaires apostoliques ; le pape n'en enverra aucun en France ; il désavoue les individus qui s'attribuent maintenant ou qui s'attribueraient par suite ces qualités.*

« 5° *Les démarcations territoriales ecclésiastiques déterminées par l'Assemblée constituante sont conservées.*

« 6° *Toutes les portions du territoire réunies à la République française font, sous le rapport de la religion, partie intégrante de l'Eglise gallicane.*

« 7° *Aucune portion du territoire français ne peut, pour ce qui concerne la religion, dépendre d'un évêque étranger, sauf les rapports purements spirituels avec le chef visible de l'Eglise universelle.*

« 8° Le pape, comme père commun des fidèles, emploiera les moyens que lui suggèreront sa sagesse et sa charité pour pacifier les troubles de l'Eglise de France.

« 9° *Dans le Bref qu'il adressera à l'Eglise gallicane, le pape recommandera le plus profond silence sur les contestations qui la divisent.*

« 10° Les évêques de France adresseront de nouveau au pape des lettres de communion : le pape y répondra.

« *N. B.* — Par un des articles ci-dessus, le pape s'engage à pacifier les troubles de l'Eglise de France par les mesures que sa sagesse lui suggérera. Le gouvernement français pourrait lui proposer l'article suivant, comme propre à opérer cet effet :

« 1° S'il n'y a pour un même diocèse qu'un évêque existant en France, il sera reconnu de tous, pourvu que d'ailleurs il promette fidélité à la Constitution française.

« 2° Si une église a deux évêques, l'un désigné et consacré avant 1791, l'autre élu et consacré depuis cette époque, le plus ancien sera reconnu, pourvu qu'il réside en France et qu'il ait promis fidélité au gouvernement ; l'autre lui succédera de plein droit.

« 3° Par exception et pour le bien de la paix, les évêques actuellement existants, et dont les sièges ont été supprimés par l'Assemblée constituante, pourront remonter sur ces mêmes sièges, s'ils se soumettent aux lois ; mais ils ne pourront avoir de successeurs.

« Les mêmes dispositions seront applicables aux curés (1). »

J'ai souligné à dessein tous les articles de ce Mémoire, qui sous une forme ou sous une autre entrèrent successivement dans les différents projets de concordat. Mais une question se pose immédiatement à l'esprit du lecteur : à quelle époque exactement et sous l'empire de quelles circonstances Bonaparte se décida-t-il à faire officiellement la part des « intrus » ? De l'ensemble des documents publiés jusqu'à ce jour il résulte que le clergé constitutionnel occupa pour la première fois l'attention du négociateur français le 30 octobre 1800. Ce jour-là l'abbé Bernier adressa à Talleyrand la liste de ceux qu'il croyait les plus capables de remplir les fonctions épiscopales, pour le cas où le gouvernement se chargerait de pourvoir aux sièges vacants. Et dans cette première liste empruntée à quatre-vingt-un diocèses de l'ancienne France et du Comtat-Venaissin, l'Eglise constitutionnelle était représentée par MM. Montault et Savines qui depuis quatre ans, il est vrai, n'avaient plus aucune communion avec leurs anciens coréligionnaires. Mais les négociations n'étaient pas encore commencées à Paris. En somme, ce n'est que le 7 décembre 1800 que Mgr Spina, en renvoyant à Bernier le projet numéro ɪ sur lequel il avait indiqué certaines corrections, crut devoir lui faire remarquer que dans ce projet de concordat il n'y avait aucun article qui regardât particulièrement les évêques et les prêtres appelés constitutionnels, malgré la promesse de Bonaparte de les abandonner à leur sort. Evidemment, si l'archevêque de Corinthe allait

(1) *Histoire des sectes;* par l'abbé Grégoire, t. vɪ, p. 304. Ces trois derniers articles étaient empruntés presque textuellement au décret de pacification qui marqua la fin du Concile national de 1797. Plus tard, au mois de mars 1801, Grégoire remit également au Premier consul un « Mémoire sur l'établissement d'une commission consultative pour les affaires de religion » dont semble s'être servi d'Hauterive dans la rédaction de son projet de « Commission d'administration et surveillance des cultes ». (Voy. l'*His. des sectes,* t. vɪ, p. 309, et *Documents sur la négociation du Concordat,* t. ɪɪ, p. 87.)

ainsi, de propos délibéré, au-devant d'une explication, c'est qu'il avait appris que le Premier consul était animé de meilleurs sentiments à l'égard de ces malheureux schismatiques. L'assassinat de l'évêque Audrein (1) perpétré dans la nuit du 19 au 20 novembre, quelques jours avant l'attentat dont lui-même faillit être victime, avait achevé de l'édifier sur le fanatisme de certains royalistes et l'avait

(1) Cet assassinat fit sur l'esprit de Bonaparte une impression d'autant plus forte, que l'évêque de Quimper avait applaudi un des premiers aux négociations en cours. Voici dans quels termes il écrivait à Talleyrand le 2 octobre 1800 :

« Citoyen Ministre,

« Vous savez si, comme j'ai lieu de le présumer, l'*Adresse aux Consuls* ne vous est pas inconnue, que l'abbé Audrein, quoiqu'à Quimper-Corentin, n'a cessé de s'intéresser au sort de la Religion catholique en France. Je remplis de mon mieux cette partie de la tâche épiscopale, mais tout mon zèle me laisserait encore bien des craintes si je ne comptais infiniment sur celui de mes confrères de Paris.

« Citoyen Ministre, mon cœur me dit que vous la servirez aussi dans ce moment décisif, je connais votre belle âme et je suis sûr que malgré toutes les tempêtes révolutionnaires, votre respect pour la Religion des Bossuet et des Fénélon est demeuré tout entier. Ma confiance est à son comble quand je pense que c'est comme par une disposition toute particulière de la Providence que vous vous trouvez placé entre le pape et Bonaparte à l'époque même ou précisément son sort va être fixé.

« Doué de l'heureux talent d'insinuer vos pensées et déjà en possession de la confiance de l'homme miraculeux de qui tout va dépendre, combien d'inappréciables services ne pouvez-vous lui rendre? Accoutumé toute votre vie à aider les malheureux vous voudrez nécessairement venir à son secours.

« De fait, la Religion est parmi nous à la dernière période de l'avilissement. Un simple maire de village est beaucoup plus maître dans nos églises que le plus respectable curé, que l'évêque lui-même. Chaque jour nous voyons encore circuler les petites tentatives de plus d'un bel esprit. Citoyen Ministre, tirer de l'avilissement cette sublime, cette consolante Religion et lui rendre la dignité nécessaire pour honorer la divinité, et rétablir la paix parmi les citoyens, quelle tâche plus digne du vrai talent ! quel succès plus désirable pour l'homme de principes ! Cette tâche vous êtes fait pour la remplir, ce succès vous ne pouvez manquer de l'obtenir oh ! combien je vous embrasserai un jour de bon cœur ! Comme toute la France catholique bénira votre zèle ! Je le dis avec une franchise connue, ce trait seul de votre gloire effacera tous les autres et deviendra pour vos vieux jours comme une de vos plus solides consolations. Salut et hommage, attachement et éternelle reconnaissance.

« † Y.-M. AUDREIN. »

(*Communiqué par M. Emmanuel de Beaufond.*)

rejeté, malgré lui, du côté des hommes de la Révolution. De là, sans doute, la note de Talleyrand, en date du 26 décembre, invitant l'abbé Bernier à dire à Mgr Spina, en réponse à ses observations sur le projet de convention numéro II (1), que le gouvernement n'écouterait aucune proprosition sur l'établissement d'un clergé de France d'où l'élément constitutionnel serait exclu. De là aussi le rapport du comte d'Hauterive au Premier consul, rapport fait dans les premiers jours de janvier 1801 sur les pièces mêmes que Grégoire avait remises à Bonaparte, à la suite d'une nouvelle consultation. Ces pièces étaient au nombre de trois : il y avait d'abord un tableau par diocèse de l'Eglise constitutionnelle ; ensuite un mémoire sur l'état du catholicisme en France ; enfin des réflexions sur un plan de pacification de l'Eglise gallicane.

Le tableau du clergé constitutionnel faisait dire à d'Hauterive que, si l'organisation de cette Eglise s'accordait avec les idées que les prêtres et les évêques de l'ancien régime avaient réussi à rétablir dans l'esprit du peuple, elle conviendrait infiniment mieux aux vues du gouvernement que la hiérarchie orgueilleuse et peu tolérante de l'ancien clergé. Mais on n'avait pas ici le choix des principes. Il fallait recueillir les faits. Or, il était malheureusement vrai que le clergé constitutionnel avait de bonnes maximes et point de crédit. La cause était inutile à chercher. Elle était dans l'abominable régime qui avait fait dégénérer les principes de la Révolution et avait fait trou-

______

(1) Ces observations de Mgr Spina portaient sur l'article 1ᵉʳ du titre III, et sur l'article 4 du titre IX.

Sur l'article 1ᵉʳ il disait :

« Sa Sainteté ne reconnaît aucune juridiction dans les évêques du clergé dit constitutionnel. Aucune démission donc il faut leur demander, pour que leurs sièges soient rendus aux titulaires légitimes. »

Sur l'article 4 : « Pour les évêques qui n'ont point d'institution canonique, le gouvernement en reconnaissant la nécessité de cette institution ne doit pas les regarder comme titulaires d'aucune église et il doit convenir par conséquent que toutes les églises doivent être rendues aux titulaires légitimes. On laisse à l'abbé Bernier, assez éclairé dans les sciences ecclésiastiques de décider si une acceptation quelconque du Concordat peut suffire pour réhabiliter les évêques qui n'ont point d'institution canonique, à l'exercice de ces fonctions. »

ver au peuple même qu'elle était devenue en 1793 beaucoup plus absurde, ignorante, grossière et atroce que lui. Le peuple alors avait fait au clergé constitutionnel l'injure de lui reprocher d'avoir conservé cette Révolution par son zèle à la défendre, et de l'avoir conduite à ses derniers progrès par la force qu'elle avait retirée de cette sanction.

Le mémoire sur l'état du catholicisme en France reconnaissait ce grave inconvénient du discrédit du clergé constitutionnel et il l'imputait aux suggestions des anciens ecclésiastiques. Grégoire estimait que la doctrine de ces derniers et leur succès étaient moins favorables à l'autorité des nouvelles institutions politiques, que ne le serait l'influence des ministres constitutionnels. Mais, en admettant que cette assertion fût fondée, il n'existait, comme l'observait très justement d'Hauterive, aucun moyen de remettre en crédit ceux qui n'en ont pas et de discréditer ceux qui en ont. L'ancien clergé, disait il, prêchera et confessera, si on ne l'en empêche ; et quand on l'en empêchera, il n'en deviendra que plus malveillant, plus dangereux et plus fort. Grégoire concluait à la nécessité d'une réunion par les voies et moyens qu'il indiquait à la fin de son mémoire sur la manière de négocier avec la Cour de Rome ; mais d'Hauterive était d'avis que le projet de concordat (numéro III) dont s'occupaient en ce moment l'archevêque de Corinthe et le citoyen Bernier réalisait parfaitement ce plan de pacification.

Les réflexions de Grégoire étaient au nombre de sept et portaient :

1. — *Sur l'aliénation des biens ecclésiastiques :*

Il ne voulait pas que le pape « sanctionnât », mais « reconnût » la légitimité de l'aliénation de ces biens.

D'Hauterive, ne mettait aucune importance à cette distinction. Laisser prendre au pape un pouvoir dont il ne fait usage que pour s'en dépouiller, lui paraissait sans inconvénient.

Sur ce point, pourtant, Bonaparte donna gain de cause à Grégoire, et la *reconnaissance* remplaça la *sanction* dans le projet définitif.

2. — Sur l'injonction aux évêques des deux clergés de se démettre de leurs sièges :

On avait inséré dans les articles en projet le mot « invitation » ; mais qu'on invite ou qu'on enjoigne, dans l'espèce, disait d'Hauterive la difficulté n'est pas là. Le refus d'accéder soit à l'invitation soit à l'injonction, doit emporter la vacance ; sans cela il ne peut y avoir de pacification.

Là encore, sauf le mot injonction, qui n'était pas assez diplomatique l'avis de Grégoire prévalut (1).

3. — Sur l'élection :

D'Hauterive trouvait que Grégoire avait sur cet article une prétention chimérique. Faire retrograder les religions vers leur origine, ou les fleuves vers leur source, était, suivant lui, la même chose. Je suis absolument de cet avis, mais pour des raisons différentes. « La Constitution civile du clergé, disait-il, faisait élire les évêques par les prêtres, et la primitive Eglise les faisait élire par le peuple. Cette Constitution n'est donc conforme ni aux circonstances actuelles ni à la primitive Eglise. » Il est étonnant que d'Hauterive ait commis une hérésie de cette force. Où avait-il vu que la Constitution civile faisait élire les évêques par les prêtres ? Plût à Dieu que cela eût été vrai ! l'épiscopat constitutionnel aurait sans doute était meilleur. La vérité, c'est que les évêques étaient élus par le peuple sous le régime de la Constitution civile comme au temps de la primitive Eglise. A part cette erreur que j'ai cru devoir souligner, d'Hauterive avait raison de se prononcer contre le système électif en matière religieuse. Ce système était bon quand le peuple avait la foi. Il serait dangereux et ridicule à présent qu'il l'a perdu. L'élection des évêques par le gouvernement et celle des prêtres par les évêques se rapportait mieux, d'après d'Hauterive, au mode électoral de la Constitution de l'an VIII.

(1) Voy. le projet de Convention numéro IV.

4. — Sur l'institution des évêques :

Grégoire n'aurait pas voulu que l'institution appartînt de droit au pape. Assurément il eût été préférable qu'elle appartînt à l'évêque métropolitain comme cela avait lieu en France avant le Concordat de 1516. Mais le pape exerçait ce droit depuis des siècles. Et puis ce qui blessait l'Eglise gallicane, c'était moins la théorie de l'institution que la redevance. D'Hauterive était donc d'avis de supprimer la redevance et de reconnaître au pape le droit d'investiture que lui reconnaissaient toutes les Eglises de l'Europe. On pouvait également, pour sauver les apparences et faire plaisir aux gallicans, supprimer dans les articles du projet de pacification le mot « appartient. »

C'est ce qui eut lieu dans le projet de Convention numéro v.

5. — Sur la réduction des diocèses :

Du moment qu'il fallait en venir avec l'Eglise de Rome à une nouvelle circonscription, on devait, selon d'Hauterive, se décider pour les convenances politiques. Et la meilleure, à ses yeux, était une sorte d'uniformité dans la population des diocèses et des motifs d'économie. Ces deux vues ne se trouvaient pas dans la division des diocèses par départements, telle qu'elle avait été instituée par la Constitution civile.

6. et 7. — Sur le manque d'égards de la cour de Rome envers le clergé constitutionnel et sur le droit qu'a ce clergé à être traité avec plus de bienséance.

Sur cet objet le rapporteur pensait que les observations du citoyen Grégoire étaient justes ; aussi dans les articles du traité de paix, le pape devrait-il être tenu d'avoir pour les évêques constitutionnels les mêmes égards que pour ceux de l'ancien clergé. Il resterait seulement à convenir avec le Souverain-Pontife des formes qu'il emploierait dans la Bulle de réunion. Et l'on exigerait de Mgr Spina que le projet de cette Bulle fût communiqué au gouvernement avant sa publication.

Le rapport de d'Hauterive se terminait par ces lignes udicieuses et significatives :

« ..... Pour me résumer, j'observe au Premier consul que le clergé constitutionnel reconnaît la décadence de son crédit et désire la fusion des deux clergés. Le principe de cette fusion est dans la faculté, que le plan de pacification donne au Premier consul de nommer des évêques. Il faudra faire choix d'hommes conciliants et sans intolérance, qui ne fassent pas un titre d'exclusion aux nominations des places du second ordre, d'avoir appartenu au clergé constitutionnel. *Il faudra aussi choisir quelques évêques constitutionnels,* pour remplir les évêchés des refusants.

« L'ancien clergé a déjà reconnu la nécessité de pardonner aux ministres du nouveau les actes par lesquels ils se sont séparés de lui. Un grand nombre de curés assermentés sont rentrés dans l'ancienne Eglise par voie de rétractation et exercent leurs fonctions. Cette conduite n'est pas bien noble ; mais bien que les idées morales et les idées religieuses soient prises dans la même source, elles se dirigent vers un but et se règlent sur des principes extrêmement différents. Dans le système social, tout ce qui avilit déshonore ; dans le système religieux les humiliations volontaires sont vertu. Le gouvernement n'a point à entrer dans ces discussions, mais il faut, par des vues d'une sage politique, obliger le pape à reconnaître la réunion collective des constitutionnels à la communion du Saint-Siège, et par des vues de justice, favoriser autant que possible l'agrégation individuelle des évêques et des prêtres constitutionnels au nouveau clergé qui va s'établir. »

PIE VII SOUVERAIN PONTIFE NÉ A CESENE LE XIV AVRIL MDCCXLII CRÉÉ CARDINAL EN MDCCLXXXV ÉLU PAPE LE XIV MARS MDCCC ET COURONNÉ A VENISE LE XXI SUIVANT
Au milieu de combats pour la foi soutenus,
Il recueille d'un Saint le pénible héritage;
Mais Dieu d'un autre prix couronne ses vertus,
Et la paix de l'Eglise est son premier ouvrage.
Gravé par Hulk d'après l'original envoyé
par le St Pere à Mr. Bernaer   Imprimé par Dufour.

III

Telles étaient les idées qui prédominaient dans l'esprit
de Bonaparte au commencement de l'année 1801. Le projet
de convention numéro iv qui fut remis à Mgr Spina dix
jours seulement après le projet numéro iii (1), porta le
comble à son agitation, et pour cause. D'abord il lui était
enjoint d'avoir à le signer aussitôt qu'il en aurait pris
connaissance ; ensuite il perdait, dans ce court espace de
dix jours, le seul avantage qu'il eût obtenu depuis l'ouverture des négociations (2). Avantage bien mince d'ailleurs
et qu'il eût cédé volontiers contre la promesse ferme que
les Légations reviendraient à l'Eglise. Mais Bonaparte, en
le recevant pour la seconde fois, le 9 janvier, au palais
des Tuileries, s'était contenté de lui annoncer que ces
légations seraient rendues à la Cisalpine et qu'Ancône
serait occupée par Murat sans toucher à l'administration
pontificale. Voilà pour le temporel. Il est vrai que Mgr Spina
n'avait pas mission de traiter les questions territoriales.
Quant au spirituel, il avait été battu sur toute la ligne,

(1) Le projet numéro 3 est du 4 janvier et le projet numéro 4
du 14, même mois.

(2) Je veux parler de l'article 4 du titre ix qui avait été supprimé
dans le projet de convention numéro iii, sur les observations de
l'archevêque de Corinthe, et qui était ainsi conçu : « Les évêques
qui ont exercé des fonctions épiscopales sans avoir été institués
par le Saint-Siège, et les prêtres qui ont été pourvus par lui,
seront de droit réunis au Saint-Siège, s'ils se conforment volontairement aux règles convenues dans le présent Concordat »

malgré l'habileté dont il avait fait preuve dans ses conférences avec l'abbé Bernier. Ainsi, la Religion, qui dans le
principe devait être rétablie comme *dominante*, n'était
plus à présent que la Religion de la grande majorité des
citoyens français. L'Eglise de France était réduite à cinquante évêchés et douze métropoles, et le Premier consul
faisait une condition *sine quà non* de la démission générale des évêques. Bien plus, les évêques constitutionnels
étaient traités sur le même pied que les évêques légitimes,
et le pape devait inviter les titulaires *quelconques* des
évêchés français à se démettre de leurs sièges « pour
assurer le rétablissement tranquille et complet de la religion
catholique en France (1). Les ecclésiastiques qui,
dans ces derniers temps, étaient entrés après leur consécration dans les liens du mariage devaient être réputés
simples citoyens et réduits comme tels à la communion
laïque (2). Enfin les évêques qui avaient exercé en France
des fonctions épiscopales sans avoir été canoniquement
institués par le Saint-Siège, et les prêtres qui avaient été
pourvus par eux, devaient être de droit réunis au Saint-
Siège, s'ils déclaraient simplement et volontairement à
Sa Sainteté vouloir se conformer aux règles contenues
dans les présents articles. Tout cela, évidemment, n'était
pas l'abomination de la désolation dont parle le prophète,
et Rome l'eût signé tout de suite des deux mains, si Bonaparte lui avait seulement envoyé en échange les clefs des
provinces perdues. Mais avec les pouvoirs limités que
Mgr Spina avait reçus de son gouvernement, il lui était
impossible, sans enfreindre ses instructions, de mettre sa
signature au bas d'une convention dont quelques articles
étaient encore inconnus du Souverain-Pontife. Il en avait,
du reste, prévenu l'abbé Bernier dès le 26 novembre, et ce
n'était pas sa faute si ce négociateur avait cru devoir le
cacher au ministre des Affaires étrangères. Tout ce qu'il
pouvait faire maintenant pour prouver sa bonne volonté,
c'était de se prêter à la combinaison que voici : le traité
serait envoyé à Rome, comme projet, par lui et par le

(1) Projet de convention numéro iv, titre iii, article 1er.
(2) Projet de convention numéro iv, titre ix, article 2.

gouvernement consulaire. Il le certifierait ainsi que l'abbé Bernier, et dans les mêmes termes, et presserait Sa Sainteté de répondre au Premier consul. C'est ainsi, disait-il, que les choses s'étaient passées en 1515 pour la préparation du Concordat, — Rome, en pareil cas, ne donnant jamais d'autres instructions pour qu'aucun de ses agents ne pût anticiper sur la décision pontificale. Mais ces raisons, toutes plausibles qu'elles semblaient être, n'eurent pas l'heur de satisfaire Talleyrand qui, pour toute réponse, signifia à l'archevêque de Corinthe que, s'il persistait dans ses dispositions, sa présence à Paris deviendrait désormais inutile. Comment allait-on sortir de cette impasse ? Etant donné le caractère officieux de la mission de Mgr Spina, on ne pouvait pas espérer d'obtenir par l'intimidation ce qu'il n'avait pas le droit d'accorder. L'expulser, comme le Directoire l'avait fait pour Pieracchi, c'était aller de gaieté de cœur au-devant d'une rupture qui pourrait être définitive. Il n'y avait réellement qu'un seul moyen de tout concilier, c'était d'envoyer le projet de convention à Rome, ainsi que le proposait le négociateur du pape. Bonaparte s'arrêta donc à ce parti, après avoir tempêté, menacé, comme à son ordinaire. Seulement, comme il était pressé de conclure, il rédigea lui-même un cinquième projet, plus court et tout aussi substantiel que les autres, où il n'était question de l'Eglise constitutionnelle que pour régler la situation des ecclésiastiques qui, comme Talleyrand, étaient entrés depuis leur consécration dans les liens du mariage (1). Après quoi, il chargea Cacault d'aller à Rome discuter cette convention et les intérêts temporels de la République. Cacault serait porteur d'un double plein pouvoir : un pour le spirituel, l'autre pour le temporel. La Convention serait signée à Rome par lui et un « individu » désigné par le pape, et la Cour de Rome enverrait en même temps à Mgr Spina sa ratification qui serait échangée à Paris vingt-quatre heures après l'arrivée du courrier (2).

Tout cela, suivant l'habitude de Bonaparte, était réglé

(1) Projet de convention numéro v, titre vi, article 1er.
(2) Lettre du Premier consul à Talleyrand, du 2 février 1801.

militairement. Mais par suite de retards imputables à l'hésitation de Cacault, au remaniement de certains articles (1) à la mauvaise volonté de Talleyrand (2), ce n'est que vingt jours après que le projet de Convention numéro v, fut notifié à Mgr Spina (3); en sorte que le courrier Livio Palmoni, qui devait l'emporter à Rome, ne put partir que dans la nuit du 26 au 27 février.

(1) Depuis le 2 février le projet de convention du Premier consul avait subi une double modification : 1° dans l'article 1er du titre iii, les mots et « le serment de soumission aux lois » avait remplacé ceux de « le serment de fidélité et d'obéissance au gouvernement » ; 2° dans l'article 3 du titre iii la place laissée en blanc pour la formule des prières publiques avait été remplie comme suit : « *Domine, salvam fac rem Gallicam,* etc., ou *Domine, salvos fac consules,* etc. »

(2) Talleyrand avait fait préparer, vers le 10 février, une lettre pour notifier le projet de Convention numéro v à Mgr Spina, et lui proposer de substituer une simple approbation à la signature en forme qu'il avait refusée. Mais, les circonstances ne lui ayant pas paru favorables, le ministre garda la minute de cette lettre jusqu'au 21 février.

(3) Aussi l'archevêque de Corinthe qui avait eu vent de ce projet, s'imagina pendant quelques jours qu'on l'avait expédié secrètement à Rome.

CHAPITRE VI

matum. — Cacault est chargé de signifier au pape que si dans
les cinq jours le projet n'est pas signé sans modification, il se reti-
rera à Florence. — Effet de l'ultimatum sur la cour de Rome.
— Consalvi accuse formellement Cacault des délais dont se plaint
le Premier consul. — Comme quoi Bernier aurait dû s'en prendre
à ses variantes. — Cacault n'avait fait qu'exécuter ses instructions — Il sauve la situation en décidant Pie VII à envoyer
Consalvi à Paris. — Consalvi et lui partent ensemble de Rome.

I

Cacault avait d'abord refusé le poste diplomatique que
lui offrait Bonaparte, sous prétexte qu'il lui était impossible de partir pour Rome pendant la session du Corps
législatif où il représentait la Loire-Inférieure. Mais ce
n'était là qu'une défaite. Au fond, je crois qu'il avait conscience de son incompétence à traiter les questions ecclésiastiques et que l'idée seule de se retrouver, à trois ans
de distance, aux prises avec les mêmes difficultés, le faisait hésiter à sortir de sa retraite. Cependant, le désir de
contenter le général et la reconnaissance qu'il lui avait
de s'être souvenu des services qu'il avait pu lui rendre,
eurent assez vite raison de sa résistance. Il s'était excusé à
Talleyrand le 5 février 1801. L'arrêté qui le nommait
ministre de la République à Rome, fut pris le 28 du même
mois, mais il fut convenu que cet arrêté ne serait pas
imprimé et que Cacault irait à Rome sans titre : il ne devait prendre son caractère de ministre plénipotentiaire
que lorsque toutes les discussions entre la République
française et le pape seraient terminées (1), et que — cela
était sous-entendu — Mgr Spina, ou tout autre à sa place,
déploierait le caractère de ministre du pape, à Paris.

La nomination de Cacault fut bien accueillie à Rome.
D'abord, il y jouissait de la considération universelle pour
sa sagesse et son esprit de conciliation (2) ; ensuite,
comme l'écrivait Alquier à Talleyrand, il était certainement l'homme le plus propre à suivre nos relations d'af-

(1) *Corresp. de Napoléon,* numéro 5418.
(2) *Documents sur la négociation du Concordat,* t. ii, p. 196.

faires avec le Saint-Siège ; enfin, sa nomination prouvait au monde diplomatique que Bonaparte n'avait pas de vues hostiles sur la ville des papes. La seule crainte qu'elle inspirait, c'était que son retour ne réveillât, dans la populace de Rome, cet esprit de vengeance contre les Français, dont il avait failli lui-même être autrefois victime (1).

Avant de partir, Talleyrand lui traça son programme dans des instructions remarquables, mais que son tempérament, aussi bien que sa longue expérience des hommes et des choses d'Italie rendait à peu près inutiles. Il lui disait, par exemple, que la France avait dû renoncer à l'idée d'ériger Rome en république et consentir au rétablissement des Souverains-Pontifes ; que le pouvoir du Saint-Siège, considéré sous le point de vue politique, avait besoin d'une garantie constante, et que le prince de Rome n'en pouvait trouver une meilleure que dans la protection du gouvernement français contre les prétentions de ses voisins ; que, considéré sous le point de vue religieux, le même pouvoir avait des moyens d'acquitter, par le bon emploi de son influence morale, la dette que lui faisait contracter son état de faiblesse et de dépendance politique. Objet de la vénération des peuples, arbitre à de grands égards des querelles qui divisent les ministres de la religion, le Souverain-Pontife pouvait leur faire une loi, de la concorde sociale et de l'obéissance politique. Par une manifestation publique de ses sentiments, il pouvait prévenir l'abus que des perturbateurs faisaient de son nom pour agiter les esprits ; et enfin, en reconnaissant que la puissance politique et la puissance religieuse ne tiennent entre elles par aucun rapport, et que les sources d'où elles dérivent diffèrent autant que leurs moyens et leur objet, il pouvait, en un instant, ôter à l'hypocrisie, à la malveillance, les armes dont elles se servaient pour abuser la crédulité du peuple et dépraver ses opinions.

« Le gouvernement de la République, ajoutait-il, a été éclairé sur ce point par dix années de la plus fatale expérience. Peu après son établissement, il a vu à quel point

(1) *Documents sur la négociation du Concordat,* t. ii, p. 145. — Lettre de Ghislieri à Colloredo, du 21 mars 1801.

était absurde l'hypothèse sur laquelle les autorités qui l'avaient précédé, avaient fondé la sévérité de leurs lois et la rigueur de leurs mesures. Il a dû se convaincre par la rapidité et l'étendue de l'insurrection de l'Ouest, que l'attachement de la grande masse de la population française aux idées religieuses n'était pas une chimère. Il a sagement compris que de ce sentiment bien constaté naissaient des intérêts et des droits, que les institutions politiques devraient respecter, et avec lesquels la prudence et la justice voulaient qu'il se fît une transaction, qui laissât aux uns la liberté dont ils ont besoin pour se garantir, et aux autres tous les moyens qui leur sont nécessaires pour maintenir leur indépendance.

« C'est de ce principe que sont nées toutes les mesures d'indulgence et de tolérance, qui ont tant contribué à affermir le pouvoir du gouvernement actuel de la République, à le faire chérir au dedans et considérer en dehors. Mais le bien qu'il a fait n'eût été que passager, s'il n'avait en même temps conçu le projet de donner au système qu'il avait adopté un caractère de permanence et de publicité qui ne laissât aucun doute sur la pureté et la sincérité de ses vues. Le gouvernement de la République a voulu mettre un terme aux discussions religieuses. Il a voulu que des opinions théologiques ne fussent plus un germe de discorde entre les ministres du même culte, ni un principe d'aliénation entre les citoyens et les autorités civiles ; et il a compris que le seul moyen d'atteindre à ce but était de rétablir tout à la fois entre la République et le Saint-Siège les liens religieux et politiques qui unissaient autrefois la France et la Cour de Rome. »

Ces considérations philosophiques étaient suivies d'instructions précises sur l'attitude qu'il devait garder à Rome, dans le cas où l'objet de la négociation, qui avait été ouverte entre Talleyrand et l'agent du Saint-Siège, ne serait pas encore rempli au moment de son arrivée. Il devait d'abord déclarer aux ministres du pape que le gouvernement de la République ne pouvait entendre à aucune modification dans le projet auquel il avait donné son approbation. Ensuite, une fois le projet de convention signé, tous ses soins devaient se porter à confirmer, à fortifier les dispositions conciliatrices de la Cour de Rome. Mais, si on lui parlait de la puissance temporelle du Souverain-Pontife et de la circonscription de ses États, il devait éluder toute espèce de discussion à cet égard. Par contre — et ceci faisait l'objet d'un mémoire spécial — il devait appuyer de tout son pouvoir les réclamations des citoyens français ou romains qui, après avoir reçu en garantie de leurs créances sur le Consulat romain différents biens nationaux, s'en étaient vus dépouillés (1).

Cette dernière partie de la mission de Cacault n'était pas la moins difficile, car la Cour de Rome ne songeait qu'à rentrer en possession des provinces qui lui avaient été enlevées, par le traité de Tolentino, et elle n'avait consenti à négocier sur le spirituel avec Bonaparte que dans l'espoir d'obtenir satisfaction sur le temporel. Cacault en acquit la certitude dans le rapide entretien qu'il eut, en traversant Florence, avec Mgr Galeppi. La première chose, en effet, dont se soit inquiété ce prélat, fut de lui demander ce que le Premier consul avait décidé relativement aux Légations; sa déception fut grande en entendant Cacault lui dire que, pour le moment, le pape n'avait aucune chance de les recouvrer.

Cela jeta un froid au Vatican, mais notre ministre n'en fut pas moins admirablement reçu. Il était arrivé le 8 avril au soir. Le lendemain, dès la première heure, il rendit visite au cardinal secrétaire d'Etat et dans l'après-midi au pape, qui lui expliqua presque dans les mêmes termes que Consalvi, comment l'affaire du Concordat n'était pas encore terminée. Certes, ils avaient à cœur de la finir au plus vite, à la satisfaction du Premier consul ; mais l'im-

(1) « La République romaine avait pris à sa charge par la convention secrète du 26 mars 1798, l'entretien des troupes françaises et auxiliaires stationnées sur son territoire, mais elle s'était vue dans l'impuissance de remplir cet engagement avec ses ressources ordinaires. Elle avait passé le 15 juin 1798 un marché avec P. Cavagnari, banquier de Plaisance, et ses associés, moyennant un paiement en biens nationaux. Le marché fut ratifié le 21 juin. Au moment de la retraite des Français, la compagnie Cavagnari obtint un arrêté de liquidation (du 29 septembre 1799) qui la reconnaissait créancière d'une somme de 1,300,000 piastres. » (*Documents sur la Négociation*, t. II, p. 109.)

portance d'un Concordat qui ferait époque dans les fastes de l'Eglise et de l'histoire exigeait des consultations et un examen dans les formes solennelles. Le pape avait examiné d'abord et étudié l'affaire en particulier : elle avait été ensuite distribuée à douze cardinaux (1) sous le sceau du secret. Les cardinaux s'étaient réunis pour en conférer si chacun d'eux avait donné au pape son avis par écrit. On travaillait au relevé des opinions, et, d'après ce que lui avait dit Pie VII, le tout serait terminé dans quinze jours et envoyé à Paris (2). Le pape lui avait paru décidé à accorder tous les articles proposés, en changeant seulement certaines expressions. Il voulait donner au gouvernement français, en se plaçant lui-même dans la situation du Premier consul, la facilité et les moyens d'accomplir ses vues bienfaisantes. Lorsque l'ouvrage serait arrivé à sa fin, il lui en serait donné communication : le pape désirait, en effet, entendre ses observations. Mais comme lui, Cacault, n'avait aucune connaissance dans la matière, il se bornerait à faire son possible pour ramener Rome au texte de l'acte proposé.

(1) Savoir : Albani, Antonelli, Caraffa, Gerdil, Lorenzana, Giuseppe Doria, Borgia, Roverella, Somaglia, Braschi, Carandini, Consalvi. Mgr Di Pietro remplissait les fonctions de secrétaire.

(2) C'était, en effet, le délai maximum que Consalvi indiquait à Mgr Spina dans une lettre du 9 avril.

II

Cacault ne se doutait pas, quand il écrivait ce dernier paragraphe, des difficultés qu'il lui réservait. Car, il ignorait que l'abbé Bernier, pour faciliter au pape l'adoption du projet v, et aussi pour se ménager ses bonnes grâces, avait confié en secret à Mgr Spina des variantes de rédaction comme susceptibles d'être admises par le Premier consul.

Ces variantes confidentielles avaient été apportées le 10 mars par le courrier Livio avec le projet de convention numéro v (1) et la statue de Notre-Dame-de-Lorette que Talleyrand avait fait retirer du Muséum. Et, tout de suite, après en avoir pris connaissance, le pape avait remis toutes les pièces de la négociation à une petite congrégation composée des cardinaux Antonelli, Carandini et Gerdil, laquelle était chargée de les étudier, sans retard, et de préparer un contre-projet. Sur quoi portaient les variantes de Bernier ? Le pape l'avait laissé entendre en disant à Cacault qu'il changerait seulement quelques expressions ; elles portaient, en réalité, moins sur le fond que sur la forme, ce qui excusait Bernier dans une certaine mesure. Cependant, il avait ajouté à l'article 1er du projet v un paragraphe emprunté au projet III, qui pouvait tout remettre en question, si la Cour de Rome le prenait au mot.

(1) Les quatre projets précédents étaient parvenus à Rome le 27 février par le canal du messager de M. de Muzquiz, qui était parti de Paris pour Parme le 14 février.

Dans la rédaction du Premier consul, cet article était ainsi conçu : « Le gouvernement de la République française reconnaissant que la Religion catholique, apostolique et romaine est la religion de la grande majorité des citoyens français, il sera fait, de concert, par le gouvernement de la République et le Saint-Siège, une nouvelle circonscription des diocèses catholiques français. »

Dans les variantes de Bernier, cet article en faisait deux, et la première partie était libellée de la façon suivante :

« Le gouvernement français reconnaît que la religion catholique, apostolique et romaine est la religion de la grande majorité des citoyens français.

« *Il l'adopte pour sa religion particulière; il protégera la publicité de son culte, sans préjudicier à la liberté d'aucun autre* (1). »

Cette annexe était d'autant plus singulière, que, quelque temps auparavant, dans un mémoire adressé au Souverain-Pontife, l'abbé Bernier lui avait expliqué pourquoi la religion catholique ne pouvait être ni dominante, ni celle du gouvernement. Il est vrai que ce mémoire était écrit par ordre et devait passer sous les yeux de Talleyrand.

Les autres articles retouchés par le négociateur présentaient des variantes de moindre importance. La pensée de Bonaparte y était plutôt délayée que travestie. On sent que l'abbé Bernier, en la développant outre mesure, s'était surtout proposé de ménager les susceptibilités théologiques de la Cour de Rome et de corriger ce qu'il y avait d'un peu brutal dans la rédaction nette et concise du Premier consul.

Ainsi, l'article 2 du projet de convention (n° v) — dans lequel il était dit : « Les titulaires actuels, à quelque titre que ce soit, des évêchés français, seront invités par Sa Sainteté à se démettre. Les sièges de ceux qui se refuseraient à cette mesure que commande le bien de l'Eglise,

---

(1) La seconde partie de cet article: « Il sera fait de concert, entre lui et le Saint-Siège, une nouvelle circonscription des diocèses catholiques français » avait été augmentée par Bernier de la phrase suivante : « Leur nombre sera réduit de telle manière néanmoins qu'il suffise aux besoins spirituels des fidèles. »

seront déclarés vacants par l'autorité du chef suprême de l'Eglise » — n'avait plus ce ton comminatoire dans la rédaction de l'abbé Bernier.

« *Le gouvernement,* disait-il, *déclare que, vu les circonstances, il ne pourrait allier le maintien de la paix intérieure avec le retour de la religion catholique en France, sans l'abdication préalable de tous les évêques, quel que soit leur titre. Sa Sainteté accepte et ratifie cette disposition pour le bien de la paix et de la religion, et déclare qu'elle ne reconnaîtra pour évêques titulaires des évêchés conservés en France, que ceux qui lui seront désignés par le Premier consul dans les trois mois de la publication de la Bulle, et institués canoniquement par elle.* »

Bernier avait laissé les mots « quel que soit leur titre » qui visaient les évêques constitutionnels aussi bien que les évêques légitimes, mais il avait supprimé comme inutile le paragraphe de l'article qui prévoyait le refus des titulaires et la vacance de leurs sièges.

L'article 2 du titre v, par lequel le Saint-Siège reconnaissait les aliénations des domaines ecclésiastiques faits en vertu des lois de la République et la propriété incommutable de ces domaines dans les mains des acquéreurs, n'avait été l'objet d'aucune retouche. En retour, l'article 1er du titre VI qui régularisait la situation des prêtres mariés et de ceux qui par d'autres actes avaient notoirement renoncé à l'état ecclésiastique, subordonnait, dans le projet de Bernier, leur admission à la communion de l'Eglise, parmi les laïques, à la demande qu'ils étaient obligés d'en faire.

Je passe à dessein sur les autres variantes de Bernier, comme étant insignifiantes.

Malgré tout, le projet de concordat (n° v) avait produit à Rome une impression pénible, et Consalvi n'avait pas caché à Mgr Spina qu'il le trouvait plus dur que les précédents. C'était surtout l'expression « à quelque titre que ce soit », qui lui paraissait fâcheuse. Il aurait préféré le mot « quelconques » qui figurait dans le projet (n° IV). Aussi le cardinal di Pietro s'empressa-t-il de l'exclure du contre-projet qu'il présenta à la Petite Congrégation vers la fin de mars 1801. Ce contre-projet se rapprochait beaucoup plus, cela va sans dire, des variantes de l'abbé Bernier que du projet du Premier consul, mais c'était son moindre défaut d'abriter des prétentions absolument inadmissibles. Que penser, par exemple, de la clause contenue dans l'article 14, qui étendait la dispense de toute restitution des biens ecclésiastiques aux Français qui, s'étant éloignés de l'unité de l'Eglise, y feraient retour dans le délai de six mois à compter du jour de la publication du Concordat? Naturellement, il n'était pas question dans ce contre-projet de l'abdication des évêques légitimes ou autres. Sa Sainteté témoignait seulement « aux évêques titulaires la juste et ferme confiance où elle était de leur disposition à se prêter à tout sacrifice que pourrait exiger d'eux leur zèle bien connu pour la paix et l'unité de l'Eglise. » Ce qui prouve que Ghislieri (1) voyait juste quand il écrivait à Colloredo : « Pour peu qu'on connaisse l'état de la question on peut bien deviner d'avance (malgré le secret du Saint-Office) que l'affaire des évêques intrus formera le plus grand obstacle à l'arrangement des affaires ecclésiastiques de France. »

L'affaire des Légations ne venait effectivement qu'en second lieu dans les préoccupations de la Curie romaine, non qu'elle la considérât comme perdue, mais parce que, tout en ayant l'air d'en désespérer, elle était à peu près sûre qu'elle se terminerait à son profit, soit par la grâce de Bonaparte, soit par l'intervention de Paul Ier. N'avait-elle pas déjà fait au tsar toutes sortes d'avances en vue de rentrer en possession des provinces ecclésiastiques? N'est-ce pas à ce prix seulement qu'elle était prête à lui laisser prendre le titre de grand maître de l'Ordre de Malte, qui avait été jusqu'ici la pierre d'achoppement entre la cour impériale de Saint-Pétersbourg et le Saint-Siège? ne venait-elle pas de rétablir dans ses Etats la Société de Jésus? Tant que vivait Paul Ier, elle se disait qu'elle pouvait tenir la dragée haute à Bonaparte, traîner en longueur une négociation qui l'intéressait pour le moins

(1) Ambassadeur d'Autriche à Rome.

autant qu'elle, et lui demander des garanties territoriales
en échange des avantages spirituels qu'elle était sur le
point de lui accorder. Et le fait est qu'elle n'épargna rien
pour obtenir gain de cause. Pendant que la grande congrégation amendait — oh ! si peu, si peu ! — le contre-
projet de la petite, Consalvi enjoignait à Mgr Spina, à qui
il avait enfin envoyé des pouvoirs pour le temporel, de
réclamer formellement à Paris la restitution des provinces
conquises, avec une indemnité pour Avignon. Il ne devait
pas oublier non plus d'entretenir le Premier consul des
biens nationaux romains et de s'appuyer, dans toutes ses
revendications, sur le ministre de l'empereur de Russie.
Pendant ce temps-là le courrier Livio effectuerait peut-être
son retour. Hélas ! on a beau être assis sur le siège de Saint-
Pierre, on ne saurait tout prévoir. A l'heure où la Curie
dressait ce magnifique échafaudage, le bruit se répandait
à Rome que le tsar venait de mourir, et cette nouvelle
malheureusement certaine renversait toutes les espérances
que le pape avait mises en lui. Sur qui allait-il s'appuyer
désormais ? Il était en froid avec l'Autriche, depuis qu'il
avait refusé à l'empereur de lui abandonner Bologne et
Ferrare pour recouvrer la Romagne. Le roi d'Espagne
venait de lui porter un coup sensible en expulsant tous les
jésuites qui étaient rentrés sans sa permission. Celui de
Naples, après s'être soustrait à l'hommage de la haquenée,
voulait encore gagner sur le Saint-Siège Bénévent et
Ponte-Corvo dont il s'était emparé à l'occasion de la
guerre. Pie VII était donc isolé au milieu de l'Europe
monarchique. Dans ces circonstances, ce qu'il avait de
mieux à faire, c'était encore de se jeter dans les bras de
Bonaparte. Mais ses exigences religieuses l'effrayaient. Il
ne pouvait admettre sans modification les articles des
biens nationaux, de la nomination aux évêchés, de la
démission des évêques. « Nous ne différons, disait-il à
Cacault, que dans les tournures et expressions. Je lui
donne tout ce qu'il m'a demandé ; mais, à l'égard des
formes dont je ne puis me départir, il est juste qu'il me
laisse parler à ma manière et répondre ainsi d'avance aux
objections et difficultés qu'on ne manquera pas de m'opposer. » C'est pourquoi Pie VII préférait ne faire qu'une

Bulle où tous les articles du Concordat seraient compris, sans user de la forme d'un traité. Les choses s'étaient passées ainsi d'ailleurs, en 1516. Le Concordat entre Léon X et François Ier avait été tenu secret; seule, la Bulle du pape avait été publiée et avait fait loi. Mais Cacault ne voulait rien entendre et s'opposait à tout changement dans la rédaction de l'acte, ce qui obligeait la Congrégation à recommencer son travail.

Enfin le 11 Mai 1801, Cacault informa Talleyrand que tout avait été fini la veille entre le pape et les douze cardinaux de la Congrégation, et que le courrier Livio partirait sans faute le 14 (1), avec les pleins pouvoirs pour Mgr Spina, le Concordat (2), la Bulle et le Bref du pape au Premier consul.

« J'ai fait tous mes efforts, disait-il, j'ai usé de l'adresse dont je suis capable pour astreindre à adopter simplement la rédaction envoyée de Paris, et j'ai certainement beaucoup gagné ; mais il m'a été impossible d'obtenir davantage. Dieu veuille que le Premier consul soit content !

« J'ai eu hier une audience du pape : l'effusion de ses sentiments pour la France, pour le Premier consul, a été tout ce qu'on peut désirer ; mais le dogme lui impose une loi qu'il n'est pas en son pouvoir d'outrepasser. Il ne m'a rien dit d'exagéré ; mais il m'a fait sentir que son âme était éprise de zèle pour l'intégrité du catholicisme, et que ce zèle inflexible ne céderait à aucune considération temporelle.

(1) Il partit le 13.

(2) La cour de Rome avait préparé deux versions distinctes de son contre-projet : Spina devait les reconnaître à un signe, imperceptible pour tout autre, et consistant soit en un point, soit en deux points placés au haut de la première page. Le projet qualifié de « *Progetto migliore* » et qui était « *segnato con un solo puntino* » était destiné au gouvernement français Nous le publions à l'*Appendice*. L'autre « *segnato con due puntini* », devait rester entre les mains de Spina et lui ménager, en cas de besoin, des moyens de discussion et de concession. Ceux des articles de cette version subsidiaire qui diffèrent du « *Progetto migliore* » sont indiqués en note. Enfin, par un surcroît de précautions, les articles 1, 4 et 7 du « *Progetto con due puntini* » pouvaient eux-mêmes comporter des variantes, qui étaient transcrites sur des feuilles détachées et marquées de trois points. On trouvera ces dernières variantes, en note, à la fin du contre-projet, à l'*Appendice*. (*Documents sur la négociation*, t. ii, p. 268.)

On est croyant plus véritablement ici qu'on ne l'imagine en France ; et les vieux cardinaux, qui ont passé leur vie dans les plaisirs, n'en ont pas moins nourri dans leur âme la foi dont ils se consolent à la fin de la carrière. Ces hommes doivent être poussés délicatement en pareille matière. Je crois bien que si vous trouvez, dans la rédaction que vous allez recevoir, des expressions inadmissibles, on pourra décider le pape à céder encore quelque chose ; mais il faudra s'y prendre doucement. Les hommes de ce pays étant d'un caractère faible et souple, cèdent à la force ; cependant il est des choses, où l'on ne gagnerait que de leur faire perdre la tête en les menant trop durement... »

En quoi donc le contre-projet romain différait-il du projet de Paris, et quelles sont les concessions que Cacault avait obtenues des cardinaux qui l'avaient rédigé ? Au fond ce contre-projet était, à peu de chose près, le même que celui des deux Congrégations, petite et grande. La religion catholique était toujours la religion de la grande majorité des Français et du gouvernement qui la professait. Dans l'article de la démission des évêques, il n'était plus question des évêques titulaires, mais des seuls évêques légitimes ; et au lieu de les inviter à se démettre, il était dit que Sa Sainteté leur témoignerait la juste et ferme persuasion où elle était de leur disposition à se prêter à tout sacrifice que pourraient exiger d'eux la paix et l'unité de l'Eglise. L'article concernant la nomination des curés par les évêques était rédigé de façon à écarter les curés constitutionnels. Bref, les « intrus » étaient absolument exclus de ce contre-projet de concordat. Quant à Cacault, il avait obtenu que les mots « obéissance au gouvernement » seraient ajoutés à la formule du serment ; que les curés seraient nommés « avec l'approbation du gouvernement » ; que les acquéreurs des biens nationaux ne seraient pas assujettis aux absolutions d'un légat ; et que les fondations en faveur des églises seraient faites en rentes sur l'Etat. Ces concessions avaient évidemment leur valeur, mais l'effet en était amoindri, malgré tout, par les variantes qui avaient été apportées à l'ensemble du projet de Paris, et le pape sentait si bien que le Premier consul ne s'en contenterait pas, qu'il lui adressa de son propre mouvement une longue lettre pour lui expliquer ses réserves touchant la religion dominante, la démission des évêques, les aliénations des biens ecclésiastiques et l'absolution des prêtres mariés. En même temps il écrivit à l'abbé Bernier pour le féliciter des services qu'il avait rendus à la religion et l'exhorter à faire adopter à Paris le contre-projet romain.

Mais tous les retards occasionnés dans le retour du courrier Livio ne faisaient qu'augmenter l'irritation que les dernières lettres de Cacault à Talleyrand avaient causée au Premier consul ? A qui ces retards étaient-ils imputables ? Bernier qui ne comprenait rien à la différence des renseignements contenus dans les dépêches de Cacault et de Consalvi s'en prenait tour à tour à l'ingérence du premier dans les affaires ecclésiastiques et à la paresse ou à la prétendue finesse du second. Et l'archevêque de Corinthe, à qui le Concordat paraissait douteux après les changements qu'il avait subis à Rome, demandait à Consalvi pourquoi il avait communiqué au ministre de la République un travail encore inachevé.

Les choses en étaient là, quand Bonaparte fit appeler Mgr Spina et Bernier à la Malmaison. C'était le 12 mai, quelques heures par conséquent avant le départ de Rome du courrier Livio. Le Premier consul, dont le masque blême trahissait la mauvaise humeur, leur témoigna de la manière la plus expressive son mécontentement, non pas de leur conduite personnelle (Dieu nous est témoin, s'écriait Bernier, que nous n'avons dit et annoncé que ce qu'on nous promettait), mais des inconcevables délais qu'on opposait à Rome au succès d'une affaire de cette importance. Qu'espérait-on dans l'entourage du pape, à temporiser de la sorte ? Voulait-on profiter de quelque crise européenne, qu'on mettait sa confiance non dans l'homme qui la méritait, mais dans les Russes, les Prussiens et les Anglais ?

Certes, la France ne pouvait se passer de religion, et celle qui avait ses préférences était la religion catholique romaine dans laquelle il était né et désirait mourir ; mais s'il la protégeait, s'il avait l'intention de la professer hautement et d'assister en pompe à ses cérémonies, il entendait qu'elle fût seulement reconnue comme religion de la grande majorité des citoyens français ; que le clergé fût soumis et fidèle au gouvernement ; que les acquéreurs des domaines nationaux ne fussent pas inquiétés et que l'article qui concernait les nominations aux nouveaux évêchés fût irrévocablement ainsi conçu : « Sa Sainteté ne reconnaîtra d'autres titulaires des évêchés conservés et France, que ceux qui lui seront désignés comme tels par le Premier consul Bonaparte. » Toute autre rédaction serait rejetée comme ne pouvant s'accorder avec l'état actuel de la France et les vues du gouvernement. Il ajouta que, si ces vues ne pouvaient convenir au Saint-Siège, ou s'il en résultait de nouveaux délais, il finirait, quoiqu'à regret, par prendre un parti quelconque en matière de religion et travaillerait à le faire adopter dans tous les endroits où la France étendait son influence ou sa domination (1). Et, pour donner plus de poids à ses paroles, il termina en disant qu'il envisagerait tout retard ultérieur comme une rupture ouverte et ferait de suite occuper par les troupes françaises, à titre de conquête, les États du Saint-Siège.

On juge de l'effet produit par cette déclaration sur l'esprit de Mgr Spina et de l'abbé Bernier. Tous les deux s'em-

(1) Songeait-il jamais sérieusement à se faire calviniste ? je ne le crois pas. Cependant il répéta dans plusieurs circonstances de sa vie qu'il eût mieux fait de se déclarer protestant. On lit à ce propos dans les *Souvenirs de Chaptal*, p. 241 : « Lorsque Napoléon a vu la mauvaise tournure que prenaient ses discussions avec le pape, lorsqu'il a été convaincu qu'il ne pouvait ni le forcer, ni l'intimider et que son concordat avait produit par les résultats un effet opposé à ses premiers desseins, non seulement il regrettait d'avoir opéré ce changement mais il disait hautement qu'il eût mieux fait de se déclarer protestant, en ajoutant qu'à cette époque 20 millions de Français eussent suivi son exemple, et que la France serait déjà dégagée de ses liens honteux avec Rome et de plusieurs préjugés qui avilissent la nation. »

pressèrent d'écrire dès le lendemain au cardinal Consalvi
pour lui rappeler toutes ses promesses et le supplier de
mettre fin à une situation devenue intolérable. Mais le
Premier consul n'attendit pas sa réponse. Sept jours après
(le 19 mai), Talleyrand reçut l'ordre formel d'informer
Cacault que sa première démarche auprès du Saint-Siège
devait être de lui demander, dans le délai de cinq jours,
une détermination définitive sur le projet de convention,
et sur celui de la Bulle qui avaient été proposés à son
adoption. « Si dans le délai, lui disait-il, que vous êtes
chargé d'offrir, les deux projets sont adoptés sans aucune
modification, les deux Etats seront liés de fait par des
rapports pacifiques, dont le Saint-Siège doit enfin sentir
plus que jamais l'importance et même la nécessité. La
publicité de ces rapports se trouvera ensuite honorable-
ment constatée par la proclamation des articles convenus
et insérés dans le projet arrêté de la Bulle du Saint-Père.
Si des changements vous sont proposés, et que le délai
expire, vous annoncerez au Saint-Siège que votre présence à Rome devenant inutile à l'objet de votre mission,
vous vous voyez obligé à regret de vous rendre auprès
du général en chef; et vous partirez, en effet, sur le champ
pour Florence. Vous ne donnerez pas à cette déclaration
les formes d'une menace, mais vous en laisserez tirer les
conséquences qu'on voudra... Je vous observe encore,
pour ne rien laisser d'incertain sur les intentions du Premier consul, que si, avant la réception de cette dépêche,
il était parti de Rome un courrier, porteur d'un projet
modifié à quelque degré que ce soit, vous ne devez laisser
au Saint-Siège aucune espérance sur l'effet de pareilles
dispositions, et les instructions que je vous adresse
doivent être ponctuellement remplies, soit dans ce cas,
soit dans tout autre. »

Telle était la teneur de l'ultimatum que Cacault était
chargé de signifier au gouvernement pontifical. Rome était
donc encore une fois, et par sa faute, acculée à une impasse
d'où elle ne pouvait sortir sans nouvelles humiliations. La
leçon de Tolentino ne lui avait servi à rien. Et ce qu'il y a
de plus étrange, c'est qu'au lieu de reconnaître son erreur
— j'entends les arguties, les raisons dilatoires qui consti-

tuent à peu près toute sa politique — elle allait faire remonter la responsabilité du malheur qui lui arrivait, à celui qui avait le droit de s'en laver les mains. Pour Mgr Spina, par exemple, que Bernier avait prévenu immédiatement, il n'y avait pas de doute possible : c'étaient les nouvelles questions excitées à Rome par Cacault qui devaient être cause du retard dont se plaignait le Premier consul. Ni lui, ni Bernier ne songeaient aux fameuses variantes confidentielles qui avaient accompagné à Rome le projet de concordat. C'étaient pourtant ces variantes qui avaient permis aux cardinaux de traîner les choses en longueur Supposons, en effet, que la grande Congrégation n'ait eu à discuter que le texte officiel du projet de convention, ce travail ne lui aurait certainement pas demandé deux mois, si, comme le disait Consalvi, elle s'en occupait du matin au soir, tous les jours. Mais, par le fait même qu'on l'avait mise en présence d'un texte soi-disant définitif et de variantes qu'on lui représentait comme admissibles. elle était autorisée à croire qu'entre les deux versions, elle avait le droit de choisir celle qui se rapprochait le plus de sa façon de voir et comprendre les choses. Ce n'était donc pas à Cacault que Mgr Spina devait s'en prendre, encore moins l'abbé Bernier. Certes, le ministre de la République à Rome n'avait aucune compétence en matière ecclésiastique, il en convenait, le premier, avec une bonne grâce parfaite, mais il n'y avait pas besoin d'être docteur en théologie pour voir que la religion, ni ses dogmes, ni ses maximes, ni sa discipline ne pouvaient recevoir aucune altération des clauses imposées au Saint-Siège par les articles du Concordat. Et, d'ailleurs, sa mission était beaucoup plus simple : elle consistait uniquement à empêcher qu'aucun changement ne fût apporté à la rédaction du Premier consul. Le seul reproche qu'on pouvait lui adresser, et que lui fit justement Consalvi, c'était d'avoir communiqué à Talleyrand le brouillon du contre-projet romain, malgré l'engagement qu'ils avaient pris l'un envers l'autre de n'en rien écrire pour ne pas donner à Paris d'inutiles inquiétudes. Encore, en agissant ainsi, Cacault avait-il cru bien faire, car, au fond, c'était, au témoignage de Consalvi lui-même, un parfait galant

homme. Et il pouvait dire, comme d'Azara, qu'il aimait
Rome comme une seconde patrie. Il le montra, du reste,
dans les circonstances difficiles qui vont suivre.

La première pensée de Consalvi, en recevant les dépêches du 13 mai de Bernier et de Mgr Spina avait été
d'offrir sa démission de secrétaire d'Etat.. Du moment
qu'il était soupçonné par Bonaparte de n'avoir pas rempli
exactement son devoir, le bien de la chose exigeait, disait-
il, qu'il abdiquât les fonctions qu'il n'avait acceptées que
par obéissance.

L'ultimatum ne fit que le confirmer dans sa résolution.
Mais Cacault s'opposa à son départ moins pour réparer les
torts qu'il avait envers lui, que parce qu'il était convaincu
que de lui dépendait le succès de la négociation. Ce
n'était pourtant pas que la conduite de Consalvi fût à
l'abri de toute critique. Ainsi, quand il disait à Cacault
qu'il faisait tout son possible pour ramener le travail de la
Congrégation aux termes de la convention rédigée à Paris,
il ne disait que la moitié de la vérité. La preuve en est
dans les dépêches chiffrées qu'il adressait à Mgr Spina (les
15 et 16 mai 1801) pour lui recommander de corriger
certaines expressions échappées au pape dans sa lettre à
Bonaparte et d'insister pour que le gouvernement des
diocèses fût confié à de simples administrateurs. Mais
Consalvi n'était pas Romain pour rien, et c'est un fait que
de tous les cardinaux appelés à donner leur avis sur le
Concordat il était à peu près le seul à en mesurer toute la
portée et toutes les conséquences.

Il était malade de la fièvre quand Cacault lui donna
connaissance de l'ultimatum. Il en reçut un coup terrible,
et son premier mot fut que le pape mourrait si Cacault
devait partir. Mais comment empêcher son départ ? comment conjurer l'effet désastreux qu'il allait produire ?
Écrire à Paris était inutile : Bonaparte ne voudrait rien
entendre, et ses ordres étaient formels. Si, dans cinq jours,
la Cour de Rome n'avait pas accepté tel quel le projet de
Concordat qui lui avait été soumis, Cacault se retirait à
Florence et ne répondait plus de rien. En face de cette
échéance redoutable, le pape, aussitôt averti, convoqua la
congrégation des douze cardinaux pour délibérer sur la

déclaration que le ministre de France avait adressée au Saint-Siège. Mais il se passa dans ce conseil ce qui s'était passé dans un autre, quatre ans auparavant, à l'occasion de l'article 1er de l'armistice de Bologne. Le pape et la congrégation persistèrent dans l'opinion qu'il n'était pas au pouvoir de Sa Sainteté de signer, sans aucune modification, le projet de Concordat et la Bulle envoyée de Paris. Cette fin de non recevoir ne découragea pas Cacault. Il savait, par expérience, que Rome ne cède jamais qu'à la contrainte et à la nécessité. Il représenta d'abord au pape qu'il avait le pouvoir d'accorder tout ce qu'on lui demandait de Paris ; que son extrême circonspection à cet égard pouvait devenir une faiblesse ruineuse pour la France, pour son État, pour la Religion, et que le pouvoir de lier et de délier était sans limites, lorsqu'il s'agissait de prévenir des maux infinis. Puis, comme Pie VII restait inébranlable, il se dit qu'en brusquant les choses il risquait de mécontenter Bonaparte dont le plus grand désir — désir ancien, puisqu'il lui était arrivé de l'exprimer plusieurs fois du temps du Directoire — était de faire la paix religieuse avec Rome ; et il chercha le moyen de tout concilier. Aussi bien Talleyrand lui avait recommandé, dans sa lettre du 19 mai, d'employer dans ses entretiens avec le pape et ses ministres toutes les voies propres à toucher la sensibilité de l'un et à éclairer l'aveuglement des autres. Il se rendit donc au Vatican, comme pour prendre congé du pape, et là, dans une conversation en tête à tête et qui empruntait aux circonstances je ne sais quoi de poignant, de douloureux, il lui suggéra l'idée d'envoyer à Paris son premier ministre pour s'expliquer et tâcher de résoudre l'affaire (1). Cette idée sourit au pape

(1) Mais auparavant il avait eu soin de pressentir le cardinal sur cette mission extraordinaire. Consalvi raconte en ses Mémoires (T. i, p. 303) qu'au reçu de l'ultimatum il alla chez Cacault lui exposer en détail et avec la plus grande précision les motifs qui forçaient le pape à se conduire ainsi au prix de n'importe quelle calamité. « Il me serait très malaisé, je dirai même impossible, de dépeindre quelle sincère douleur produisit sur Cacault cette résolution. Il en fut saisi jusqu'au point d'éclater en véritable fureur, se voyant les mains liées par une injonction des plus hautaines et qu'il fallait exécuter sur le champ. Il était désolé de ne pouvoir retarder son départ... Il ne pouvait se consoler en

qui convoqua immédiatement les cardinaux et, sur leur acquiescement à la proposition de Cacault, donna l'ordre à Consalvi de s'apprêter à partir. Mais le bruit du rappel du ministre de France avait causé dans la ville une véritable panique.

On se rappelait les malheurs dont son départ de Rome avait été suivi à deux reprises différentes, et l'on regardait comme un mauvais augure que Consalvi fût remplacé par le cardinal même (1) qui était secrétaire d'Etat, lors de la première entrée des Français dans la cité des papes. Il s'agissait, avant tout, de rassurer l'opinion publique. A cette fin, il fut convenu que Consalvi et Cacault sortiraient ensemble de Rome et feraient route jusqu'à Florence dans la même voiture. Et, en effet, le 6 juin, de grand matin, le cardinal vint prendre le ministre à son hôtel (2). Ils montèrent tous deux dans le même carrosse, et comme ils étaient regardés partout d'un air ébahi, le cardinal disait sans cesse à tout le monde, en montrant Cacault : « Voilà le ministre de France! » De la sorte, ils purent « dissiper à la fois les frayeurs mortelles et les espérances téméraires. » A leur arrivée à Florence, Murat les reçut à bras ouverts et leur offrit un logement et une garde d'honneur. Mais Cacault préféra loger à l'auberge, et le lendemain, 8 juin, après une journée passée « en grande et ostensible amitié avec le général », Consalvi partit pour Paris.

réfléchissant qu'une rupture qui aurait de si funestes suites allait éclater, parce qu'on n'avait pu s'entendre réciproquement, et il manifestait une très amère douleur en voyant sacrifier des hommes qui n'affichaient aucune mauvaise intention, — ce sont ses propres termes — et qui n'agissaient que contraints par leurs propres devoirs. Transporté de rage — c'est le mot qui le peindra le mieux — il révéla dans ce très long entretien ses angoisses extrêmes. Après avoir longtemps médité, il découvrit un biais dont personne s'était avisé... » Ce biais c'était que Consalvi partît immédiatement pour Paris. Ce voyage, lui disait-il, flatterait Bonaparte dont rien ne devait plus chatouiller l'orgueil que de montrer aux Parisiens un cardinal et le premier ministre du pape.

(1) Joseph Doria.

(2) Cacault avait touché 17,000 francs pour frais d'installation à Rome. Ce n'était pas assez pour monter une maison. Aussi avait-il pris en entier une auberge où il recevait honnêtement et d'une façon convenable, la seule qui lui fût permise à Rome avec ses appointements de 48,000 francs par an.

CHAPITRE VII

La convocation du Concile national de 1801. — Synodes diocésains et conciles métropolitains préparatoires. — Attitude de
l'archevêque constitutionnel de Paris. — Mobiles de son opposition. — Sa demande de rappel de Mgr de Juigné. — Projet de
lettre des « évêques réunis » au pape Pie VII. — Émotion que
cette lettre cause au Souverain-Pontife. — Mgr Spina croit que
la convocation du Concile a eu lieu sans la participation du
gouvernement. — Pourquoi le Premier consul laissa faire cette
assemblée. — Aurait-il doté le pays d'une religion nationale, si
son projet de concordat avait échoué? — Bernier et le roi
d'Espagne insistent inutilement pour qu'il interdise le Concile.
— Retour du courrier Livio, le 23 mai. — Bernier remet le
contre-projet romain sans l'intermédiaire de Talleyrand. —
Impression favorable produite à la Malmaison par ce document.
— Bonaparte charge le curé de Saint-Laud de lui faire un rapport sur les moyens de rendre ce contre projet admissible. —
Bernier est d'avis de laisser le Saint-Siège employer les expressions et les phrases qui conviennent à son style ordinaire. —
Talleyrand est d'un avis contraire et dit que Rome ne songe
qu'à gagner du temps. — Raisons qu'il donne pour repousser le
contre-projet romain qu'il examine article par article. — Il se
prononce énergiquement pour le rétablissement de l'article concernant les prêtres mariés. — Double jeu de l'abbé Bernier. —
Talleyrand rédige un sixième projet que Mgr Spina refuse de
signer avant l'arrivée de Consalvi. — Bernier appuie le refus de
Mgr Spina et Talleyrand finit par céder. — Arrivée de Consalvi
à Paris, le 20 juin. — Bonaparte lui fait dire qu'il le recevra le
lendemain. — Erreur de M. Thiers sur l'état d'esprit du cardinal. — Fausse lettre de Consalvi au chevalier Acton. —
Cacault avait prévenu Bonaparte de la fausseté de ce document.
— Consalvi est reçu en audience solennelle aux Tuileries. —
Récit de cette audience. — Le Premier consul lui donne cinq
jours pour signer le projet de convention du gouvernement —
Il le menace de faire une Église nationale. — Le 23 juin Bernier
soumet à Talleyrand les observations du cardinal sur ce projet.
— A la suite de ces observations Talleyrand rédige un septième

projet — Contre-projet de Consalvi. — Talleyrand prétend qu'il fait rétrograder la négociation vers l'époque de ses premières difficultés. — Causes de l'attitude du cardinal. — Départ de Talleyrand pour les eaux. — Bernier approuve le contre-projet du cardinal et le Premier consul permet à Consalvi de discuter avec le curé de Saint-Laud — Pourquoi cette autorisation équivalait à une capitulation. — Bonaparte veut traiter à tout prix. — Consalvi, sur une mise en demeure du Premier consul, se décide à lui présenter une troisième version. — Bernier conseille de l'adopter et s'efforce d'établir qu'elle est d'accord avec les libertés gallicanes. — Bonaparte adopte un autre projet, sur un rapport de d'Hauterive et nomme Joseph Bonaparte, Cretet et Bernier plénipotentiaires pour négocier, conclure et signer. — Les commissaires sont convoqués chez Joseph Bonaparte. — Incident soulevé par Consalvi à propos du dernier projet du gouvernement. — Deux versions du cardinal. — Où est la vérité ? — La conférence s'ouvre le 13 juillet, à huit heures du soir, et dure vingt heures d'horloge. — Rédaction d'un contre-projet. — Joseph Bonaparte le communique au Premier consul qui le jette au feu. — Attitude conciliante de Joseph Bonaparte. — Dans un diner qui a lieu aux Tuileries, le 14 juillet, Bonaparte blâme publiquement la conduite de Consalvi. — Intervention de M. de Cobenzl, ambassadeur d'Autriche. — Les plénipotentiaires se réunissent une seconde fois le 15 juillet, au matin, et après une longue discussion sur la publicité du culte, le Concordat est signé.

I

Pendant ce temps-là, les évêques constitutionnels étaient convoqués en Concile national pour le 29 juin 1801, jour de la Saint-Pierre, et s'y préparaient sur toute l'étendue du territoire dans des synodes diocésains et des conciles métropolitains qui, sauf à Tours et à Saint-Claude (1), ne donnèrent lieu à aucun incident notable. A Paris, il y eut bien aussi quelques velléités de résistance de la part de l'archevêque, mais ce ne fut qu'un nuage que l'attitude résolue des suffragants de Royer dissipa assez vite. Quelle mouche avait piqué ce singulier prélat? On ne le sait pas au juste. Avait-il peur que le Concile de 1801 ne donnât, comme celui de 1797, dans le presbytérianisme, et n'avait-il crié si fort que pour conjurer ce danger? Peut-être; mais je ne crois pas me tromper en disant qu'il supportait

____

(1) Où les préfets s'y opposèrent.

difficilement le joug des « évêques réunis » — sorte de comité de salut public de l'Eglise constitutionnelle — et qu'il pensait alors sérieusement à se réconcilier avec l'Eglise romaine. C'est ainsi que, dès le 14 nivôse an viii, ayant été appelé par les administrateurs du Bureau central de Paris pour s'expliquer sur les excès répréhensibles auxquels il se livrait (d'après certains rapports de police) dans ses prédications à Notre-Dame, il avait répondu qu'il était ami de la paix et qu'il se proposait de demander au Premier consul la rentrée de Mgr de Juigné (1). Dans quel but ? M. Boulay de la Meurthe croit qu'il était « désireux au fond de faire une paix avantageuse avec la véritable Eglise (2) ». Je serais plutôt d'avis qu'il cédait à de simples scrupules de conscience, car il était profondément honnête et faisait assez bon marché de ses propres intérêts, comme on le verra plus loin. Mais il était d'humeur changeante et ne savait pas très bien ce qu'il voulait. Exemple : après s'être opposé à la tenue du concile métropolitain de Paris, il le présida lui-même du 16 au 24 juin 1800, et donna son approbation au projet de lettre que les « évêques réunis » devaient écrire au pape pour lui annoncer le Concile national et le prier d'y envoyer des délégués.

Ce projet de lettre, daté du 15 mars, ne fut jamais expédié, et le pape n'en eut connaissance que par celle du 8 du même mois adressée aux évêques des autres Eglises catholiques, à la fin de laquelle il en était fait mention. Cela ne l'empêcha pas d'en concevoir de grandes alarmes, malgré les paroles rassurantes de Cacault, et d'envoyer une circulaire aux nonces, où il était dit qu'il espérait qu'aucun pays ne se ferait représenter au Concile. Quelques jours après, Mgr Spina mandait à Bernier que Pie VII s'était convaincu que la convocation de ce Concile avait eu lieu sans la participation du gouvernement, « lequel saurait prendre les mesures nécessaires pour empêcher une assemblée qui serait tout à la fois injurieuse pour le chef de l'Eglise, entièrement contraire aux principes les plus universels de la discipline ecclésiastique, et qui ne

(1) *Arch. nat.* F. 7. 6198. — Il lui écrivit, en effet, dans ce sens une lettre qui fit grand bruit à cette époque.
(2) *La Négociation du Concordat*, p. 18.

ferait que fournir un nouvel élément au schisme et multiplier les désordres auxquels le Premier consul voulait remédier ». ·

Mais le Premier consul était d'autant moins disposé à interdire cette assemblée conciliaire que, sans qu'elle s'en doutât, elle servait admirablement ses desseins. Il suffisait même que le pape en conçût quelque inquiétude pour qu'il la laissât faire, car il ne pouvait pas trouver une occasion plus favorable pour peser sur la détermination de la Cour de Rome. Il disait au cardinal de Consalvi, quelques jours avant l'ouverture du Concile : « Si le pape ne veut pas en finir, nous ferons une Eglise gallicane (1). » Cette menace n'était pas très sérieuse (2), mais elle empruntait à la réunion des évêques constitutionnels un caractère de gravité qui malgré tout en imposait. Les orthodoxes avaient beau se moquer, il n'en est pas moins vrai que les quarante-trois archevêques et évêques, les huit procureurs fondés des prélats absents et les cinquante-trois prêtres, réunis à Notre-Dame le jour de la Saint-Pierre, formaient un ensemble très respectable, et que Bonaparte avait là, sous la main, une Eglise toute faite, avec des cadres assez solides quoique incomplets, qui n'avait besoin pour croître et prospérer que de l'appui moral et matériel de l'Etat.

Le Premier consul ne prêta donc aucune attention au billet de l'abbé Bernier qui lui demandait de suspendre le Concile national et se borna à renvoyer à Talleyrand, avec prière de le remercier de ses conseils, la note que Cevallos, ministre du roi d'Espagne, avait remise le 23 mai à Lucien Bonaparte, et dans laquelle il disait qu'on ferait bien de réfléchir beaucoup avant de permettre la tenue de cette assemblée. Aussi bien, pourquoi l'aurait-il interdite ou dissoute ? Se réunissait-elle dans un but hostile au pape et au chef du gouvernement ? Non, puisque c'était dans le but avoué de travailler à l'extinction du schisme,

(1) *Mémoires sur le Consulat,* par Thibaudeau, p. 157.

(2) Cependant Cobenzl écrivait à l'Empereur, le 10 juin 1801, que Talleyrand avait été jusqu'à proposer à Bonaparte de rester séparé de l'Eglise romaine et de nommer un patriarche des Gaules. (*Documents sur la Négociation du Concordat,* t. III, p. 52).

et que, à l'ouverture de tous les synodes préparatoires, en même temps que les évêques constitutionnels envoyaient des délégations aux autorités civiles, ils disaient des prières pour le repos de l'âme du pape Pie VI et prononçaient son oraison funèbre (1). Pouvait-on accuser le Concile de vouloir agiter l'opinion publique? Il y songeait si peu, que, dès ses premières séances il refusa d'autoriser les conférences contradictoires que l'évêque du Gers voulait donner dans différentes églises de Paris (2). Enfin, le Premier consul pouvait-il décemment empêcher la réunion des évêques patriotes, après les entretiens qu'il avait eus avec Grégoire sur le règlement des affaires ecclésiastiques? Je ne le pense pas. Ce devait être aussi le sentiment intime du cardinal Consalvi, car il ne fit de ce chef aucune représentation soit à Talleyrand soit au Premier consul, et dans une dépêche qu'il adressait le 1er juillet au cardinal Doria, parlant du Concile des « intrus » qui venait de s'ouvrir au milieu d'un grand concours de population, il lui disait que, le traité avec Rome n'étant pas encore conclu, le gouvernement n'avait pas cru devoir s'opposer audit Concile. Consalvi avait, d'ailleurs, d'autres soucis beaucoup plus graves. Il avait d'abord à faire revenir Bonaparte sur les préventions injustes qu'il avait contre lui, et notamment à le persuader qu'il n'était pour rien dans les retards apportés au retour du courrier Livio ; ensuite il avait à lui donner satisfaction sur le nouveau projet de Concordat (nᵒ vi) qui lui avait été remis à son arrivée.

(1) Voy. *Curiosités révolutionnaires du Gers*, p. 97, et les *Annales de la Religion* pour l'année 1801.

(2) *Actes du second Concile national*, t. i.

Livio avait fait son entrée à Paris dans la soirée du 23 mai, et tout de suite, sans perdre une minute, après avoir dépouillé les dépêches qui lui étaient personnellement adressées, Bernier en avait informé Talleyrand en lui demandant d'un air piqué s'il avait donné le pouvoir à Cacault de reviser le contre-projet romain. « Je ne tiens pas à mes idées, lui disait-il, et je serai charmé qu'un autre ait mieux fait que moi. » Mais ce dépit apparent n'était qu'une feinte destinée à donner le change au ministre des Relations extérieures, car Bernier se doutait bien que le contre-projet romain se rapprochait plus de ses variantes secrètes que de la rédaction du gouvernement, et il tenait tellement à ses idées, quoi qu'il en dît, que, pour avoir plus de chance de les faire accepter par Bonaparte, il trouva le moyen de lui remettre le contre-projet sans l'intermédiaire de Talleyrand.

L'impression que ce document produisit à la Malmaison fut meilleure qu'on ne l'aurait cru. Bonaparte, satisfait des résultats obtenus, se contenta d'en critiquer certaines expressions et demanda à Bernier de lui faire un rapport sur les moyens de le rendre admissible, Mais quand ce rapport fut mis sous les yeux de Talleyrand, l'ancien évêque d'Autun se montra beaucoup moins coulant que le curé de Saint-Laud. Bernier qui, somme toute, prêchait pour son saint en défendant le travail de la congrégation romaine, trouvait qu'il était le même, quant au fond, que

le projet de Convention (n° v) que le ministre des Relations
extérieures avait approuvé. Tout se réduisait suivant lui,
« à des changements de rédaction plus ou moins clairs,
plus ou moins précis, mais qui constamment renferment le
même sens sous une forme différente. » Et il était d'avis
de laisser le Saint-Siège employer les expressions et les
phrases qui conviennent à son style ordinaire pourvu que
la dignité du gouvernement n'en fût pas blessée et qu'elles
rendissent avec exactitude ce qu'on désirait.

Talleyrand estimait, au contraire, que le projet de convention modifié par la Cour de Rome différait absolument,
sur des points très importants, de celui qu'il avait proposé,
et il n'était pas éloigné de croire que le Saint-Siège ne
songeait qu'à gagner du temps. « Dans cette discussion,
disait-il, la Cour de Rome oublie que le gouvernement, en
stipulant avec elle, ne fait que chercher le meilleur mode
de faire le bien de l'Etat, que jusqu'à ce moment il a su
faire et qu'à l'avenir il peut encore faire par d'autres
moyens ; au lieu que la Cour de Rome, en stipulant avec
nous, cherche des appuis, des secours, des bienfaits qui
sont nécessaires à la conservation de son influence religieuse et à son existence même. » Aussi insistait-il tout
particulièrement pour qu'elle donnât une adhésion entière,
prochaine et définitive au plan qui avait été approuvé et
consenti par l'archevêque de Corinthe.

Sur l'article premier, par exemple, il n'admettait pas,
comme l'abbé Bernier (1), que le gouvernement se déclarât
« catholique » et qu'il promît de « conserver la pureté des
dogmes de la religion. » Ce dernier soin, disait-il avec
raison, appartient au ministère ecclésiastique, et il serait
tout à fait ridicule que la puissance civile consentît publiquement à s'en dire chargée. Quant à la profession du culte,
elle tient à la volonté libre des hommes et à leurs actes

(1) Voici dans quels termes Bernier l'avait rédigé :

Art. 1ᵉʳ. — Le gouvernement de la République française, reconnaissant que la religion catholique, apostolique et romaine est
la religion de la grande majorité des citoyens français, déclare
qu'animé des mêmes sentiments et professant cette même religion,
il protégera la liberté et la publicité de son culte, la pureté de ses
dogmes et l'exercice de sa discipline, nonobstant tout acte antérieur,
s'il en existait de contraires à ces dispositions.

individuels. Les gouvernements sont des êtres fictifs, dont les facultés collectives sont déterminées par la nature et la source de leurs pouvoirs. Ils sont établis pour exercer de grands pouvoirs ; mais ces pouvoirs ne peuvent s'appliquer à des actes qui les concernent seuls. Ce n'est pas comme gouvernants, mais comme citoyens, qu'ils professent tel ou tel culte. Il n'admettait pas davantage la clause de la révocation des lois et décrets contraires à la pureté des dogmes et à l'exercice de la discipline de l'Eglise, que le Saint-Père avait insérée à la fin de cet article. Mais il voyait peu d'inconvénient à adopter la formule : « Nonobstant tout acte antérieur, s'il en existait de contraires à ces dispositions » que l'abbé Bernier proposait de substituer à cette clause, au cas où l'envoyé de Rome insisterait pour la maintenir. Le mot « acte » est générique, disait Bernier, et désigne plus spécialement les décisions du gouvernement qu'il peut changer à volonté. Le Premier consul pouvait donc déclarer, même philosophiquement, qu'il regardait comme non avenu tout ce qui gêne ou entrave la liberté du culte adopté par la majorité des citoyens, parce qu'il est dans l'essence du gouvernement représentatif de faire jouir cette majorité du culte qu'elle désire.

L'article 2 présentait, suivant Talleyrand, un changement important pour le Saint-Siège, mais, comme il était sans conséquence pour nous, le ministre ne s'opposait pas à ce qu'il fût adopté (1).

L'article 3 et celui que proposait Bernier (2) de quelque manière qu'on les rédigeât, ne pouvaient entrer, de l'avis

---

(1) Bernier proposait aussi de le conserver.

Art. 2. — Il sera fait par le Saint-Siège, de concert avec le gouvernement, une nouvelle circonscription des diocèses français. Leur nombre sera réduit, de telle manière néanmoins qu'il suffise aux besoins spirituels des fidèles.

(2) Voici cet article retouché par Bernier :

Art. 3. — Sa Sainteté déclarera à tous les évêques français qu'il doivent faire toute espèce de sacrifices, pour le bien de la paix et l'unité de l'Eglise ; qu'elle les attend d'eux avec la plus intime confiance ; et d'après cette exhortation, pour ne pas différer l'œuvre salutaire du rétablissement de la religion, elle pourvoira de suite au gouvernement des évêchés de la circonscription nouvelle, conformément aux vues qu'elle s'est proposées et de la manière suivante.

de Talleyrand, dans une convention. « Que le Souverain-Pontife s'adresse aux évêques et leur témoigne, ou déclare ou signifie ce qu'il voudra, peu importe au gouvernement de la République. Une convention ne doit rien exprimer que ce qui est d'un accord commun. Or, ici, les deux gouvernements ont à convenir d'une chose, c'est que les sièges soient remplis par de nouveaux évêques. Le Saint-Père arrivera à ce résultat par la voie qui lui paraîtra la plus convenable; mais la convention ne doit parler que du résultat. »

Bernier, d'ailleurs, en avait parfaitement conscience, et ce n'est pas sans motifs qu'il n'avait pas fait entrer dans cet article le mot « démission » qui était « le seul mot technique et le seul expressif. » Il soutenait d'abord que l'effet était le même, et que, pour un évêque, l'obligation de toute espèce de sacrifices s'étendait à la vie même; ensuite, en évitant d'écrire le mot « démission » il se conformait à la politique et aux libertés de l'Eglise gallicane qui étaient de ne pas consacrer en faveur du Pontife de Rome, en des termes trop forts, un droit si redoutable.

Sur l'article 4, Talleyrand disait qu'il y aurait un double inconvénient à accepter la clause relative à la profession par le Premier consul de la religion catholique. En vain, pour la justifier, Bernier faisait-il remarquer que le Saint-Père ne l'avait introduite que pour ne pas blesser les cours de Berlin et de Saint-Pétersbourg auxquelles Benoît XIV avait refusé le droit de nommer aux évêchés catholiques, parce que ces souverains ne professaient pas la religion catholique, — Talleyrand soutenait que cette clause annonçait très explicitement que les successeurs du Premier consul ne pourraient nommer aux évêchés s'ils n'étaient pas catholiques, puisque le Saint-Siège fondait sur cette profession de foi l'engagement qu'il prenait de conférer l'institution canonique. Il pensait aussi que, dans un acte de gouvernement aussi notoire que l'est une convention, cette profession de foi était opposée à tous les principes, car l'adhésion aux dogmes et aux rites d'une religion est un acte de citoyen, et non de gouvernement (1).

(1) Cet article 4 était ainsi conçu : « Le Premier consul Bonaparte, professant la religion catholique, nommera aux archevêchés

Sur les articles 5 à 13, Talleyrand, ainsi que Bernier, trouvait peu de chose à redire. L'article 14, au contraire, et celui que Bernier lui avait substitué (1) ne lui paraissaientpas de nature à remplir l'objet du gouvernement. Dans sa rédaction, Bernier s'était attaché surtout à ne laisser ni équivoque, ni doute, « de telle manière que le Souverain-Pontife n'ait point à se plaindre qu'on l'ait voulu forcer à reconnaître un droit dont les autres puissances pourraient abuser. » Mais Talleyrand estimait que l'objet de cet article était d'une trop haute importance, pour que le gouvernement modifiât en quoi que ce fût, sa première détermination. Il ne fallait pas perdre de vue que cette question des biens nationaux, était un des principaux motifs qui avaient déterminé le Premier consul à réconcilier la Cour de Rome à la France, et la France au Saint-Siège. Les difficultés que le Saint-Siège se faisait et nous faisait à cet égard, étaient des chimères. Est-ce que les réformes de Joseph II qui avaient excité tant de réclamations avaient attiré des anathèmes? L'Eglise avait été dépouillée dans tous les siècles, et les spoliateurs n'avaient été punis que quand ils étaient faibles. Le traité de Westphalie avait sécularisé la moitié des biens ecclésiastiques de l'Allemagne, et la Cour de Rome n'avait pas excommunié l'Empire. Talleyrand demandait donc que la rédaction convenue entre lui et Mgr Spina fût la condition *sine quà non* de tout arrangement avec la Cour de Rome.

Les articles 15 et 16, relatifs au traitement des ecclésiastiques de tout ordre et aux fondations en faveur des églises, avaient subi des changements que n'acceptait pas le mi-

---

et évêchés conservés en France, dans les premiers trois mois qui suivront la publication de la bulle de Sa Sainteté concernant la nouvelle circonscription ; et Sa Sainteté donnera à ceux qui seront ainsi nommés l'institution canonique, dans les formes établies par le Concordat entre Léon X et François Ier. »

(1) En voici la teneur :

« Art. 14. — Sa Sainteté, pour le bien de la paix et l'heureux rétablissement de la religion catholique en France, renonce, au nom de l'Eglise et en ce qui la touche, à toute répétition de fonds ou fruits perçus ou à percevoir de la part des acquéreurs des biens ecclésiastiques, et déclare que ni elle, ni ses successeurs, ne les troubleront dans la possession et jouissance incommutables de ces biens. »

nistre des Relations extérieures (1). Le gouvernement, à
son avis, ne pouvait pas prendre sur lui d'assurer un
traitement au clergé, mais il pouvait promettre qu'il prendrait des mesures pour lui en procurer un. Au fond, le
résultat était le même, et cela devait suffire au clergé et à
la Cour de Rome. Quant aux fondations, Talleyrand pensait
qu'il ne fallait pas se départir de la restriction insérée au
premier projet. Le premier gouvernement sensé qui était
sorti du sein de la République, ne devait pas se constituer
le restaurateur des biens de main-morte.

Un seul article avait été omis dans le contre-projet romain ; c'était celui qui concernait les prêtres mariés ou
ceux qui avaient abandonné l'état ecclésiastique. Sur une
observation de Bernier, Mgr Spina avait déclaré que le
Saint-Siège avait commis cette omission par ce motif qu'il
s'agissait d'un cas de conscience dont la solution ne pouvait devenir l'objet d'une convention. Il avait ajouté que
la Cour de Rome ne pourrait adopter pour règle générale de n'admettre ces ecclésiastiques qu'à la communion
laïque, parce qu'il y en avait qui désiraient revenir à leurs
fonctions. Néanmoins, si on désirait que cet article fût
décidé d'une manière plus claire et plus précise, on pourrait l'insérer, soit dans la bulle, soit dans le Concordat,
soit dans l'un et dans l'autre, le Saint-Père ne voulant à
aucun prix que, du refus d'une mesure de clémence,
dépendît le succès d'une affaire majeure qu'il désirait et
ambitionnait par-dessus tout.

J'ai à peine besoin de dire que Talleyrand se prononçait
catégoriquement pour le rétablissement de cet article. Il
y était trop directement intéressé pour admettre une seule
minute qu'il fût passé sous silence, et il lui paraissait
moralement aussi indispensable que l'était politiquement
l'article relatif aux biens nationaux.

Tel était l'ensemble des observations que le rapport de

(1) Bernier avait modifié comme suit l'art. 15 :

« Le gouvernement français pourvoira, par un traitement convenable, à la subsistance et l'honnête entretien des évêques et archevêques conservés en France en vertu de la circonscription nouvelle,
ainsi qu'à celle des curés de leurs diocèses. » Bernier avait textuellement admis l'art. 16.

Bernier avait suggérées au ministre des Relations extérieures.

En conséquence, et comme suite à ces observations, Talleyrand donna le conseil à Bonaparte d'attendre que l'ultimatum eût produit son effet, pour continuer la négociation. Et le Premier consul, entrant dans les vues de son ministre, sans revenir pour cela sur son impression première, affecta, à dater de ce jour, de montrer une grande irritation contre la Cour de Rome. Pendant ce temps Bernier ne cessait de jouer le double jeu qui jusque-là lui avait si bien réussi. Quand il était devant Bonaparte il prenait la défense de Mgr Spina et du contre-projet de la Cour de Rome. Quand il était devant Talleyrand il abondait dans sa manière de voir et lui promettait de faire tous ses efforts pour amener le pape à souscrire à ses exigences. Une fois, cependant, et dans une circonstance assez grave, il n'hésita pas à lui conseiller par écrit de s'en rapporter à l'avis de l'archevêque de Corinthe. C'était à l'occasion du projet de convention (n° vi) que Talleyrand avait rédigé à la hâte (1), au reçu de la dépêche de Cacault qui l'informait que le pape, malgré l'ultimatum, persévérait dans le refus d'admettre sans modifications le projet français (n° v) et que le cardinal Consalvi était parti pour Paris. Talleyrand aurait voulu que Mgr Spina signât ce sixième projet avant l'arrivée du premier ministre du pape. Et Mgr Spina s'y refusait, disant que le cardinal Consalvi aurait certainement des instructions et des pouvoirs plus étendus que les siens et qu'il devait être à Paris dans deux jours. Bernier avait donc été chargé de le raisonner et de le convaincre. Le fit-il ? j'en doute pour ma part, mais ce n'est là qu'une opinion. Ce qu'il y a de sûr, c'est qu'il écrivit à Talleyrand qu'en présence de l'hésitation et des craintes de Mgr Spina le seul parti qu'il y eût à prendre était d'attendre l'arrivée de Consalvi. Mais il fallait voir de quelles assurances, de quelles protestations était appuyé ce conseil! Comme il n'y avait rien, suivant lui, dans le nouveau projet de convention qui pût être récusé et qui même n'eût été adopté par le pape, il était persuadé que

____

(1) Ce projet est vraisemblablement du 14 juin 1801.

le cardinal secrétaire d'Etat le signerait sans difficulté. Et d'ailleurs, ajoutait-il, « ces vaines subtilités ne m'arrêteront pas. Je suis Français et non Romain. Mon pays jouira de sa religion, ou Rome sera convaincue à la face de l'Europe de ne l'avoir pas voulu. »

Talleyrand se laissa prendre à ces protestations, et la signature du projet de convention fut ajournée jusqu'à l'arrivée de Consalvi.

Il arriva le 20 juin dans la soirée, se rendit à l'hôtel de Rome (1) où Mgr Spina était descendu et chargea Bernier de demander au Premier consul quel jour il pourrait le recevoir et s'il devait paraître « avec un costume analogue à son état ou en habit particulier. » Il ne faut pas oublier, en effet, qu'à cette époque, le port du costume ecclésiastique était interdit dans la rue. Bonaparte lui fit répondre le lendemain matin qu'il le recevrait le soir même à sept heures « dans le costume le plus cardinal possible. » Cet empressement à lui donner audience le surprit, mais ne le troubla pas. M. Thiers dit bien qu'en arrivant à Paris, il était plein d'épouvante (2), mais il avait été induit en erreur par une lettre que le cardinal, à son départ de Rome, était censé avoir écrite au chevalier Acton, ministre de Naples, lettre dans laquelle Consalvi disait que le bien de la religion voulait une victime et qu'il marchait au martyre (3). Il ne connaissait pas la dépêche confidentielle que Cacault adressa alors au Pre-

(1) L'hôtel de Rome était situé rue Saint-Dominique et porte actuellement le n° 115. L'abbé Bernier était logé à l'hôtel d'Orléans, situé rue des Petits-Augustins.

(2) S'il avait eu des craintes en quittant Rome, l'accueil que lui avait fait Murat à Florence les avait dissipées.

(3) Cette fausse lettre avait été mise en circulation par Alquier, notre ministre à Naples, qui, d'après le témoignage d'Artaud, se serait mis d'accord avec Acton pour nuire à Consalvi et entraver la négociation du Concordat. (*Hist. de Pie VII*, t. i, p. 159).

mier consul pour le mettre en garde contre les sentiments
hostiles que pouvait faire naître dans son esprit la lettre
attribuée au cardinal. « Souvenez-vous bien, grand général, disait Cacault, que le Saint-Siège n'aura jamais de
communication sincère avec Acton.... N'humiliez pas trop
Consalvi. Prenez garde au parti qu'un homme aussi habile
que lui, malgré ses peurs dont il revient, saurait tirer de
sa propre faute ; ne le mettez pas sur le chemin de la ruse !
Abordez ses vertus avec les vôtres. Vous êtes grands tous
les deux, chacun de vous à sa manière (1). »

Le Premier consul suivit le conseil de son ministre à
Rome : il n'humilia pas Consalvi ; seulement, il n'était pas
fâché de le frapper d'étonnement dès son arrivée dans la
capitale. Aussi, pour lui donner une idée de sa puissance,
au lieu de le recevoir, à la Malmaison, en audience privée,
comme il s'y attendait et comme le dit M. Thiers, il le
reçut aux Tuileries en audience solennelle !

Le 21 juin, à l'heure convenue, le maître des cérémonies du Palais se présenta à l'hôtel de Consalvi qui l'attendait en habit noir, avec les bas, la barrette et le collet
rouges, dans le costume enfin que portent ordinairement
les cardinaux, hors de chez eux, quand ils ne sont pas en
fonction. Il le prit à côté de lui dans son carrosse, et
quelques instants après la voiture s'arrêta devant la grande
porte des Tuileries, où le cardinal fut introduit au rez-de-
chaussée, dans le salon des ambassadeurs. Il y demeura
seul, dans la vive lumière du soleil couchant, le temps de
donner avis de son arrivée, et durant ce court intervalle
il crut véritablement que le palais était désert, tant le
silence y était profond de ce côté. Mais au retour du maître
des cérémonies, quelle ne fut pas sa surprise, une fois
franchie certaine petite porte basse, de se trouver dans le
vestibule du grand escalier, parmi une foule haletante
et curieuse qui se mit à le regarder des pieds à la tête !
Si le spectacle était nouveau pour elle, il ne l'était pas
moins pour lui. Aussi éprouva-t-il en une minute les sen-
sations diverses que procure au théâtre « un changement
subit de décor, lorsque d'une chaumière, d'un bois, d'une

____

(1) Artaud : *Hist. de Pie VII*, t. i, p. 134.

prison, ou de toute autre situation pareille, l'on passe au spectacle éblouissant de la cour la plus magnifique et la plus nombreuse. » Il y avait eu ce jour-là une grande revue (1), et le Premier consul, comme un habile metteur en scène, avait saisi cette occasion unique de se montrer au premier ministre du pape dans l'éclat resplendissant de sa gloire.

Dès que le cardinal parut au bas de l'escalier, la garde consulaire lui présenta les armes et les tambours battirent aux champs. Il se fit alors un grand mouvement dans les salons et les antichambres remplis de femmes élégantes, d'officiers de tous grades et de fonctionnaires aux riches costumes, et c'est entre une double haie vivante et frémissante de dentelles, de velours, de soie, d'argent et d'or, qu'il arriva dans un premier salon. Il y fut reçu par un personnage, en habit brodé, qu'il ne reconnut pas de prime abord et qui n'était autre que l'ancien évêque d'Autun, aujourd'hui ministre des Relations extérieures, M. de Talleyrand-Périgord.

Talleyrand s'inclina sans dire une parole, puis, marchant devant lui, en boitant légèrement, il le conduisit dans une pièce voisine que Consalvi prit pour l'antichambre du Premier consul. Mais son illusion ne fut pas de longue durée. Tout à coup, à l'extrémité de cette pièce, une porte à deux battants s'ouvrit, et le cardinal put voir à travers cette large baie un tableau d'un effet merveilleux. Dans un vaste salon, disposés comme pour un coup de théâtre, étaient rangés symétriquement les divers corps de l'Etat. Au fond, dans une masse imposante, le Sénat, le Tribunat, le Corps législatif, le Conseil d'Etat, les hautes Cours de la magistrature. Sur les côtés, les généraux, des officiers de toutes armes, les hauts dignitaires de l'Etat; et en avant, vers le milieu de la salle, détachés et isolés pour être bien en vue, les trois Consuls en costume officiel.

Consalvi avait en face de lui les hommes les plus marquants de la Révolution française, depuis les philosophes et les esprits forts qui avaient voté la Constitution civile,

(1) Dans la journée, il y avait eu aux Tuileries réception ordinaire du corps diplomatique et le Premier consul était allé visiter une manufacture (*Moniteur* du 22 messidor).

jusqu'aux montagnards farouches qui avaient décapité la
monarchie. Jacobins « sucrés et salés », métaphysiciens à
courte vue dont Bonaparte disait qu'ils perdraient vingt
gouvernements (1) et qui, tout en se raidissant sous son
joug despotique, étaient prêts, pour un titre, une dotation,
une place quelconque, à lui lécher les bottes ! C'est dire les
sentiments qui animèrent cette armée de fonctionnaires
à la vue de ce cardinal qui, surgissant à l'improviste
dans le palais de Louis XVI et de Marie-Antoinette, leur
produisit l'effet d'un revenant de l'ancien régime !

Cependant, le Premier Consul ayant fait quelques pas
en avant, Talleyrand lui présenta le cardinal Consalvi qui
voulut prendre la parole pour le complimenter et lui exposer
l'objet de son voyage. Mais il ne lui en laissa pas le temps
et lui dit à brûle-pourpoint et d'un ton bref : « Je sais le
motif de votre voyage. Je veux que l'on ouvre immédiatement les conférences. Je vous donne cinq jours pour signer
le projet de Concordat ; si, à l'expiration du cinquième
jour, les négociations ne sont pas terminées, je vous pré-
viens que vous devrez retourner à Rome, attendu que quant
à moi, j'ai déjà pris mon parti pour une telle hypothèse :
Je doterai le pays d'une religion nationale. » Il ajouta
même qu'il avait tous les moyens de le faire avec succès (2).

Telles furent les premières paroles que Bonaparte adressa
au cardinal. Puis il se tut, attendant sa réponse. Consalvi
dit alors que l'envoi fait par Sa Sainteté de son principal
ministre à Paris était une preuve de l'intérêt qu'elle mettait
à la conclusion d'un Concordat avec le gouvernement français et qu'il se flattait de l'espoir d'être assez heureux pour
le terminer dans l'espace de temps qu'il désirait. Ce lan-

(1) *Mémoires de Talleyrand,* t. I, p. 287.

(2) Le propos concernant la religion nationale ne figure pas dans
le compte-rendu que Consalvi nous a laissé de cette audience au
cours de ses Mémoires, mais il l'a rapporté dans sa dépêche au
cardinal Doria, en date du 23 juin 1801. D'autre part, Thibaudeau en fait mention dans ses *Mémoires sur le Consulat.* Ce n'est
pas d'ailleurs la seule variante qui existe entre les Mémoires de
Consalvi et sa dépêche diplomatique. Ainsi, dans cette dépêche, il
n'est pas du tout question de l'union du pape avec la Russie ; et
dans ses Mémoires il ne dit rien des paroles aimables que le
Premier consul lui adressa au cours de cette audience. Je me suis
donc servi pour en rendre compte des deux versions de Consalvi.

gage et l'attitude ferme et digne de Consalvi plurent assez
à Bonaparte qui, sur le champ, entra en matière et pendant plus d'une demi-heure, sans se départir une seule
minute de son impassibilité olympienne, parla devant
tout le monde sur le Saint-Siège, sur la religion, sur l'état
présent des choses et même sur les articles du projet de
convention que la Cour de Rome avait rejetés, — à voix
basse, sur un ton beaucoup plus doux, avec une abondance
inexprimable. Il lui dit notamment qu'il était étonné,
scandalisé de voir le pape s'unir avec une puissance non
catholique comme la Russie, au risque de mécontenter le
roi d'Espagne qu'il aurait au moins dû consulter avant
d'accéder à la demande de Paul Ier, relative au rétablissement des jésuites. Consalvi lui répondit froidement et avec
une très grande franchise qu'il était mal renseigné sur ce
fait, attendu que, si le Saint Père n'avait pas cru devoir
refuser à l'empereur de Russie le rétablissement des jésuites dans ses Etats, il n'avait pas agi sans la déférence
que lui commandaient sa paternelle affection et sa haute
considération pour le roi d'Espagne, et que la preuve en
était dans l'intervalle de plusieurs mois qui s'était écoulé
entre la demande du tsar et l'envoi de la bulle, laquelle
n'avait été expédiée qu'après que le pape se fût assuré que
la Cour d'Espagne n'y trouverait aucun sujet de plainte.

Après quelques réponses semblables de la part du cardinal, le Premier consul mit fin à cette première audience
en disant que l'on commencerait donc immédiatement les
négociations, vu les grandes affaires qu'il avait entre les
mains. Puis il le salua d'un petit signe de tête, revint en
arrière à la place qu'il occupait précédemment entre les
deux autres consuls, et Consalvi, s'étant incliné devant lui
comme il l'avait fait à son entrée, sortit de la salle, précédé
de Talleyrand qui le quitta à l'endroit même où il était
venu à sa rencontre. De là le maître des cérémonies l'ac-
compagna jusqu'à la porte du palais et le reconduisit à son
hôtel.

Le surlendemain (23 juin), Bernier soumit à Talleyrand
les observations faites par le cardinal sur le projet d'union
(n° vi) que Mgr Spina n'avait pas voulu signer. C'était un
premier succès pour le gouvernement, puisque le ministre

du pape abandonnait une partie des revendications de la
Cour de Rome ; aussi Bernier, disait il, qu'avec quelques
concessions de part et d'autre, on tomberait facilement
d'accord ; malheureusement les observations de Consalvi
portaient sur deux ou trois points où le gouvernement
croyait ne pouvoir rien concéder, sans danger et sans
inconséquence. Si le cardinal n'exigeait plus que le gouvernement protégeât la pureté du dogme ni celle de la
discipline, il demandait encore que le culte fût libre et
public et que tout acte du gouvernement contraire à ces
dispositions fût annulé ou réputé nul. Addition raison-
nable, prétendait Bernier, et qu'on pouvait, suivant lui,
parfaitement admettre. C'est pourtant celle qui rencontra
le plus d'opposition aux Tuileries et qui au dernier moment faillit déterminer une rupture définitive.

En ce qui concernait les diocèses de la circonscription
nouvelle, le cardinal exprimait le désir que le gouvernement s'en tînt à l'exhortation du Saint-Siège et qu'on
ne prononçât pas les mots « réputés vacants. » Et cela,
disait-il, afin de ne pas provoquer des résistances et des
discussions sur le droit de déclarer des évêchés vacants,
qui était attribué au Souverain-Pontife. Il désirait aussi
que le Premier consul déclarât professer la religion catholique, pour la même raison que l'abbé Bernier, c'est-à-dire
pour ne pas se faire une querelle avec les rois de Prusse et
d'Angleterre et l'empereur de Russie, auxquels Benoît XIV
avait refusé, par défaut de catholicité, le droit de nomination. Mais le comte d'Hauterive était d'avis que le
gouvernement ne pouvait condescendre à ce que l'agent
du pape exigeait sur ces deux points. Quant aux autres
changements, il ne voyait aucun inconvénient à les lui
accorder. Il faudrait seulement être attentif à la rédaction.

En résumé l'accord dépendait de peu de chose, et étant
donné les circonstances et les concessions mutuelles qu'on
s'était déjà faites, il semble qu'une transaction s'imposait
immédiatement sur les points en litige. Mais au lieu d'a-
vancer on revint subitement en arrière. Le gouvernement
ayant jugé à propos de soumettre à Consalvi un nouveau
projet de convention (1) qui ne différait guère du sixième

(1) Le 26 juin.

que par un préambule assez développé (1), le cardinal y répondit par un contre-projet (2) qui, selon l'expression de Talleyrand, faisait « rétrograder la négociation vers l'époque de ses premières difficultés ». Quelle était la cause de cette espèce de provocation, à l'expiration du délai fixé par Bonaparte ? Nous en sommes réduits aux conjectures. Consalvi avait-il reçu de nouvelles instructions de la Cour de Rome ? Regrettait-il déjà le peu de terrain qu'il avait cédé ? Non (3), mais il savait que Talleyrand était le centre de l'opposition gouvernementale, et, comme il venait d'apprendre qu'il était sur le pointde partir pour les eaux, il se flattait probablement de l'espérance qu'après son départ, l'abbé Bernier et lui triompheraient sans trop de peine de la résistance du Premier consul. Ce qui donne du poids à cette hypothèse, c'est que le curé de Saint-Laud avait approuvé le contre-projet du cardinal, qui avait si fortement irrité le ministre des Relations extérieures, et que, le 2 juillet, au cours d'une audience que le Premier consul lui avait accordée à la Malmaison (4), Consalvi avait été autorisé à discuter encore avec lui. Cette autorisation, pour un esprit aussi délié que le cardinal, équivalait dans la circonstance à une véritable capitulation. Car, si le curé de Saint-Laud était tenu à une certaine réserve dans ses rapports officiels avec le ministre du pape, il avait trop à cœur d'être agréable à la Cour de Rome, il était trop soucieux de ses propres intérêts, pour ne pas lui faire de temps en temps quelques confidences. Ses fameuses variantes permettaient toutes les suppositions à cet égard. Aussi ne peut-on s'empêcher de sourire, quand on voit Consalvi écrire au cardinal Doria qu'il faudrait un miracle pour ne pas faire naufrage. C'est le contraire qui

(1) Préambule qui avait été ajouté sur la demande de Consalvi et qu'on retrouvera quelque peu modifié dans le projet définitif.

(2) En date du 27 juin.

(3) Il reçut au contraire le 1ᵉʳ juillet un bref du pape, l'autorisant à admettre des changements non substantiels.

(4) Audience dans laquelle Bonaparte avait déclaré à l'agent du pape qu'il refusait la profession de foi, la publicité du culte et tout ce qui n'était pas conforme à la rédaction du projet (nᵒ VII) lequel venait, par ordre de Talleyrand, d'être reproduit comme ultimatum.

était la vérité. Il avait, en effet, cause gagnée à ce moment. Non seulement le ministre des Relations extérieures n'était plus là pour contrarier la négociation, mais le Premier consul était malade, et, comme il l'écrivait à Talleyrand, » l'état de malade est un moment opportun pour s'arranger avec les prêtres (1) ». — Il avait déjà cédé sur plusieurs points aux demandes de Consalvi, lorsque, mécontent de voir que dans les deux versions de son contre-projet le cardinal ne faisait aucune concession, il donna l'ordre à l'abbé Bernier de lui notifier immédiatement qu'il ne recevrait plus aucune note des négociateurs romains.

Mis en demeure d'accepter ou de rompre, Consalvi se décida enfin, d'accord avec Bernier, son compère, à présenter au Premier consul une troisième version de son contre-projet, où, dès le préambule, par une habileté consommée, il mettait dans la bouche du Souverain-Pontife non plus la profession de foi personnelle de Bonaparte mais la profession de foi particulière des trois consuls. Il insistait bien encore, dans quelques articles du projet, pour que le culte fût public, mais il reconnaissait l'obligation de se conformer aux mesures de police qui seraient jugées nécessaires, — clause restrictive à laquelle tenait tout particulièrement le Premier consul. Il acceptait l'ancienne formule du serment des évêques (2), étendu à tous les prêtres dans la même forme, et admettait à la communion laïque les prêtres mariés et ceux qui avaient abandonné leur état, sans pénitence publique, sans condition gênante ou infamante quelconque.

Les mariages des premiers, disait Bernier dans une lettre au Premier consul, seraient réhabilités sous le rapport de la religion. Mais on désirait ne pas faire de ce

(1) « Une maladie cutanée qu'il avait eue pendant le siège de Toulon et qu'alors on avait fait rentrer inconsidérément menaçait de lui attaquer la poitrine. Les médecins ayant employé les vésicatoires et d'autres moyens pour faire sortir cette humeur, il s'est trouvé sur le champ soulagé, et on a été délivré de toute inquiétude sur son sort... » (Lettre de Cobenzl à Colloredo, du 8 juillet 1801).

(2) La formule de ce serment qui est restée dans le Concordat définitif, a été imitée de la formule employée lors du sacre de l'archevêque d'Embrun en 1720, et reproduite dans le Diction naire de droit canonique de Durand de Maillane

cas de conscience la matière d'un contrat ou d'une convention. Cet article, d'ailleurs, conçu d'abord comme on l'avait voulu, n'exprimait pas ce qu'on désirait. Il fallait aviser non seulement à la rentrée dans le sein de l'Eglise, mais à la solidité des mariages faits, pour tranquilliser les épouses. Bernier ajoutait qu'il avait par écrit sur cet objet une promesse de la part du Saint-Siège et qu'il répondait au gouvernement de tout ce qu'il désirait. Aucun des prêtres dont il s'agissait n'aurait lieu de se plaindre. Tous seraient tranquilles sans s'avilir. Que voulait-on de plus ?

Le même jour (11 juillet), le curé de Saint-Laud adressait un mémoire au Premier consul dans lequel il s'efforçait de prouver qu'il y avait accord parfait entre la dernière version du contre-projet de Consalvi et les libertés de l'Eglise gallicane — et cela au moyen de citations empruntées aux canonistes les moins suspects d'ultramontanisme, à de Héricourt, Durand-Maillane et Brunet. Il y avait bien un ou deux articles (celui de la démission des évêques, par exemple), qui lui paraissaient outrepasser nos maximes, mais il s'en consolait en pensant que nécessité fait loi.

Dans cet état de choses, Bernier estimait que le Premier consul avait lieu d'être satisfait.

IV

Cependant, malgré le vif désir qu'il avait de conclure et
le prix qu'il attachait à ce que la convention portât la
date du 14 juillet, Bonaparte, au lieu d'adopter le dernier
projet de Consalvi, en arrêta lui-même un autre, le 12,
sur un nouveau rapport de d'Hauterive, en même temps
qu'il nommait son frère Joseph, Cretet et Bernier comme
plénipotentiaires pour « négocier, conclure et signer. » Et
il revint à Paris.

La conférence devait s'ouvrir le 13, à neuf heures du
matin, chez Joseph Bonaparte (1), hôtel Marbœuf, faubourg Saint-Honoré, mais les pouvoirs de la commission
française n'ayant pas été expédiés à temps, elle fut renvoyée à huit heures du soir.

Je pense donc que l'incident dont parle Consalvi en ses
Mémoires se produisit dans l'intervalle, et à l'hôtel de
Rome, au lieu de se passer, comme il le dit, chez Joseph
Bonaparte, à l'ouverture de la conférence.

« Un peu avant les quatre heures de l'après-midi, raconte
Consalvi, Bernier arriva, un rouleau de papier à la main,
rouleau qu'il ne développa point, mais qu'il dit être la copie
du Concordat à signer. Nous (2) prîmes la nôtre, ainsi qu'il
était convenu et nous allâmes ensemble à la maison du

(1) Il n'avait pas paru décent de faire la cérémonie de la signature d'un acte aussi solennel et aussi décisif dans un hôtel comme
celui du cardinal. (*Mémoires de Consalvi*).

(2) Mgr Spina et le P. Caselli qui devaient signer, du côté de
Rome, avec Consalvi.

citoyen Joseph (comme on disait alors), frère du Premier consul.

« Il me reçut avec les plus grandes marques de politesse. Quoiqu'il eût été ambassadeur à Rome, je n'avais pas eu l'occasion de lui être présenté, n'étant encore que prélat. Dans le peu de jours que je restai à Paris, je ne l'avais pas rencontré, en lui faisant une visite d'étiquette comme au frère du chef du gouvernement, car il se retirait assez souvent à la campagne. Ce fut donc la première fois que nous nous vîmes. Après les compliments d'usage, il nous engagea tous à nous asseoir autour de la table qu'on avait préparée à cet effet, et il dit aussi lui-même, comme avait fait l'abbé Bernier : « Nous en finirons vite, n'ayant rien autre chose à faire que de signer puisque tout est déjà terminé. »

« Assis autour de la table, on consacra un moment à la question de savoir qui signerait le premier. Il semblait à Joseph Bonaparte que cet honneur lui était dû comme au frère du chef de l'Etat. Je lui fis remarquer de la manière la plus douce et avec la fermeté nécessaire en cette rencontre, que ma qualité de cardinal et de légat du pape ne me permettait pas de prendre le second rang dans les signatures à apposer; que dans l'ancien régime de France, comme partout, les cardinaux jouissaient d'une préséance non contestée, et que je ne pouvais pas céder en un point ne regardant pas ma personne, mais la dignité dont j'étais revêtu. Je rends à Joseph cette justice, qu'après quelques difficultés, il fit retraite et de fort bonne grâce, et me pria de signer le premier. Il devait signer le second, puis le prélat Spina, le conseiller Crétet, le père Caselli, et enfin l'abbé Bernier.

« On mit la main à l'œuvre et j'allai prendre la plume. Quelle fut ma surprise quand je vis l'abbé Bernier m'offrir la copie qu'il avait tirée de son rouleau comme pour me la faire signer sans examen, et qu'en y jetant les yeux, afin de m'assurer de son exactitude, je m'aperçus que ce traité ecclésiastique n'était pas celui dont les commissaires respectifs étaient convenus entre eux, dont était convenu le Premier consul lui-même, mais un tout autre. La différence des premières lignes me fit examiner tout le reste avec le soin le plus scrupuleux, et je m'assurai que cet exemplaire non seulement contenait le projet que le pape avait refusé d'accepter sans ses corrections, et dont le refus avait été cause de l'ordre intimé à l'agent français de quitter Rome, mais, en outre, qu'il le modifiait en plusieurs endroits, car on y avait inséré certains points déjà rejetés comme inadmissibles avant que ce projet eût été envoyé à Rome.

« Un procédé de cette nature, incroyable sans doute, mais réel, et que je ne me permets pas de caractériser, — la chose, d'ailleurs, parle d'elle-même — un semblable procédé me paralysa la main prête à signer. J'exprimai ma surprise et déclarai nettement que je ne pouvais accepter cette rédaction à aucun prix. Le frère du Premier consul ne parut pas moins étonné de m'entendre me prononcer ainsi. Il disait ne savoir que penser de tout ce qu'il voyait. Il ajouta tenir de la bouche du Premier consul que tout était réglé qu'il n'y avait plus qu'à signer... qu'il arrivait de la campagne où il traitait des affaires d'Autriche avec le comte de Cobenzl ; qu'étant appelé précisément pour la cérémonie de la signature du traité, dont il ne savait rien pour le fond, il était tout neuf, et ne se croyait choisi que pour légaliser des conventions admises de part et d'autre...

. . . .

« Alors je me retournai vivement vers l'abbé Bernier et lui dis que nul mieux que lui ne pouvait attester la vérité de mes paroles ; que j'étais très étonné du silence étudié qu'il gardait sur ce point. Bernier, d'un air confus et d'un ton embarrassé, balbutia qu'il ne pouvait nier la différence des concordats qu'on proposait de signer, mais que le Premier consul l'avait ainsi ordonné, affirmant qu'on est maître de changer tant qu'on n'a point signé. »

A quoi Consalvi aurait répondu qu'il ne pouvait signer un tel acte expressément contraire à la volonté du pape et que, si de leur côté, ils ne pouvaient ou ne voulaient souscrire celui dont on était convenu, la séance allait être levée.

Ce récit est assurément plein d'intérêt, mais je doute que les faits se soient passés de la sorte. D'abord aucun des historiens qui se sont occupés du Concordat n'y fait la plus petite allusion ; ensuite Consalvi lui-même les raconte tout autrement dans sa lettre au cardinal Doria, en date du 16 juillet ; et j'ai plus de confiance dans une pièce diplomatique rédigée sous le coup des événements que dans des Mémoires où l'imagination, quand ce n'est pas le ressentiment ou le désir de se tailler un beau rôle, défigure trop souvent la vérité.

D'après sa lettre au cardinal Doria, Consalvi avait reçu le 13 juillet, à la première heure, deux billets confidentiels de l'abbé Bernier, qui, malheureusement, n'ont pas été retrouvés. Dans le premier, le curé de Saint-Laud l'informait de la nomination des plénipotentiaires français ; dans l'autre, il l'avisait que, deux heures plus tard, il viendrait le chercher pour le conduire chez Joseph Bonaparte. A ce dernier billet était annexée la minute du nouveau projet de convention que le gouvernement devait proposer à la signature des plénipotentiaires. Consalvi se hâta d'en prendre connaissance et fut tout étonné de voir que ce projet n'était autre que celui qu'il avait rejeté quelques jours auparavant, à deux ou trois articles près, comme le serment et la publicité du culte, qu'il avait admis dans sa dernière version. Il écrivit sur le champ à l'abbé Bernier qu'il ne signerait jamais un pareil projet de concordat, mais qu'il se réservait de le discuter depuis le premier jusqu'au dernier article dans la conférence qui allait s'ouvrir tout à l'heure. Peu de temps après Bernier arriva qui, d'une voix doucereuse, essaya de le rassurer, disant que tout cela se terminerait bien. Mais le cardinal n'en continua pas moins de lui exprimer son mécontentement et ses craintes. C'est dans ces pénibles circonstances qu'il se rendit avec Bernier à l'hôtel de Joseph Bonaparte. La discussion commença à huit heures du soir, et la surprise des plénipotentiaires français fut égale à celle qu'il avait éprouvée le matin, quand, au lieu d'apposer sa signature sur le projet de convention (n° VIII) qu'ils avaient entre les mains, il leur déclara qu'il ne pouvait signer que celui sur lequel il était tombé d'accord avec le Premier consul...

Telles sont les deux versions que Consalvi nous a laissés de cet incident. Laquelle est la plus vraisemblable ? Pour

moi, cela ne fait pas l'ombre d'un doute, c'est la version
de sa lettre au cardinal Doria. D'abord elle est plus conforme, je ne dis pas au caractère de Bernier, car avec des
hommes de cette trempe on ne peut jurer de rien, mais
au rôle de serviteur officieux qu'il joua envers la Cour de
Rome dans toute cette négociation. Ensuite elle est con-
firmée, en partie du moins, par les pièces officielles que
nous avons sous les yeux (1). Il résulte, en effet, des documents de la cause, que les plénipotentiaires français étaient
dans l'ignorance complète de ce qui s'était fait les jours
précédents, par l'intermédiaire de Bernier, entre le cardinal et le Premier consul; qu'ils n'eurent connaissance
du projet du gouvernement que dans la matinée du
13 juillet, et que Bernier, seul, avait été instruit la veille
des modifications apportées à la dernière rédaction du
plan de Consalvi. Encore Bernier qui, le 12 juillet, avait
écrit au Premier consul pour le prier de lui renvoyer le
projet du cardinal, avec son approbation, ne le reçut-il
que dans la soirée du même jour, entre onze heures et
minuit, des mains de Caillard, chef des archives du
ministère des Relations extérieures (2), qui lui commu-
niqua en même temps, de la part de Maret, le projet définitif du gouvernement. Mais l'intention du gouvernement
était si peu de tendre un piège à Consalvi, que Maret
disait dans sa note à Caillard : « La simple comparaison
de ces deux pièces fera connaître aux plénipotentiaires
français les motifs des changements que le gouvernement
a été forcé d'adopter. Le citoyen Bernier, qui est parfaitement au courant de cette négociation, donnera à la commission tous les éclaircissements dont elle pourra avoir
besoin. »

C'est donc probablement en vue d'éviter un incident qui
n'eût pas manqué de se produire à l'ouverture de la conférence, que Bernier s'empressa de communiquer confiden-
tiellement à Consalvi le nouveau projet du gouvernement.
Et du moment qu'il était prévenu, le cardinal n'avait plus
de raison de jouer, chez Joseph Bonaparte, la comédie de

(1) *Documents sur la Négociation.* T. iii, pp. 196-199.
(2) Chargé de l'intérim pendant l'absence de Talleyrand.

la surprise, encore moins de prendre à partie le curé de Saint-Laud.

Maintenant que s'était-il passé dans la soirée du 12 ? Il n'est pas difficile de le deviner. Bonaparte, en rentrant à Paris, avait transmis assez tard au ministère des Relations extérieures le projet de Consalvi et celui qu'il voulait lui substituer ; et séance tenante le comte d'Hauterive, d'après les instructions que lui avait laissées Talleyrand, avait modifié le projet du Premier consul et l'avait soumis à son approbation, tout en combattant, dans un vigoureux rapport, et les changements que le projet (n° vii) avait subis, du fait du cardinal, et le mémoire justificatif de Bernier en date du 11 juillet.

Le comte d'Hauterive estimait que la profession de foi personnelle des Consuls, introduite dans le préambule, portait atteinte aux principes qui n'admettent pas qu'un gouvernement puisse faire ou se laisser attribuer dans un acte souscrit par lui une profession de foi quelconque. Il estimait aussi que le mot « vacant » ne pouvait être omis sans inconvénient dans l'article qui concernait la démission des évêques, et que la suppression de l'article relatif aux prêtres ayant renoncé à l'état ecclésiastique était de la plus haute importance. « Cet article était fait pour concilier à la convention nouvelle une classe, plus nombreuse qu'on ne pense, d'hommes dont les uns sont à plaindre, et les autres à ménager. Les rigueurs dont le clergé constitutionnel les menace n'eussent servi qu'à faire ressortir davantage l'impartialité du gouvernement et la modération du Saint-Père, et une grande maxime d'indulgence presque philosophique, signalant le début du nouvel établissement religieux, l'eût rendu recommandable à toutes les opinions ». D'Hauterive croyait donc que le Premier consul était intéressé au rétablissement de cet article.

Tout en faisant grand cas de l'opinion de Talleyrand, Bonaparte ne tint compte des observations de d'Hauterive que sur deux points, savoir : la profession de foi particulière des Consuls et le mariage des prêtres. Mais comme la rédaction de son projet différait peu de celle du projet (n° vii) qui avait servi d'ultimatum, on peut dire que ce fut l'opinion de Talleyrand plutôt que celle du Premier consul qui fut discutée par les plénipotentiaires au début de la conférence.

Et à ce propos, je tiens à relever tout de suite une autre erreur commise par Consalvi dans ses Mémoires, ou par Crétineau-Joly, leur éditeur (1). D'après ces Mémoires, aussitôt après l'incident dont nous venons de parler, Joseph Bonaparte aurait proposé de mettre en discussion le plan déjà adopté de l'exemplaire de Consalvi pour éviter un éclat qui aurait irrité le Premier consul. La vérité, c'est que la discussion porta, comme je le dis plus haut, sur le nouveau projet du gouvernement (2). Mais les plénipotentiaires français étaient animés d'intentions si conciliantes, que l'accord finit par se faire sur le projet de Consalvi, après une discussion qui ne dura pas moins de vingt heures d'horloge. Comme cela arrive souvent, l'opposition ne vint pas de celui dont on pouvait l'attendre. Ainsi, Joseph, qui avait laissé à Rome la réputation, très justifiée d'ailleurs, d'un jacobin pur sang, se montra, dans la circonstance, prévenant, d'humeur facile et de bonne composition, tandis que Cretet (3) qui, par éducation et par tempérament était un modéré dans toute l'acception du terme, mit à défendre les grands intérêts qui lui étaient confiés une vigueur, une ténacité dont Bernier ne revenait pas. Il est vrai qu'il avait été stimulé, la veille, par le ministre intérimaire des Relations extérieures. Consalvi

(1) Ce ne serait pas la seule qu'aurait commise ce traducteur Nous verrons plus loin que, dans une circonstance solennelle, il met dans la bouche de Consalvi des paroles qu'il n'a point prononcées.

(2) Consalvi le reconnaît d'ailleurs dans sa lettre au cardinal Doria.

(3) Cretet, né au Pont de Beauvoisin en Dauphiné, le 10 février 1747, fit ses études chez les Oratoriens de Grenoble. Partisan de la Révolution, mais sans exagération, il fut nommé en 1795 député au Conseil des Anciens par le département de la Côte-d'Or, où il avait acquis beaucoup de biens nationaux entre autres la magnifique chartreuse de Dijon. Il y vota toujours avec la majorité constitutionnelle et ne s'occupa guère que des questions de finances et d'administration. Après le 18 brumaire auquel il prit une part active, il fut nommé conseiller d'Etat, directeur des Ponts et Chaussées, puis gouverneur de la Banque de France, enfin ministre de l'Intérieur. Il mourut le 28 novembre 1809 et fut enterré au Panthéon. (Bibliog. Michaud).

n'en obtint pas moins satisfaction sur la plupart de ses demandes. Mais quand on fut sur le point d'aboutir, après l'échange des pouvoirs et la rédaction en latin et en français du projet de la commission, Joseph eut un scrupule dont les conséquences possibles ne laissèrent pas d'inquiéter le cardinal. Etant donné les modifications substantielles qu'ils avaient apportées au projet du Premier consul, il se crut obligé de lui en référer avant la signature.

C'était courir le risque de tout remettre en question, d'autant que le cardinal Consalvi avait émis la prétention de réserver l'article des biens non aliénés pour le soumettre au pape. Et, en effet, dès que le Premier consul eut pris connaissance du projet de convention arrêté par les plénipotentiaires, il entra dans une violente colère et en jeta le manuscrit au feu. Puis, sur les observations que lui fit Joseph, il ne repoussa d'une manière absolue que deux des concessions faites à Consalvi : la première portait sur la publicité du culte ; la seconde sur la nomination des curés. Dans le projet de Bonaparte les articles qui réglaient ces matières étaient ainsi rédigés :

TITRE PREMIER. — Article premier. — La religion catholique, apostolique et romaine sera librement exercée en France. Son culte sera public, en se conformant toutefois aux règlements de police que le gouvernement jugera nécessaires.

TITRE IV. — Article 2. — Les évêques nommeront aux cures avec l'approbation du gouvernement.

Dans le projet des plénipotentiaires, ces articles étaient textuellement rédigés comme dans celui de Consalvi.

1° La religion catholique, apostolique et romaine, sera librement exercée en France. Les obstacles qui pourront encore subsister seront levés. Son culte sera public, en se conformant toutefois aux règlements de police que les circonstances de ce temps rendront nécessaires.

2° Les évêques nommeront aux cures. Ils ne choisiront les pasteurs qu'après s'être assurés qu'ils ont les qualités requises par les lois de l'Eglise et qu'ils jouissent de la confiance du gouvernement.

La différence, à première vue, était insignifiante, mais en y regardant de près elle était considérable. D'après la rédaction du Premier consul, la liberté du culte pouvait être restreinte à l'intérieur des églises et les lois qui empêchaient les processions et tout exercice extérieur, pouvaient être maintenues indéfiniment sous prétexte de ménager les justes susceptibilités des cultes dissidents. D'autre part, en subordonnant la nomination des curés à la seule approbation du gouvernement, le Premier consul entendait protéger les prêtres constitutionnels contre l'arbitraire des évêques qui pourraient être tentés de les exclure, s'il était admis en principe que, pour exercer les fonctions curiales, ils devraient avoir les qualités requises par les lois de l'Eglise.

On conçoit donc que Bonaparte ne voulût pas céder sur ces deux articles et que, de son côté, Consalvi se refusât à signer un Concordat qui tenait la religion catholique — même officiellement reconnue pour être la religion de la grande majorité des citoyens français — sous le joug odieux des lois révolutionnaires. Cependant il était impossible que ces deux hommes, après avoir fait un si grand pas l'un vers l'autre, se butassent au point de rompre sur un texte susceptible de retouche. C'est ce que leur fit comprendre l'ambassadeur d'Autriche dans la soirée qui suivit le dîner de gala donné le jour même par Bonaparte au palais des Tuileries, pour célébrer l'anniversaire du 14 Juillet.

Voici comment le cardinal raconte les choses en ses Mémoires :

« A peine étions-nous entrés dans le salon où se tenait le Premier consul, salon que remplissait tout un monde de magistrats, d'officiers, de grands de l'Etat, de ministres, d'ambassadeurs, d'étrangers les plus illustres invités à ce dîner, qu'il nous fit un accueil facile à imaginer, ayant déjà vu son frère. Aussitôt qu'il m'aperçut, il s'écria, le visage enflammé et d'un ton dédaigneux et élevé :

— « Eh bien, monsieur le cardinal, vous avez voulu rompre ! Soit. Je n'ai pas besoin du pape. Si Henri VIII, qui n'avait pas la vingtième partie de ma puissance, a su

changer la religion de son pays et réussir dans ce projet,
bien plus le saurai-je faire, et le pourrai-je, moi. En changeant la religion en France, je la changerai presque dans
toute l'Europe, partout où s'étend l'influence de mon pouvoir. Rome s'apercevra des pertes qu'elle aura faites, elle
les pleurera, mais il n'y aura plus de remède. Vous
pouvez partir, c'est ce qui vous reste de mieux à faire.
Vous avez voulu rompre, eh bien soit ! puisque vous l'avez
voulu. Quand partez-vous donc ?

— « Après dîner, général, répliquai-je avec calme (1).

« Ce peu de mots fit faire un soubresaut au Premier
consul. Il me regarda très fixement, et à la véhémence de
ses paroles je répondis, en profitant de son étonnement,
que je ne pouvais ni outrepasser mes pouvoirs, ni transiger
sur des points contraires aux maximes que professe le
Saint-Siège.

— « Dans les choses ecclésiastiques, ajoutai-je, on ne
peut faire tout ce qu'on ferait dans les choses temporelles
en certains cas extrêmes. Nonobstant cela, il ne me semble
pas possible de prétendre que j'aie cherché à rompre du
côté du pape, dès qu'on s'est mis d'accord sur tous les
articles, à la réserve d'un seul, pour lequel j'ai prié qu'on
consultât le Saint-Père lui-même ; car ses propres commissaires n'ont pas rejeté cette proposition.

« Plus radouci, le Consul m'interrompit en disant qu'il
ne voulait rien laisser d'imparfait, et que ou il statuerait
sur le tout ou rien. Je répliquai que je n'avais pas le droit
de négocier sur l'article en question, tant qu'il le main-
tiendrait précisément tel qu'il l'avait proposé, et que je
n'admettrais aucune modification. Il reprit très vivement
qu'il l'exigeait tel quel, sans une syllabe de moins ou de
plus. Je lui répondis que, dans ce cas, je ne le souscrirai

(1) Le cardinal Consalvi ne fit point cette réponse cavalière.
Et M. Boulay de la Meurthe en rétablissant le texte vrai de ses
Mémoires a pris le *traducteur* en flagrant délit de *trahison.*
Voici ce texte « *Voi potete partire, non essendoci altro da
fare. Avete voluto rompere, e sia pur cosi, giacchè lo avète
voluto.* »
« *A queste parole, dette in pubblico e con tuono il più forte,
risposi che io non potevo nè oltrepassare i miei poteri, nè con-
venire in cose che fossero contrarie ai principi che professa a
Santa Sede.* »

jamais, parce que je ne le pouvais en aucune manière. Il s'écria : « Et c'est pour cela que je vous dis que vous avez cherché à rompre et que je considère l'affaire comme terminée, et que Rome s'en apercevra et versera des larmes de sang sur cette rupture. »

« Tandis qu'il parlait, se trouvant proche du comte de Cobenzl, ministre d'Autriche, il se retourna vers lui avec une extrême vivacité et lui répéta à peu près les mêmes choses qu'à moi, affirmant plusieurs fois qu'il ferait changer de manière de penser et de religion dans tous les Etats de l'Europe, que personne n'aurait la force de lui résister, et qu'il ne voulait pas assurément être seul à se passer de l'Eglise romaine (c'est sa phrase); qu'il mettrait plutôt l'Europe en feu de fond en comble, et que le pape en aurait la peine et la faute encore.

« Puis il se mêla brusquement à la foule des conviés, répétant les mêmes choses à beaucoup d'autres. Le comte de Cobenzl, consterné, accourut de suite vers moi et se mit à me prier, à me supplier d'inventer quelque moyen pour détourner une pareille calamité. Il ne me dépeignait que trop éloquemment les conséquences certaines qui allaient en résulter pour la religion, pour l'Etat. Je lui avouai que je ne les voyais que trop, que je m'en désolais, mais que rien ne pourrait me faire souscrire à ce qui ne m'était pas permis. Il m'avouait qu'il comprenait parfaitement que j'avais raison de ne pas trahir mes devoirs, mais qu'il s'étonnait qu'on ne pût pas découvrir quelque moyen de conciliation, et tomber d'accord, quand il n'y avait plus qu'un seul article en litige. Je lui répondis qu'il était impossible de tomber d'accord et de se concilier, lorsqu'on prétendait obstinément ne pas retrancher ou ajouter une seule syllabe à l'article débattu, comme s'en exprimait le Premier consul, puisque dès lors on ne pouvait réaliser ce qui a coutume de se dire et de se faire en toute négociation, à savoir que, chacune des deux parties risquant un ou deux pas, on finissait par se rencontrer. On ouvrit dans ce moment la salle à manger, et on passa à table, ce qui rompit l'entretien.

« Le dîner fut court, et on s'imagine que je n'en goûtai jamais un plus amer. De retour au même salon, le comte de Cobenzl reprit avec moi la conversation interrompue. Le

Premier consul, nous voyant causer ensemble, s'approcha, et s'adressant au comte il lui dit qu'il perdait son temps s'il espérait vaincre l'obstination du ministre du pape, et il répéta en partie ce qu'il avait avancé précédemment, en y mettant la même vivacité et la même force. Le comte répondit qu'il le priait de lui permettre de déclarer qu'il rencontrait non de l'obstination dans le ministre du Souverain-Pontife, mais bien un sincère désir d'arranger les choses et un extrême regret de cette rupture mais que pour arriver à une conciliation, c'était au Premier consul seul d'en ouvrir la voie.

« — Et comment ? répliqua-t-il avec vivacité.

« — C'est, reprit le comte, d'autoriser une nouvelle séance entre les commissaires respectifs et de vouloir bien leur permettre de chercher les moyens d'introduire dans l'article en litige quelques changements propres à satisfaire les deux parties. Puis, ajouta Cobenzl, j'aime à penser que votre désir de donner la paix à l'Europe, comme vous me l'avez souvent promis, vous décidera à renoncer à cette détermination de ne souffrir aucune addition, aucun retranchement à cet article, d'autant plus que c'est vraiment une calamité de consommer une aussi regrettable rupture pour un seul article, quand on a combiné tout le reste à l'amiable.

« Ce discours du comte de Cobenzl fut accompagné de beaucoup d'autres paroles sortant très réellement de la bouche d'un homme de cœur, toutes pleines de politesse et de grâce, ce en quoi il était fort expert ; et il manœuvra avec tant d'esprit, que le Premier consul, après quelque résistance, s'écria : « Eh bien ! Afin de vous prouver que ce n'est pas moi qui désire rompre, j'adhère à ce que demain les commissaires se réunissent pour la dernière fois. Qu'ils voient s'il y a possibilité d'arranger les choses ; mais si on se sépare sans conclure, la rupture est regardée comme décisive, et le cardinal pourra s'en aller. Je déclare aussi que cet article, je le veux absolument tel quel, et que je n'admets pas de changements. » Et là-dessus il nous tourna les épaules. »

Ce récit dramatique contient quelques inexactitudes de détail, mais il établit — et c'est le point essentiel — que le cardinal avait, dès le 14 au soir, renoncé à ses prétentions sur l'article concernant la nomination des curés. Restait l'article de la publicité du culte sur la teneur duquel il demeurait inébranlable, bien que Mgr Spina et le P. Caselli lui eussent déclaré qu'aucun dogme n'était lésé par la rédaction du gouvernement. On dit que la nuit porte conseil. Après avoir examiné la question sous toutes ses faces, durant la nuit du 14 au 15, Consalvi jugea probablement qu'il s'était trop avancé pour pouvoir reculer, car il se présenta le lendemain chez Joseph Bonaparte avec les mêmes dispositions que la veille. Et ce n'est qu'après douze heures d'une discussion où tous les arguments furent épuisés de part et d'autre qu'il consentit, à titre de transaction et sur la proposition de Joseph, à accepter la rédaction suivante :

« La religion catholique, apostolique et romaine sera librement exercée en France. Son culte sera public, en se conformant aux règlements de police que le gouvernement jugera nécessaires *pour la tranquillité publique.* »

Il était deux heures du matin quand fut signé le Concordat (1).

« A la même heure, dit Joseph dans ses Mémoires, je devenais père d'un troisième enfant... »

(1) Les sceaux de chacun des plénipotentiaires furent disposés à gauche de leurs signatures, et dans l'ordre que nous avons vu plus haut, sur un ruban de soie tricolore.

V

Le lendemain, Consalvi fut reçu par le Premier consul avec la courtoisie la plus bienveillante.

« Sa Sainteté, dit le cardinal, a voulu prouver à la France et au monde qu'on calomnie le Saint-Siège lorsqu'on le dit mû par des motifs temporels. Elle a désiré aussi mettre les concessions et les sacrifices faits dans le Concordat à l'abri de l'accusation des méchants. Les méchants, en effet, auraient pu dire que ce n'est pas le bien spirituel, mais les avantages temporels qui ont déterminé ce traité de paix religieuse, si on voyait qu'à l'occasion du Concordat l'Eglise eût retiré quelque compensation ou quelque territoire (1). »

Quelques jours plus tard (le 27 juillet) le Premier consul répondit à Consalvi en donnant l'ordre à Murat de restituer Pesaro au pape et d'évacuer l'Etat romain, sauf Ancône, où les troupes françaises cesseraient d'être à la charge du Saint-Siège. C'est donc probablement à la suite de cette opération que les Romains, qui ont gardé l'habitude de résumer leur opposition dans une satire ou par un jeu de mots, colportèrent et affichèrent partout, au dire

(1) *Mémoires de Consalvi.*

de Crétineau-Joly, ce jugement qui, malgré son exagération, ne manquait pas d'une certaine justesse :

Pio (VI) per conservar la fede
Perde la sede
Pio (VII) per conservar la sede
Perde la fede.

NAPOLÉON BONAPARTE
P.ᵉʳ CONSUL DE FRANCE.

Philosophe profond, invincible Guerrier,
L'Olive sur son front embellit le Laurier.

CHAPITRE VIII

Opposition des philosophes et de l'abbé Grégoire au Concordat. — L'évêque de Blois fait ajourner par deux fois la question de la démission des évêques constitutionnels. — Son colloque avec Mgr Spina chez Joseph Bonaparte. — Attitude conciliante des autres évêques constitutionnels. — Bonaparte prévient Consalvi qu'il a l'intention d'en nommer quelques-uns. — Le Concile en se séparant, envoie une députation aux autorités constituées et rédige une adresse au Premier consul. — Observations de huit prélats constitutionnels sur la réduction des sièges, sur le meilleur moyen de donner aux églises de bons pasteurs, sur le droit de confirmer les élections aux évêchés et sur la publication des bulles, brefs et rescrits de Rome. — Bonaparte y reconnaît les vrais principes qui doivent animer les ministres d'une religion de paix. — Un courrier emporte le 3 août pour Rome le plan de circonscription diocésaine et le texte de la bulle. — Précis du style et dispositions que le Premier consul fait placer à la suite du projet de bulle. — La Congrégation romaine chargée de préparer le travail de ratification, se prononce à la majorité contre le texte des articles 1 et 13. — Les théologiens se divisent à leur tour. — Raisons dogmatiques et questions de personnes. — Intrigues de Maury et rancunes d'Albani. — Consalvi arrive à Rome, précédant le retour de Cacault de quelques heures. — Accueil qui lui est fait par le pape. — Si l'affaire manquait il était déshonoré. — Le pape rédige deux ratifications différentes. — Tous les actes accessoires du Concordat sont achevés et signés le 18 août, à l'exception de la circonscription diocésaine. — Talleyrand après en avoir pris connaissance, fait des réserves sur le Bref relatif aux prêtres mariés. — Le Bref « indirect » adressé aux évêques constitutionnels. — Violent dépit qu'en conçoit l'abbé Grégoire en découvrant longtemps après que le pape Pie VII leur avait adressé un Bref « direct ». — Première idée des articles organiques. — Difficultés qui s'opposent à la conversion du Concordat en loi de l'Etat. — Distribution des évêchés d'après la nouvelle circonscription diocésaine. — Justification de la Constitution civile. — Gages donnés par Bonaparte à la Cour de Rome. — Comment fut reçu le cardinal légat à son arrivée en France.

I

Consalvi dit dans ses Mémoires qu'à la nouvelle de la signature du Concordat, la joie fut générale, excepté

11

parmi les ennemis de la religion, joints au clergé constitutionnel (1). Cette exception ne s'appliquait guère qu'aux
philosophes et à l'abbé Grégoire, car dès le 15 juillet, la
question de la démission fut agitée dans le sein du Concile
national et ne fut ajournée que sur la motion de l'évêque.
de Blois. C'est encore lui qui, le 14 août, lorsque cette
question fut posée de nouveau, fit décider par le Concile
que les évêques attendraient pour donner leur démission
qu'elle leur fût demandée officiellement par le Souverain-
Pontife (2). Cette attitude de l'abbé Grégoire aurait été
maladroite s'il avait eu l'ambition, très légitime d'ailleurs,
d'être compris dans la nouvelle organisation diocésaine,
mais comme il n'était pas homme à subordonner ses principes à ses intérêts personnels, il avait fait le sacrifice de
son siège longtemps avant que la négociation fût sur le
point d'aboutir. Et c'est autant pour protester de l'immu-
tabilité de ses principes que parce qu'il n'attendait rien
de Rome, que, le 30 juillet, rencontrant Mgr Spina chez
Joseph Bonaparte, il se permit de lui dire, avec sa vivacité, sa véhémence ordinaire, que la diversité de leurs
opinions religieuses était un scandale qu'il était temps de
faire cesser, — que l'Eglise constitutionnelle avait sauvé
en France la religion de Bossuet dont il se réclamait — et
qu'un souverain-pontife véritablement animé de sentiments
paternels devait regarder les constitutionnels comme les
fils légitimes de l'Eglise.

Tout autres étaient l'attitude et le langage des collègues
de Grégoire. Non, certes, que le Concordat dont ils con-
naissaient au moins les bases par ses propres confidences (3), fût de nature à les satisfaire. Ils avaient dit
trop de mal de celui de 1516 pour penser du bien de celui-
ci qui ne valait guère mieux. Mais ils savaient gré quand
même au Premier consul d'avoir mis fin à une situation
sans exemple dans l'histoire de l'Eglise gallicane, et puis
la plupart d'entre eux, en se montrant prêts à démis-

<hr>

(1) *Mémoires de Consalvi*, t. i, p. 336.

(2) *Actes du second Concile*, t. ii, pp. 77 et 83, et t. iii, pp. 113
et suiv.

(3) Grégoire était tenu par Joseph et par Fouché au courant de
la négociation.

sionner, se berçaient de l'espoir de retrouver un siège (1). Est-ce que Bonaparte, quatre jours après la signature du Concordat, n'avait pas prévenu Consalvi, en audience particulière, qu'il avait l'intention de nommer quelques évêques constitutionnels? Joseph n'avait-il pas reçu l'ordre de continuer ses conférences avec le cardinal pour faire en sorte que ces évêques fussent éligibles comme les autres sans être obligés de se rétracter ? C'étaient là des gages précieux d'encouragement et de sympathie. Aussi n'attendirent-ils pas pour se séparer (2) que le Concordat fût ratifié à Rome et qu'ils eussent connaissance de la Bulle pontificale. Il suffit qu'on leur en exprimât le désir. Seulement, « comme une séparation aussi subite pouvait fournir des armes à la malveillance pour égarer le peuple, ils convinrent, sur la proposition de Desbois, évêque d'Amiens, d'envoyer une députation aux autorités constituées « afin de leur soumettre particulièrement cet objet ». Et les évêques de Rodez, de Lyon et de Rouen furent chargés de rédiger une adresse au Premier consul « pour lui témoigner leur reconnaissance de s'occuper des intérêts de l'Eglise de France. » Que si quelques jours plus tard et hors session, huit d'entre eux, et non des moindres (3), prirent la liberté de lui soumettre des observations sur le traité avec Rome, ce fut respectueusement et dans l'espérance qu'elles l'emporteraient « sur les vues d'économie qui pourraient lui être présentées. »

Ces observations portaient sur quatre points, savoir : 1º la réduction des sièges; 2º la meilleure voie pour donner aux églises de bons pasteurs ; 3º le droit de confirmer les

---

(1) De ce que le cardinal Consalvi s'était entretenu familièrement avec Prudhomme, évêque du Mans, qu'il avait rencontré par hasard au Muséum des Petits-Augustins, Dorlodot, évêque de Laval, tirait cette conclusion que le traité, en mettant fin à la division des deux clergés, était favorable à l'Eglise gallicane. (Queruau-Lamerie : *L'Église constitutionnelle du département de la Mayenne après la Terreur*.)

(2) La dernière séance du Concile eut lieu le 16 août.

(3) Ces huit prélats étaient : Cl. Le Coz, év. métrop. de Rennes ; H. Grégoire, év. de Blois ; Mich.-Jos. Dufraisse, év. de Bourges ; F.-X. Moyse, év. de Saint-Claude ; Jean-François Périer, év. de Clermont ; Jean-Bapt. Blampoix, év. de Troyes ; C. Debertier, év. de Rodez ; H. Reymond, év. de Grenoble.

élections aux évêchés ; 4° la publication des bulles, brefs et rescrits de Rome.

Sur le premier point, ils estimaient que la réduction des sièges, en empêchant les évêques d'en faire souvent la visite, priverait la République de ce puissant moyen d'opérer la réforme des mœurs et de rappeler le peuple à la soumission qui est due aux lois.

Sur le second point, ils persistaient à dire que la meilleure voie pour donner aux églises de bons pasteurs, est que le clergé et les fidèles se les choisissent, conformément aux règles canoniques. Si les circonstances exigeaient que pour un temps on s'en écartât, il leur paraissait nécessaire d'y revenir le plus tôt possible. « Toutefois, ajoutaient-ils, parce qu'il importe que tous ceux qui seront appelés aux premiers emplois ecclésiastiques soient agréables au gouvernement, nous verrions sans peine, lors même que les saints canons seraient remis en vigueur, que le choix ultérieur des sujets fût laissé au premier magistrat de la République sur une présentation que lui en feraient le clergé et les fidèles de chaque diocèse. » Et ils suppliaient le Premier consul « de ne pas permettre que ceux-là occupent des postes éminents dans l'Eglise qui, unis par l'ambition ou par des vues d'intérêt, intrigueraient eux-mêmes pour y être élevés, ou, par le même motif, auraient la lâcheté de trahir les principes auxquels la France et l'Eglise gallicane ont dû plus d'une fois leur salut. »

Sur le troisième point, tout en désirant que le droit de confirmer les élections aux évêchés fût attribué aux métropolitains, conformément à l'ancien droit ecclésiastique, ils acceptaient, si la sagesse du Premier consul en décidait ainsi, que les libertés de l'Eglise gallicane fussent momentanément voilées « mais d'un voile transparent qui les laisse toujours apercevoir, et qui soit un jour facile à déchirer. »

Enfin, sur la publication des bulles, brefs et rescrits de Rome, ils étaient d'avis qu'ils devaient continuer de parvenir aux évêques par la voie des métropolitains, et cela dans l'intérêt de la paix publique, pour arrêter la propagation de certains principes désastreux, dont la Cour romaine est imbue, et qui tendent à lui asservir les nations et à renverser toute discipline, tout bon ordre dans l'Eglise. »

Ces observations, venant après la lettre que Le Coz lui avait écrite pour lui notifier la clôture du Concile, ne pouvaient manquer d'être bien accueillies par le Premier consul. Aussi, quand il en eut pris connaissance, n'eut-il pas à regretter d'avoir invité à dîner deux ou trois jours auparavant tous les signataires de la lettre de Le Coz (1). Il y reconnut « les vrais principes qui doivent animer les ministres d'une religion de paix. »

(1) *Corresp. de Napoléon*, n° 5,706.

Le Premier consul désirait que la bulle du pape fût
publiée à Paris le 15 août, de manière que les nouveaux
évêques pussent entrer en fonctions avant la réunion du
Corps législatif, qui avait lieu le 1er frimaire, mais une
absence de Joseph Bonaparte rendit ce projet irréalisable.
Ce n'est que le 3 août que le courrier partit pour Rome
avec le plan de circonscription diocésaine et le texte de la
bulle. Ce texte qui avait été modifié (1) le 22 juillet, dans
une première conférence entre les plénipotentiaires, subit
encore de la part de Bernier, par ordre de Bonaparte, des
changements et additions (2). Et, comme le départ précipité
de Consalvi ne lui avait pas permis de rédiger et préparer les projets des brefs à adresser en France, tant pour
les prêtres mariés que pour les évêques constitutionnels,
le Premier consul fit placer à la suite du projet de bulle

(1) Les mots *motu proprio*, abhorrés par les anciens Parlements,
furent retranchés. La qualification d' « illicites », donnée au
mariage des prêtres le fut également. Il fut stipulé pour ces
prêtres qu'on observerait pour eux la bulle de Jules III. Cette
bulle leur permettait de garder leurs épouses, en abandonnant
leurs fonctions. La même chose fut stipulée pour ceux qui avaient
renoncé à leurs fonctions.

(2) Le Premier consul désirait que l'on supprimât les exemples
cités de Paul III et Jules III, qui auraient pu être mal interprétés.
Il trouvait que l'éloge des anciens évêques était trop fort et qu'il
y aurait un contraste trop frappant entre la démission qu'il exigeait
et les louanges qu'il accordait. Il désirait aussi qu'on ajoutât quelques lignes au passage concernant les prêtres constitutionnels pour
leur témoigner qu'on s'était occupé d'eux et que la réunion leur
était offerte.

« le précis du style et des dispositions qu'il désirait retrouver dans ces brefs (1) ».

Le Concordat arriva à Rome le 25 juillet et fut immédiatement confié avec les pièces de la négociation à Mgr di Pietro, chargé de préparer le travail de ratification. Mais, malgré le secret qu'on était convenu de garder sur la discussion, on sut bientôt que dans une congrégation particulière cinq cardinaux sur huit s'étaient prononcés contre le texte des articles 1 et 13, et que les théologiens à qui ce dissentiment avait été soumis s'étaient divisés à leur tour. Comme toujours, l'opposition se retranchait derrière des raisons dogmatiques, mais ici la question théologique se compliquait ouvertement d'une question de personne. Pendant que Maury intriguait auprès de ses amis du Sacré-Collége pour tirer vengeance de l'affront qu'il avait reçu du pape en se voyant interdire le séjour de Rome (2), Albani que Doria avait voulu remplacer par Carandini à la tête de la congrégation, pour être plus sûr de son silence, Albani, dis-je, ne songeait qu'à faire échec à Consalvi, qu'à tort ou à raison il rendait responsable de cette injure. En sorte que l'œuvre du cardinal risquait d'être démolie en son absence. Cette absence, heureusement, fut

(1) En ce qui concernait les prêtres mariés, le gouvernement désirait qu'ils ne fussent astreints à aucune pénitence ou humiliation publique, sauf néanmoins s'ils voulaient participer aux sacrements et suivre dans leur for intérieur les règles de l'Eglise, mais il prévenait Sa Sainteté que les catholiques français les verraient avec peine reprendre leurs fonctions en laissant leurs épouses. Le caractère de la nation s'y opposait. Ce que l'Angleterre avait admis en cela sous Jules III, n'était pas dans nos mœurs, et l'on doutait qu'une invitation à reprendre leurs fonctions fût bien accueillie du peuple français.

En ce qui concernait les évêques constitutionnels et leurs adhérents, le gouvernement déclarait qu'il ne souffrirait pas que le Saint-Siège exigeât d'eux la moindre rétractation, cette rétractation équivalant dans son esprit à un désaveu de la Révolution qu'il représentait. On ne devait leur demander que leur démission et l'acceptation pure et simple des principes que Sa Sainteté allait consacrer dans sa bulle et que le gouvernement avait reconnus dans la convention.

(2) Le cardinal Maury étant venu à Rome le 14 juillet 1801 pour assister au Consistoire des évêques — cérémonie à laquelle était attachée une assez forte rétribution — le pape l'avait prié de repartir tout de suite pour Montefiascone, afin de se conformer au désir que lui avait exprimé le gouvernement français.

de courte durée. A peine était-il arrivé à Florence, qu'il repartit pour Rome, précédé de quelques heures-seulement par Cacault, à qui Talleyrand avait envoyé l'ordre de rejoindre immédiatement son poste (1). Il avait appris de la bouche même de son « précepteur » — c'est ainsi que Pie VII appelait Cacault — que le Premier consul désirait avoir la ratification pour le 15 août, et quoiqu'il fût dans l'impossibilité de le satisfaire, vu le peu de temps dont on disposait, il avait brûlé les dernières étapes pour hâter le travail de la congrégation — et aussi pour défendre son œuvre. Car il savait que sa nomination au poste de secrétaire d'Etat et l'heureux résultat de sa mission à Paris lui avaient fait de nombreux jaloux dans le sein du Sacré-Collége, et il avait parfaitement conscience que « si l'affaire manquait, il était perdu et déshonoré ». Mais l'accueil que lui fit Pie VII à son arrivée dissipa tout d'un coup ses peurs. Ayant été obligé de garder le lit, à la suite d'une blessure qu'il s'était faite à la jambe en traversant la ville de Bologne, le pape vint travailler à côté de lui « dans l'agitation, l'inquiétude et le désir d'une jeune épousée qui n'ose se réjouir du grand jour de son mariage (2) ». Et lui qui, jusque-là, s'était toujours rangé à l'opinion du Sacré-Collége, il ne craignit pas d'aller jusqu'aux portes de l'enfer (3) en rédigeant, contrairement à son avis, deux ratifications différentes, l'une pure et simple, l'autre conditionnelle, dont il laissa le choix à la prudence, à l'habileté de Mgr Spina. Le 18 août tous les actes accessoires du Concordat étaient achevés et signés; seul, le remaniement de la circonscription diocésaine était ajourné jusqu'à ce que les évêques titulaires fussent mis en demeure d'y consentir. Cacault n'avait donc pas tort de dire que jamais il n'y avait eu à Rome de tels travaux accomplis avec autant de célérité.

(1) Arrivé à Florence le 4 août, à deux heures du matin, il en repartit la nuit même et parvint à Rome le 7, à trois heures du matin.

(2) Lettre de Cacault à Talleyrand. — *Documents sur la Négociation du Concordat*, t. III, p. 359.

(3) Crétineau-Joly raconte qu'après avoir cédé sur le chapitre de la démission des évêques, il ne put s'empêcher de s'écrier : « Nous voulons bien aller jusqu'aux portes de l'enfer, mais nous entendons nous arrêter là. »

Mais célérité n'est pas perfection. Lorsque Talleyrand eut dépouillé (le 29 août) toutes les pièces relatives à la convention ecclésiastique (1), il ne put s'empêcher de faire des réserves, sinon sur les deux modifications apportées au projet de bulle (2), au moins sur le bref relatif aux prêtres mariés. D'après lui, ce bref avait besoin d'être considérablement corrigé : il était plein d'expressions offensantes, qui en rendaient la publicité impossible, et sur ce point comme sur tous les autres, il estimait qu'on ne devait rien adopter qui ne pût être publié sans inconvénient. Par contre, Talleyrand ne trouva rien à redire au bref « indirect » adressé par le pape aux évêques constitutionnels pour les rappeler à l'unité. Il est vrai qu'il ne connaissait que celui-là, Mgr Spina s'étant bien gardé de communiquer au gouvernement français le bref « direct » qui lui avait été envoyé de Rome à toutes fins utiles. S'il avait eu vent de celui-ci, il est probable que ni lui ni les évêques constitutionnels ne se seraient contentés de la forme et des expressions de l'autre (3), car l'abbé Grégoire,

(1) Mgr Spina, après avoir pris l'avis de Bernier, n'avait remis au gouvernement que la ratification pure et simple.

(2) Dans le projet, le Saint-Père devait dire : « Au milieu de la joie que va ressentir l'Eglise catholique, de peur que nous paraissions manquer à aucune des mesures qui peuvent contribuer à réunir tous les esprits, nous avertirons et nous exhorterons avec la plus tendre effusion tous ceux qui ont occupé des sièges épiscopaux en France, sans avoir reçu l'institution de la part du Saint-Siège, à se confier à notre sollicitude paternelle, et à remplir le plus tôt possible le vœu de l'Eglise et du gouvernement, en se démettant de leurs sièges et en rejetant loin d'eux tout sentiment de division, comme nous l'expliquons plus amplement dans nos lettres apostoliques de ce jour. » — Dans la bulle, ce passage avait été modifié comme suit : « Au milieu de la joie que va ressentir l'Eglise catholique, et pour parvenir autant qu'il est en nous, par notre sollicitude pastorale, à opérer l'union de ceux-là même qui ont occupé des sièges épiscopaux et archiépiscopaux sans avoir reçu l'institution du Saint-Siège, nous les avertirons et exhorterons, avec la plus tendre effusion, à se confier à notre sollicitude paternelle et à remplir le plus tôt possible...... »

(3) On lit à ce propos dans l'*Essai historique sur les libertés de l'Eglise gallicane*, par l'abbé Grégoire, p. 179 : « Les archives du Vatican, qui avaient été apportées à Paris, renferment les correspondances officielles des papes. Quelle a été ma surprise, lorsqu'en compulsant le règne de Pie VII, je n'ai pas trouvé la minute de la circulaire que l'archevêque de Corinthe avait envoyée aux évêques assermentés. On y trouve une lettre que le pape lui écrit sous la

en apprenant longemps après la façon dont ils avaient été joués par Mgr Spina, ne put cacher son ressentiment et son dépit. Quoi qu'il en soit, le ministre des Relations extérieures ne voyait aucune nécessité et peu de convenance à ratifier la convention avant l'arrivée du cardinal Caprara qui, sur la demande expresse du Premier consul, venait d'être nommé légat *à latere*. Mais Bonaparte qui connaissait les préventions de Talleyrand, ne se laissa pas prendre à ses raisons spécieuses. Il était d'autant plus pressé d'en finir, qu'il s'était décidé au commencement d'août à communiquer le projet de convention au Conseil d'Etat, et qu'il savait gré au pape de l'avoir ratifié en si peu de temps. Aussi le ratifia-t-il à son tour, le 8 septembre (1), tout en se réservant de « pourvoir aux inconvénients majeurs qui pourraient résulter de son exécution littérale par des arrêtés particuliers (2) », autrement dit par les articles organiques.

Restait à convertir le Concordat en loi de l'Etat. Cette opération, en apparence si simple, rencontra pendant de longs mois encore, des difficultés inattendues. D'abord, il était indispensable que la nouvelle circonscription diocésaine fût approuvée par le Souverain-Pontife; ensuite, on estimait avec juste raison que la présence du cardinal-légat était nécessaire pour la mise à exécution de la con-

date du 15 août, avec la signature de la main de Pie VII, mais il n'y est question ni d'évêques ni de démissions. Il y a plus, cette correspondance officielle contient sous la même date : 1° une lettre ou bref, adressé par le pape aux évêques assermentés, et qui débute par ces mots : « *Venerabiles fratres, salutem et apostolicam benedictionem.* » A la fin est répétée la bénédiction apostolique. Rome à Sainte-Marie-Majeure, sous l'anneau du pêcheur, le 15 août. Cette pièce est suivie d'une autre, adressée aux mêmes évêques, avec une variante dans le texte ; mais comme la précédente, elle porte en tête et à la fin la *bénédiction apostolique*. Ces pièces sont imprimées et le même volume contient un double exemplaire de chaque édition. S. E. Mgr Spina pourrait nous dire comment il est arrivé que dans la correspondance de Sa Sainteté on trouve le bref paternel qu'elle adressait aux évêques assermentés, et qu'ils n'ont pas reçu, et qu'on n'y trouve pas la lettre que son nonce leur a envoyée? Pour résoudre ce problème, s'offre une conjecture plausible, mais odieuse. »

(1) L'échange des ratifications respectives de la convention eut lieu le 10 septembre entre Mgr Spina, Joseph Bonaparte, Cretet, le P. Caselli et l'abbé Bernier.

(2) Rapport de Talleyrand au Premier consul, du 29 août 1801.

vention ecclésiastique. Or, d'après les dernières nouvelles de Rome, le cardinal Caprara ne pouvait pas être à Paris avant les premiers jours d'octobre, et le courrier qui avait emporté à Rome le mémoire de Bernier sur la distribution des nouveaux évêchés, ne pouvait pas y parvenir avant la fin de septembre, puisqu'il avait quitté Paris le 12 de ce mois. De là un premier retard qu'il était impossible d'éviter.

Nous avons vu que la nouvelle circonscription diocésaine ne comprenait que dix métropoles et quarante évêchés. C'était peu, comparativement au nombre des sièges épiscopaux de l'ancien régime (1), mais outre que les circonstances actuelles commandaient la plus sévère économie, le Premier consul avait eu trois raisons de prendre pour base la division administrative de la France en départements et celle de l'ordre judiciaire en tribunaux d'appel, fixée d'après les lois du 28 pluviôse et 27 ventôse an viii. La première avait « pour but l'unité d'action exercée, d'un côté par la puissance civile, et par l'autorité ecclésiastique de l'autre, sur les mêmes hommes, dans les mêmes endroits et avec les mêmes limites, quoique chacune à leur manière. » La seconde, « la nécessité de choisir pour base ce qui avait été approuvé par des lois formelles, afin que si le Corps législatif devait un jour prendre connaissance de ce travail, il le trouvât plus conforme à ses vues. » La troisième enfin, était d'empêcher que les Français, membres d'un même diocèse, fussent assujettis à dépendre de deux tribunaux pour l'appel de leurs causes. Car, quoique la jurisprudence soit au fond la même en France, il est de fait que le même principe de décision souffre, en divers endroits des interprétations différentes, à raison de la diversité des opinions. » Bernier ajoutait à ces motifs ceux qui avaient « servi de principes à la répartition des tribunaux d'appel, savoir les relations d'un pays à l'autre, l'identité de caractère et d'inclination, le cours des rivières, la facilité des routes, les débouchés du commerce, l'apport et la vente des denrées, en un mot l'habitude contractée par les habitants de tel ou tel pays de se rendre, sans contrainte, dans tels ou tels endroits,

(1) Rappelons ici qu'il y avait avant la Révolution cent trente-cinq archevêchés et évêchés.

pour différents motifs d'intérêt, de commerce ou de loca-
lité. » Evidemment toutes ces raisons étaient excellentes,
et personne n'aurait eu l'idée qu'en les alléguant le gouvernement avait la prétention de confondre le spirituel
avec le temporel. Il n'en est pas moins vrai qu'elles justi-
fiaient la Constitution civile du clergé, car l'Assemblée
constituante n'en eut pas d'autres que je sache, pour
donner comme limites aux nouveaux évêchés celles des
départements. Aussi l'abbé Grégoire, une fois le Concordat
publié et mis en pratique, en tira-t-il cette conclusion que
ce traité consacrait leurs principes (1). A Dieu ne plaise
pourtant que je donne tort à Rome d'avoir approuvé la
nouvelle circonscription diocésaine ! Du moment qu'elle
avait ratifié le Concordat, elle ne pouvait faire autrement
que d'accepter, pour le présent tout au moins, la distribution des nouveaux diocèses , d'autant que le Premier
consul avait commencé à tenir les promesses qu'il avait
faites au cardinal Martiniana et à l'archevêque de Corinthe.
Après la signature de la convention, il avait rendu Pesaro
au pape et tout l'Etat romain sauf Ancône ; après la ratification, il lui fit verser trois cent mille francs pour payer
les dépenses de la garnison de cette ville pendant les derniers mois. Qui sait si une fois les évêques institués par le
cardinal-légat il ne lui rendrait pas les Légations, objet de
ses plus chers désirs ? En attendant, il donna ordre aux
préfets des départements que Caprara devait traverser, de
lui rendre les honneurs que l'on accorde à un ambassadeur extraordinaire. Il fit remettre par Talleyrand à l'abbé
Bernier une somme de vingt-quatre mille francs pour le
traiter d'une manière convenable (2). Enfin, le soir même
de l'arrivée du cardinal à Paris (4 octobre 1801) il lui fit
savoir par le curé de Saint-Laud que le grand hôtel de
Montmorency, déjà loué pour le loger avec toute sa légation serait dans quelques jours entièrement meublé et prêt
à le recevoir, et que des voitures et des chevaux étaient
également mis à sa disposition.

(1) Lettre de Grégoire à un curé de Lunéville, citée plus loin.
(2) *Corresp. de Napoléon.* Lettre du 30 septembre 1801.

CHAPITRE IX

Causes de la nomination de Caprara au poste de légat *à latere*. —
Désigné par le chevalier d'Azara et le comte de Cobenzl au choix
du Premier consul. — Ses instructions relatives au clergé constitutionnel et aux Légations. — Bonaparte lui déclare, en arrivant à Paris, qu'il nommera quelques évêques constitutionnels.
— Démission de ces évêques. — Savines seul refuse de se
démettre. — Caprara relève dans la lettre de démission des prélats constitutionnels des phrases du plus pur jansénisme — Le
Premier consul s'oppose à leur rétractation. — Sa note à
Chaptal à ce sujet. — L'évêque de Nancy dénoncé par Grégoire
au ministre de la Police générale — Cacault embrasse la cause
du clergé légitime et essaie d'y rallier Portalis. — Retard dans
l'envoi de la bulle de circonscription diocésaine. — Louis XVIII
et le cardinal Maury. — Sa lettre de protestation aux évêques
légitimes. — Comme quoi cette lettre trouva peu d'écho. —
Douze évêques réfugiés en Angleterre et vingt-et-un réfugiés en
Allemagne, refusent de donner leur démission. — Lettres de
démission des évêques de Marseille, Alais, Acqs, Senlis, Saint-
Claude et Saint-Malo. — M. Thiers compare l'entraînement
général à la nuit du 4 août. — Pendant ce temps-là, Caprara
insiste auprès de Bonaparte pour que les Légations soient rendues au pape. — Illusions du cardinal à ce sujet. — Impossibilités
matérielles de le satisfaire. — Réponses vagues du Premier
consul à ce sujet. — Bonaparte remet à Pâques la publication
du Concordat. — Erreur de Caprara relativement aux listes des
nominations épiscopales. — Comme quoi Portalis porta onze
constitutionnels sur sa première liste — Son rapport au Premier
consul. — Il prend la défense du clergé assermenté et trouve
utile qu'à Paris on choisisse l'évêque parmi les évêques constitutionnels. — Bernier, nommé évêque d'Orléans, avait demandé
la surintendance des affaires ecclésiastiques   Le Premier
consul apprend à Caprara qu'il nommera dix évêques constitutionnels. — Le cardinal refuse d'assister à Notre-Dame au *Te
Deum* de la paix d'Amiens entre le clergé constitutionnel et le
clergé légitime. — Subterfuge de Portalis pour lui faire prêter
malgré lui le serment des anciens légats *à latere*. — La céré-

monie des Rameaux à Notre-Dame. — Caprara installe canoniquement l'archevêque de Paris et sacre Bernier, Cambacérès et
de Pancemont. — Les évêques constitutionnels refusent de
signer la lettre de rétractation que le cardinal leur présente. —
Comment il se résigne à leur donner l'institution canonique. —
Mensonge de Bernier et de Pancemont à ce sujet. — La cérémonie du Concordat. — Etat de l'église Notre-Dame et de l'archevêché. — Le Premier consul ordonne au clergé de la cathédrale de n'encenser que lui. — La tribune de Joséphine est
occupée par la belle-mère de Moreau. — Petite cause et grands
effets. — Tout le monde a le pressentiment qu'un nouvel ordre
de choses commence.

I

Le cardinal Caprara était dans son évêché de Iesi, tout
occupé à réparer les brèches de sa fortune (1), quand il
reçut la lettre de Consalvi, en date du 12 août, l'adjurant
de se rendre en France en qualité de légat *a latere*. Il
accepta sans hésiter, moins par ambition que par dévouement, car il commençait à se faire vieux et il était affligé
de plus d'une infirmité gênante (2) ; mais, étant donné ses
relations de famille (3) et les missions difficiles qu'il avait
remplies sous le pontificat de Pie VI, il se flattait d'être
utile encore à l'Eglise, et il était persuadé qu'en l'envoyant
à Paris le pape Pie VII — plus juste en cela que son prédécesseur — le récompensait des services qu'il avait rendus
à la religion catholique dans ses nonciatures de Lucerne
et de Vienne. Ce n'étaient pourtant pas les raisons qui
avaient déterminé son choix. Tout au contraire. On lui
reprochait d'avoir été trop faible à Vienne dans les démêlés
de Pie VI avec Joseph II, et l'on craignait, Consalvi surtout, qu'il ne fût au-dessous de sa tâche dans la mission
de confiance dont il allait être chargé près du Premier
consul. Mais le moyen de résister à Bonaparte ? C'est lui
qui, sur la recommandation du chevalier d'Azara et du
comte de Cobenzl, avait désigné depuis longtemps le car-

(1) Il avait été dépouillé par les Français de toutes ses abbayes.
(2) C'était un homme de 68 ans, ayant la vue extrêmement
faible et étant sérieusement incommodé d'une descente. Il était né
à Bologne en 1733.
(3) Il appartenait par sa naissance à la puissante maison de
Montecuculli.

dinal au choix du pape (1), et dans l'espèce son désir équivalait à un ordre.

Arrivé à Rome dès le 20 août, il ne partit cependant pour Paris que dans la seconde quinzaine de septembre. Les causes de ce retard ? Elles étaient de différente nature. Il y avait d'abord à préparer le voyage du cardinal-légat et de toute sa suite, et, quelque éclat qu'on voulût donner à sa mission, on se demandait encore à la fin du mois d'août si le déplorable état des finances pontificales lui permettrait de voyager autrement que *in forma pauperum*. Ensuite Cacault faisait tous ses efforts pour que le cardinal emportât avec lui la bulle de la nouvelle circonscription diocésaine. Enfin, le cardinal Consalvi qui connaissait mieux que personne le terrain glissant sur lequel le légat du pape était appelé à négocier, s'occupait de lui rédiger des instructions extrêmement précises.

Ces instructions concernaient à la fois le spirituel et le temporel. D'une part, le cardinal Caprara devait empêcher coûte que coûte la nomination des prélats constitutionnels aux nouveaux évêchés ; d'autre part, il ne devait pas se lasser de réclamer les Légations.

Sur le premier point, il n'y avait pas d'illusion à se faire. Bonaparte avait annoncé le 8 janvier 1801 à Mgr Spina et répété à Consalvi à diverses reprises que son intention était de nommer évêques quelques prélats constitutionnels. Les circonstances n'ayant pas changé depuis, ses dispositions étaient restées exactement les mêmes. Aussi Caprara ne fut-il qu'à moitié surpris de l'entendre lui dire, le surlendemain de son arrivée, que pour couper court à leurs réclamations (2), il pensait choisir parmi les constitutionnels un tiers environ des nouveaux évêques.

(1) « Le chevalier Azara a insinué à Bonaparte de demander au pape pour cette mission extraordinaire le cardinal Caprara, évêque de Iesi, son ami, l'ami des Français par la protection desquels il se flattait de devenir pape, l'ami du feu prince Kaunitz, homme souple, faible, dépourvu de toute connaissance théologique. » (*Corresp. du cardinal Maury*, t. II, p. 140).

(2) Après la clôture du Concile, quelques-uns d'entre eux restèrent à Paris où ils intriguèrent pour être compris dans la nouvelle organisation diocésaine. De ce nombre était Dorlodot, évêque de Laval, dont le siège devait être supprimé, et Barthe, évêque d'Auch, qui, en faisant parvenir au Premier consul, à la date du

Ce chiffre varia bien un peu dans la suite, puisqu'au lieu d'un tiers Bonaparte n'en prit qu'un cinquième et qu'il appliqua cette proportion au clergé constitutionnel du second ordre. Mais à aucun moment de la négociation il ne berça le légat de l'espérance qu'il sacrifierait complètement les « intrus » sur l'autel de l'orthodoxie. La seule promesse qu'il lui fit dès la première audience, c'est qu'il les obligerait à se soumettre au Concordat conclu avec le Saint-Siège; et il tint parole, puisque le 12 cotobre, c'est-à-dire huit jours après son arrivée, deux secrétaires du Concile allèrent porter au cardinal les démissions de tous les évêques constitutionnels, à l'exception de Savines (1). A la vérité, la lettre qui les accompagnait n'était pas rédigée selon la formule envoyée de Rome et l'on y pouvait relever « des phrases du plus pur jansénisme », si le jansénisme consiste à se réclamer de *la foi des apôtres* et à distinguer entre les canons et décrets du pape et ceux de l'Eglise (2). Mais en disant qu'il les obligerait à se soumettre au Concordat, le Premier consul n'avait pas entendu parler de soumission au Saint-Père, encore moins de rétractation. La preuve en est que, le 1er novembre, il dit à Caprara qu'il y aurait de l'orgueil à la demander (la soumission), et de la lâcheté à la sous-

6 fructidor an x, les deux volumes des éléments de théologie qu'il enseignait à l'Université de Toulouse « dès les premières lueurs de la liberté » lui écrivait : « Vous serez bien aise, je l'espère, de trouver dans ces faibles productions, une solution anticipée des difficultés qui vont en ce moment agiter les esprits à l'occasion du rétablissement du culte et d'y voir que ce que vous faites, les Clovis, les Childebert, les Clotaire l'ont fait dès l'origine de la civilisation des Français. » (*Arch. nat.* F. 7, 7901.)

(1) Et non Saurine, comme le dit M. Thiers. L'ancien évêque de Viviers motiva ainsi son refus :·« On a tant crié que nous étions *intrus;* j'appartiens à l'ancien et au nouveau régime; nous verrons quel sera l'*intrus* qui osera, sans mon aveu, gouverner mon diocèse. »

(2) Voici leur lettre : « Très Saint-Père, il n'est ni sacrifices, ni démarches, ni privations qui coûtent au cœur d'un évêque, quand le bien de la religion et l'amour de la paix les exigent. Pénétrés de ces religieux sentiments, nous déclarons donner librement, purement et simplement la démission de nos sièges. Nous vouons à Votre Sainteté, comme successeur légitime de saint Pierre, obéissance et soumission, conformément aux canons et aux saints décrets de l'*Eglise.* Nous adhérons à la convention relative aux affaires ecclésiastiques de France et aux principes que V. S.

crire (1). Ce n'était pas d'ailleurs la première fois qu'il s'exprimait à cet égard avec cette brutale franchise. Dès le 20 juillet 1801, avant le départ de Consalvi pour Rome, il écrivait à son frère Joseph qu'on ne pouvait exiger cela des constitutionnels « sans les déshonorer et sans compromettre l'autorité temporelle qui les a toujours appuyés, surtout l'Assemblée constituante (2). » Et quand tout fut réglé, après comme avant la promulgation du Concordat, il continua de se montrer intraitable sur la question des rétractations. Ainsi, le 7 juin 1802, en pleine réorganisation des diocèses, en même temps qu'il priait Chaptal d'écrire une circulaire à tous les préfets pour leur faire connaître qu'on ne devait exiger aucune rétractation ni des évêques constitutionnels ni des autres (3), il lui fit passer la note suivante que je reproduis *in extenso*, en raison de son importance :

« Ecrire à l'évêque d'Osmond (4) que je suis extrêmement

et le gouvernement y ont consacrés. Notre foi est celle des apôtres. Nous voulons tous vivre dans le sein de l'Eglise catholique, apostolique et romaine. *Tels sont* nos sentiments, nos principes et nos vœux. Nous prions V. S. d'en agréer le témoignage et d'y joindre sa bénédiction apostolique. »

Cependant, s'il faut en croire les *Annales de la Religion* (t. xii, pp. 568-69), quelques évêques seulement auraient signé cette formalité telle quelle. Les autres, et c'est le plus grand nombre, auraient signé ce modèle 1° en changeant de concert avec le gouvernement le mot « de l'*Eglise* » en celui de S. S., parce que c'était supposer, suivant eux, que le pape était l'Eglise ; 2° en ajoutant à ces mots *tels sont* ces autres mots « *et ont toujours été.* ». Vainement le cardinal Caprara leur aurait fait remarquer que les mots « *conformément aux canons et aux saints décrets de S. S.* » semblaient supposer qu'on pourrait craindre que le pape n'ordonnât quelque chose de contraire aux canons, ils ne voulurent pas en démordre.

(1) D'Haussonville : *L'Eglise romaine et le premier Empire,* t. i, p. 150.

(2) *Corresp. de Napoléon* n° 5643.

(3) « Le passé est le passé, disait-il, et les évêques et les préfets ne doivent exiger des prêtres d'autre déclaration que celle qu'ils adhèrent aux lois organiques, qu'ils sont dans la communion de l'évêque nommé par le Premier consul et institué par le pape. »

(4) M. d'Osmond, évêque de Nancy, avait été dénoncé à Fouché par l'abbé Grégoire comme en témoigne la lettre suivante adressée par l'ancien évêque de Blois à un curé de Lunéville : « ... D'après les dispositions pacifiques qu'on attribuait à M. d'Osmond, votre nouvel évêque, je luis écrivis dernièrement pour lui parler de

mécontent des rétractations qu'il exige dans son diocèse ; que les prêtres constitutionnels n'ont à se rétracter de rien ; que dès l'instant qu'ils reconnaissent le Concordat ils sont, par là seul, dans l'union de l'Eglise ; que déjà sa conduite dans le département produit le plus mauvais effet ; qu'elle est donc contraire à la politique et à la charité :

« 1º A la politique, puisque c'est renouveler toutes les querelles qu'on veut étouffer ; puisque c'est attaquer tout l'Etat ; puisque c'est se mettre dans le cas que l'Eglise de Rome exige la même chose pour les libertés de l'Eglise gallicane, qui dérivent des mêmes principes qui font que le

vous, de M. ··· et il s'empressa de me répondre par une lettre très honnête ; mais depuis cette époque j'ai appris des choses qui démentiraient la bonne opinion qu'on en avait conçue. L'estimable M. André a reçu de Saint-Dié la copie d'une lettre de M. d'Osmond à deux fanatiques de Saint-Dié (Thumery et Mathieu) dans laquelle il se montre comme un homme très partial et rempli des préjugés réfractaires. En conséquence je me propose de lui écrire demain en l'invitant de désavouer cette lettre, sinon je le dénoncerai au ministre de la Police générale. Ce ministre a toujours été l'ami du clergé constitutionnel ; il vient d'écrire une lettre à tous les préfets, par laquelle il tance avec fermeté et à l'avance, tous les évêques qui s'aviseraient d'établir des préférences ou des exclusions, qui voudraient exiger des ecclésiastiques autre chose que la soumission pure et simple ; la conscience s'y oppose ; c'est, comme je l'avais marqué à M. d'Osmond, un attentat contre la conscience, un acte d'hostilité contre le gouvernement : alors annoncez-lui que vous allez dénoncer le fait au ministre de la Police générale et dites-lui que c'est moi qui vous en ai donné le conseil ; en même temps, vous me préviendrez à cet égard afin que j'en parle au ministre. Ainsi, aucune promesse, aucune signature de quoi que ce soit, où il pourrait être question de la Constitution civile du clergé. Ce serait un piège des réfractaires ; mais seulement ce qu'exige le gouvernement, c'est-à-dire la soumission pure et simple au Concordat. Les réfractaires sont enragés parce qu'ils voyent leur cause perdue, car le Concordat exige un serment plus fort que celui que nous avons prêté ; il consacre avec raison nos principes sur la vente des biens nationaux, sur le mariage, les libertés de l'Eglise gallicane, etc., etc. Partout où les dissidents le peuvent, ils se vengent sur les personnes, parce que leur amour-propre est humilié d'avoir perdu leur cause sur les principes ; partout où il y aura des évêques constitutionnels, les choses iront à merveille, comme à Strasbourg (où fut nommé Saurine), à Besançon surtout où les réfractaires avec un évêque dissident à leur tête sont venus respectueusement avec les braves constitutionnels au-devant de M. Le Coz qui est chéri, tandis qu'à Rouen, l'archevêque Cambacérès, parent du Consul, s'est montré fort mal et y est détesté. Les constitutionnels lui ont tenu tête et l'archevêque a été forcé de plier. Faites de même si l'on vous tracasse et publiez ma lettre sur les toits. » (*Arch. nat.* A F IV, 1044).

Souverain se mêle, en France, des matières ecclésiastiques ; parce qu'enfin en cherchant ce qui s'est fait, il arrive, par une suite naturelle, que les magistrats de la République sont induits aussi à chercher ce qu'ont fait en pays étranger les individus qui ont agi contre elle ; que les affaires actuelles du clergé ne sont le triomphe d'aucun parti, mais la conciliation de tous ;

« 2° Contraire à la charité, en ce que ce qui n'est pas de droit divin ou de stricte nécessité pour le salut des âmes ne doit pas être fait lorsqu'il doit porter du trouble ;

« Qu'enfin il sait parfaitement que les évêques mêmes qui ont professé et exercé sans l'institution du Saint-Siège n'ont pas fait eux-mêmes la rétractation, et que le gouvernement regardant un homme qui se rétracte comme un homme déshonoré, n'eût certes pas confié l'administration d'un diocèse à un homme qui se fût rétracté (1) ; qu'enfin la seule chose qu'ont faite les constitutionnels, c'est de reconnaître l'organisation actuelle du clergé et de recevoir avec le respect qu'ils devaient l'institution canonique ; que, si tous les prêtres constitutionnels eussent, comme ceux qui ont émigré, craint les échafauds de la Terreur, pour se sauver en pays étranger, il ne fût pas resté en France de trace, ni même de tradition de religion ; et cela est si vrai que beaucoup de prêtres constitutionnels, et nommément Gobel, évêque de Paris, sont morts martyrs (2) dans l'exercice de leurs fonctions ; qu'enfin pour avoir le droit d'aller rechercher ce qu'ont fait les prêtres constitutionnels dans les moments de trouble, il fallait y avoir été. »

Voilà donc un point parfaitement éclairci : Bonaparte était opposé à toute soumission comme à toute rétractation de la part des constitutionnels. Pourquoi donc Caprara s'obstina-t-il à l'exiger jusqu'à la fin ? Parce que ses instructions étaient formelles, qu'il avait défense de donner l'institution canonique aux « intrus » s'ils ne se réconciliaient au préalable avec le Souverain-Pontife, et qu'il

(1) C'est pourtant ce qu'il fit en confiant l'administration des diocèses de Versailles et d'Angers à Charrier de la Roche et Montault. Il est vrai que leur rétractation avait été tenue secrète.
(2) Bonaparte n'aurait pas dû nommer Gobel qui mourut sur l'échafaud après avoir abdiqué ses fonctions.

savait par Consalvi que notre ministre de France à Rome appuyait de tout son pouvoir les prétentions de la chancellerie romaine. Car, ce n'est pas la chose la moins curieuse de toute cette négociation, Cacault, après avoir converti le cardinal secrétaire d'Etat à sa manière de voir, avait fini par embrasser la sienne et faisait bon marché du « catholicisme bâtard » de son ancien collègue Grégoire.

« Je dois à la justice et à la vérité, écrivait-il à Portalis, de vous certifier que le Saint-Père et le secrétaire d'Etat agissent de la meilleure foi et avec le plus sincère désir de contenter le Premier consul ; ils ont le même intérêt que nous à l'accomplissement de la pacification et de la réconciliation. Le pape a déclaré constamment au Sacré-Collège qu'il était résolu d'accorder au gouvernement français tout ce qu'il demanderait, pourvu que la demande ne blessât ni les principes ni le dogme ; mais le Saint-Père a été nourri et élevé dans un cloître, et s'est uniquement appliqué toute sa vie à l'étude de la théologie, en ecclésiastique dont la foi est sincère et la vie toute chrétienne. Il descendrait du trône pontifical pour aller au martyre plutôt que de ratifier une doctrine erronée aux yeux de l'Eglise.

« Le pape, continuait Cacault, me paraît croire qu'il vaudrait mieux que le Premier consul, dans ses premières nominations, ne choisît aucun des anciens évêques ni aucun des constitutionnels, plutôt que d'en placer de l'un et de l'autre parti. On pense à Rome que ce qui a été fait en France par rapport aux préfets ne peut pas directement s'appliquer aux évêques. Le Premier consul a réuni tous les partis et choisi dans toutes les opinions ; il a placé à la tête des départements beaucoup de personnes qui n'avaient pas marqué dans la Révolution aux mêmes époques, et qui peut-être s'étaient réciproquement persécutées. On soutient ici que la même chose ne pourrait réussir à l'égard des évêques, parce qu'en matière de religion on ne connaît que l'unité. Tous les jours on peut renoncer à une opinion politique. Un préfet est l'organe d'une loi écrite et précise. Il peut subordonner sa pensée particulière au commandement qui lui est transmis. Un évêque est et doit être partout le même. Il doit avoir la considération et l'estime de son troupeau et toute sa confiance en matière de foi. Pourquoi un département aurait-il un évêque d'un parti religieux et le département voisin en aurait-il un autre d'une opinion opposée? Comment parvenir ainsi à la tranquillité sur le dogme?... Je ne saurais saisir en quoi consistent l'hérésie des jansénistes et les différences d'opinion entre mon ancien collègue au corps législatif Grégoire et le Saint-Père. Je ne connais pas bien les règles qui doivent gouverner le monde catholique ; mais enfin Grégoire n'est pas pape, et c'est le pape dont l'autorité est établie pour décider ces questions. Après des secousses et des convulsions comme les nôtres, qui ne sent que le rétablissement de l'ordre ne peut naître que de l'obéissance? A qui faut-il qu'elle soit rendue en matière de religion? Est-ce à Pie VII ou à l'abbé Grégoire?... Bonaparte a marché une fois sur Rome bien malgré lui. Il ne voudra point faire la guerre à des chasubles (1).

Mais Portalis à qui Bonaparte avait confié la direction des Cultes et qui, quoique imbu des doctrines gallicanes, partageait au fond les idées de Cacault, Portalis n'avait pas la force nécessaire pour les soutenir devant le Premier consul. L'aurait-il eu, qu'il n'aurait pas réussi davantage à le convaincre, — car lorsque Bonaparte avait pris un parti dans une matière quelconque, il était impossible de l'en faire démordre, — et il arriva plus d'une fois à Portalis de recevoir des reproches à cause de sa tiédeur (2).

(1) D'Haussonville : *L'Eglise romaine et le premier Empire*, t. I, pp. 162-164.

(2) Portalis (Jean-Etienne-Marie), né au Beausset le 1er avril 1746, mort à Paris le 25 août 1807, appartenait à une famille de haute bourgeoisie établie en Provence depuis le commencement du seizième siècle. Comme la plupart des libéraux qui ont joué un rôle dans les assemblées révolutionnaires, il avait fait ses études chez les Oratoriens, mais il était plus gallican que janséniste et plus expert en droit civil qu'en droit canon. C'est ainsi qu'il faut expliquer son peu d'empressement à défendre la cause des évêques constitutionnels.

Cependant le 18 brumaire approchait. C'était le jour que le Premier consul avait choisi pour publier la nomination aux nouveaux sièges épiscopaux. Aussi était-il impatient de recevoir la bulle de circonscription diocésaine et disait-il tout haut que « sauf la personne sacrée du Saint-Père, les gens de Rome, tant présents qu'absents, s'entendaient pour le jouer. »

Pour le jouer, non ! la Cour de Rome n'apportait aucune mauvaise volonté dans la circonstance ; mais Pie VII ne voulait pas envoyer la bulle à Paris avant d'avoir reçu la réponse des évêques titulaires à la demande de démission qu'il leur avait adressée, et, étant donné la dispersion de ces évêques, leur éloignement du centre de l'unité, et aussi les intrigues de Louis XVIII, il n'était pas étonnant que leur réponse se fît attendre.

Louis XVIII ne connaissait pas exactement la teneur du Concordat, mais ce qu'il en avait appris par le cardinal Maury ou par d'autres suffisait pour le rendre extrêmement perplexe. « Si la grande majorité des prélats de son royaume est déterminée à tenir ferme dans la ligne des principes, écrivait-il au cardinal le 25 août, Sa Majesté bravera tout pour soutenir cette noble résolution, mais si la majorité est douteuse, bien plus encore si elle vient à dévier, le roi en prenant le parti de soutenir la minorité n'exciterait-il pas lui-même le schisme qu'il redoute, et dans ce cas ne vaudrait-il pas mieux courir les chances (favorables pour la monarchie) qu'offre le prétendu Concordat, par l'augmentation de pouvoir qu'il donne aux évêques sur le clergé du second ordre ? » Louis XVIII hésitait donc à protester solennellement contre « les actes de violence arrachés au pape par le gouvernement usurpateur », quand il fut informé que sur les dix-neuf évêques refugiés en Angleterre douze avaient écrit au pape qu'ils refusaient de donner leur démission. Ce refus collectif (1) lui traça sa règle de conduite, et voici la protestation qu'il adressa de Varsovie (2) le 6 octobre, à tous les évêques de « son » royaume :

« Louis, par la grâce de Dieu, roi de France et de Navarre, à tous ceux qui les présentes verront, salut.

« Les mesures arrachées à Notre Saint-Père le pape, par une violence dont nous gémissons d'autant plus qu'elle est exercée par des Français, sont d'une nature qui nous oblige à prendre des précautions que nous ne pourrions omettre sans manquer au devoir que nous impose la double qualité de roi et de protecteur né des églises de France.

« Il vient d'être fait entre le pape Pie VII et l'usurpateur de notre autorité une Convention qui ne nous est pas textuellement connue mais dont plusieurs articles parvenus à notre connaissance portent évidemment atteinte aux droits de notre couronne, comme à ceux des évêques de notre royaume, aux saints canons et aux libertés de l'Eglise gallicane. Dans un de ces articles, il est dit que Sa Sainteté renouvelle avec le (soi-disant) Premier consul de la République française le Concordat fait entre Léon X et François Ier. Dans un autre, que ce Premier consul présentera au Saint-Père les sujets pour remplir les évêchés vacants. Un troisième déclare tous les évêchés de France vacants en vertu d'une démission offerte en 1790 au feu

(1) Elle était datée de Londres du 27 septembre et signée de l'archevêque et primat de Narbonne, les évêques d'Arras, de Montpellier, de Noyon, de Saint-Pol-de-Léon, de Périgueux, d'Avranches, de Vannes, d'Uzès, de Rodez, de Nantes, d'Angoulême, de Lombez et de Moulins.

Les cinq évêques qui avaient eu le courage de se séparer de leurs collègues étaient MM. de Cicé, de Boisgelin, d'Osmond, de Noé et du Plessis d'Argentré

(2) Où il s'était retiré après son expulsion de Mittau (21 janvier 1801.)

pape Pie VI, de glorieuse mémoire par les évêques députés à l'Assemblée des Etats généraux. D'autres réduisent considérablement le nombre des archevêchés, évêchés et paroisses. Il en est un enfin qui porte que les archevêques, évêques et curés seront tenus de prêter serment aux lois de la soi-disant République française.

« Ces articles sont une atteinte manifeste aux droits imprescriptibles que nous tenons des rois, nos aïeux. Une révolution qui a couvert la France de deuil, la retient encore sous le joug d'un gouvernement illégitime. Mais nos droits n'en sont pas moins immuables et nulle puissance sur la terre ne peut dégager nos sujets de la fidélité qu'ils nous doivent, bien moins encore autoriser, ni surtout prescrire un acte qui lui soit contraire.

« Parmi ces droits se trouvent celui de présenter à Sa Sainteté les sujets pour les bénéfices consistoriaux qui viennent à vaquer et depuis trois siècles les Souverains-Pontifes n'ont cessé de donner l'institution canonique, pour ces sortes de bénéfices situés dans notre royaume que sur la présentation des rois, nos prédécesseurs. Ces vérités sont gravées dans le cœur de nos fidèles sujets, dont nous avons la douce consolation de savoir que les vœux nous rappellent sans cesse, mais nous avons cru nécessaire de les consigner de nouveau dans cet acte conservatoire, en ce moment où paraissent méconnues par une autorité respectable, lors même qu'elle n'est pas libre.

« Il n'est pas moins nécessaire de prendre une mesure semblable pour ce qui concerne la prétendue vacance des sièges épiscopaux. Ceux des évêques qui étaient députés aux Etats généraux offrirent, il est vrai, en 1790, pour le bien de la paix, de se démettre de leurs sièges, mais ce généreux dévouement qui ne pouvait engager que leurs personnes et non le corps épiscopal de France, ne fut accepté ni par le feu roi, notre très honoré seigneur et frère, ni par le pape Pie VI. Cette offre individuelle et qui ne peut jamais être considérée que sous ce rapport doit donc être regardée comme non avenue.

« La réduction du nombre des sièges épiscopaux, ainsi que celles des cures ne peut s'opérer légalement que par le concours de notre autorité. Elle ne pourrait pas l'être d'une manière canonique dans les conjonctures, où un grand nombre de sièges épiscopaux et de cures se trouvent sans titulaires.

« A ces causes, après avoir renouvelé les assurances de notre attachement à la religion catholique, de notre vénéra-tion au Saint-Siège, de notre vénération pour la personne sacrée du Souverain-Pontife, nous avons protesté et protes-tons en notre nom, au nom de nos successeurs, du clergé de France dont nous sommes le protecteur né, et de toute la nation française contre la Convention faite entre le pape Pie VII et le soi-disant Premier consul de la République française, de quelque date que ladite Convention puisse être, notamment contre les articles ci-dessus mentionnés, en quelques termes et formules qu'ils puissent être conçus, ainsi que tout ce qui a été fait en conséquence, le tout comme attentatoire aux droits de notre couronne, à ceux des évêques de notre royaume, aux saints canons, aux libertés de l'Eglise gallicane, fait d'ailleurs sans pou-voirs de la part du soi-disant Premier consul, et sans liberté de la part du Souverain-Pontife, capable enfin de produire un nouveau schisme et d'induire en erreur nos bien aimés sujets sur l'un des devoirs les plus sacrés que la religion leur impose, savoir la fidélité envers nous, nous réservant de renouveler, modifier, ou étendre la présente protestation, s'il en est besoin, quand la publication de l'acte nous en aura donné une connaissance plus exacte. Et attendu que les circonstances présentes ne nous permet-tent pas de rendre publiques nos présentes protestations, nous les déposons en lieu sûr, en double, signées de notre main et scellées de notre scel ordinaire, en attendant avec confiance de la Providence divine, l'époque où la fin des malheurs de notre Patrie et le jour de notre Restauration nous donneront les moyens de les faire valoir et de proscrire avec toute l'authenticité possible la Convention en question si elle était encore en vigueur.

« Fait à Varsovie, le 6 octobre de l'an de grâce 1801 et de notre règne le septième.

« Louis (1). »

(1) *Arch. des Aff. étrang.* Fonds de l'émigration.

Cette protestation, à une autre époque, aurait pu faire beaucoup de mal et décider la majorité des évêques français à résister au Saint-Siège. Mais à la fin de 1801, après tout ce que le Premier consul avait fait pour le rétablissement de la paix religieuse, elle ne pouvait avoir de prise que sur les prélats qui étaient inféodés à la politique de Louis XVIII. Et c'était le petit nombre. Aussi, malgré tous les efforts tentés par l'évêque d'Arras, au nom du comte d'Artois pour détourner les évêques réfugiés en Allemagne de se démettre de leurs sièges, il ne se trouva que vingt-et-un archevêques ou évêques, dont le cardinal de Montmorency, pour refuser leur démission. Assurément, c'était beaucoup trop encore, et Pie VII en conçut un vif chagrin, mais il fallait s'y attendre, et, comme le disait le Souverain-Pontife dans la lettre émue et ferme qu'il écrivit aux prélats récalcitrants, leur résistance était d'autant plus maladroite qu'elle leur ôtait l'incomparable mérite qu'ils auraient acquis par ce dernier sacrifice, et qu'elle ne pouvait rien empêcher de l'exécution des mesures prises pour le bien de la religion.

Mais, à côté de ces révoltes regrettables, que d'adhésions empressées et vraiment touchantes ! Voici d'abord l'évêque de Marseille. Mgr de Belloy, malgré ses quatre-vingt-douze ans, avait été un des premiers, parmi les évêques de l'ancien régime qui résidaient en France, à rendre visite au Premier consul, après la signature du Concordat. A peine avait-il reçu la lettre du pape, qu'il lui répondit : « Plein de vénération et d'obéissance pour les décrets de Sa Sainteté, et voulant toujours lui être uni de cœur et d'esprit, je n'hésite pas à remettre entre les mains du Saint-Père ma démission de l'évêché de Marseille. Il suffit qu'elle l'estime nécessaire à la conservation de la religion en France pour que je. m'y résigne. »

L'archevêque de Vienne écrivait: « Très Saint-Père, le bref adressé par V. S. aux archevêques et évêques de France vient de m'être remis, et je rends un juste hommage aux sentiments religieux, et d'une tendresse vraiment paternelle, qu'elle y a si bien exprimés. Elle-même a dicté ma réponse, en rappelant ce que disait en des circonstances moins impérieuses peut-être, le grand Augustin :

Disposons de notre épiscopat, selon qu'il sera plus avantageux au peuple fidèle et à la paix de l'Eglise. Je remets donc entre les mains de V. S. la démission libre et volontaire de l'archevêché de Vienne, plein de confiance qu'elle pourvoira de la meilleure manière possible aux intérêts spirituels de ce vaste diocèse, et de ceux aussi de Dié et de Viviers dont l'administration me fut confiée par son prédécesseur d'heureuse et sainte mémoire ; intérêts qui me doivent-être chers jusqu'au dernier soupir. »

L'évêque d'Alais : « Heureux de pouvoir concourir par ma démission, autant qu'il est en moi, aux vues de sagesse, de paix et de conciliation que Sa Sainteté s'est proposées, je prie Dieu de bénir ses pieuses intentions et de lui épargner les contradictions qui pourraient affliger son cœur paternel. »

L'évêque d'Acqs : « Je n'ai pas balancé à m'immoler, dès que j'ai appris que ce douloureux sacrifice était nécessaire à la paix de la patrie et au triomphe de la religion... Qu'elle sorte glorieuse de ses ruines ! qu'elle s'élève, je ne dirai pas seulement sur les débris de tous mes intérêts les plus chers, de tous mes avantages temporels, mais sur mes cendres mêmes, si je pouvais lui servir de victime expiatoire ! Que mes concitoyens reviennent à la concorde, à la foi et aux saintes mœurs ! jamais je ne formerai d'autres vœux pendant ma vie, et ma mort sera trop heureuse si je les vois accomplis. »

L'évêque de Senlis : « Par attachement pour la religion, pour conserver l'unité catholique, pour procurer l'avantage et le bien des fidèles et seconder les paternelles invitations de Sa Sainteté, j'abandonne volontairement et de plein gré le siège épiscopal de Senlis, et j'en fais la libre démission entre les mains de Sa Sainteté. »

L'évêque de Saint-Claude : « Je respecte trop les ordres de Sa Sainteté pour ne pas m'y conformer. Aucun sacrifice ne me coûtera, lorsqu'il s'agira du rétablissement de la religion et de la gloire de mon divin auteur. »

« Evêque pour le bien des peuples, disait l'évêque de Saint-Papoul, je cesserai de l'être pour que rien ne s'oppose à leur union future, trop heureux de pouvoir, à ce prix, contribuer à la tranquillité de l'Eglise ».

Enfin, l'évêque de Saint-Malo, Mgr de Pressigny, qui devint plus tard ministre de France à Rome, n'hésita pas à donner sa démission pour prouver sa déférence au pape ; mais pour montrer en même temps sa fidélité aux Bourbons, il refusa jusqu'en 1814 les sièges qui lui furent offerts. Et il ne fut pas le seul à agir ainsi.

« Confessons-le, dit M. Thiers, c'est une belle institution que celle qui inspire ou commande de tels sacrifices et un tel langage. Les plus grands noms de l'ancien clergé et de l'ancienne France, les Rohan, les La Tour du Pin, les Castellane, les Polignac, les Clermont-Tonnerre, les La Tour d'Auvergne, se faisaient remarquer sur la liste des démissionnaires. Il y avait un entraînement général, qui rappelait les généreux sacrifices de l'ancienne noblesse française dans la nuit du 4 août. C'était le même empressement à faciliter, par un grand acte d'abnégation, l'exécution de ce Concordat, que M. Cacault avait appelé l'œuvre d'un héros et d'un saint (1). »

(1) L'évêque d'Orléans, M. de Jarente, qui avait prêté serment à la Constitution civile du clergé, adressa au Premier consul la lettre suivante : « Général consul, permettez que je fasse entre vos mains la démission de l'évêché d'Orléans auquel je fus nommé en 1780 comme coadjuteur, dont je pris possession en 1788 comme évêque titulaire et que j'ai conservé jusqu'à la fin de 1793 par mon adhésion à la Constitution civile du clergé décrétée en 1790. »
En résumé, sur les quatre-vingt-un prélats de l'ancien régime, existant au 15 août 1801, quarante-cinq, dont neuf archevêques et trente-cinq évêques, donnèrent leur démission, et trente-six la refusèrent. (Voy. à ce sujet les *Derniers Jansénistes,* t 1er.)

Cependant le cardinal Caprara ne perdait aucune occasion de poursuivre la seconde partie de son programme, autrement dit la restitution des Légations. Avant la signature du Concordat, Mgr Spina et Consalvi n'en avaient parlé qu'incidemment et d'une manière officieuse, pour ne pas avoir l'air de mêler une question d'intérêt à la question religieuse qui devait primer tout. Mais après la signature et surtout après la ratification du Concordat, la Cour de Rome avait jugé qu'il n'y avait plus d'inconvénient à traiter parallèlement les affaires temporelles et les choses spirituelles. D'autant que Bonaparte lui avait en quelque sorte mis l'eau à la bouche en lui restituant Pesaro et l'Etat romain. Pour faciliter à Caprara cette délicate négociation, Pie VII écrivit, le 24 octobre, une lettre au Premier consul, dans laquelle, après l'avoir remercié de la médiation qu'il lui avait offerte pour le faire rentrer en possession de Bénévent et Ponte-Corvo (1), il appelait son attention sur l'absolue impossibilité de subsister dans laquelle se trouvait la souveraineté de son principat, et réclamait de son cœur magnanime, sage et juste la restitution des Légations, en même temps qu'une compensation pour la perte d'Avignon et de Carpentras. Mais le Premier consul, tout en se montrant très touché de la lettre du Souverain-Pontife, avait de bonnes raisons pour refuser de prendre aucun engagement sur ce point.

(1) Dont s'était emparé le roi de Naples.

Il savait que, dans le présent, l'opinion publique ne lui permettrait pas de déchirer le traité de Tolentino ; et, si dans les réponses vagues qu'il faisait à Caprara, il lui laissait entendre que cela pourrait se réaliser dans un avenir plus ou moins prochain, c'est qu'il avait besoin de l'amuser, de l'abuser, pour arriver à ses fins. Il tenait avant tout, à régler la question des évêques constitutionnels que Rome ne voulait instituer canoniquement que sous conditions, et il s'imaginait qu'il aurait plus facilement raison de sa résistance, en faisant miroiter aux yeux de Caprara le cher objet de sa convoitise. Quand il était dans l'attente de la circonscription diocésaine, il lui disait (1) le plus sérieusement du monde qu'il s'occupait de la triste condition du pape et qu'il pensait à son temporel. Quand cette circonscription arriva (2), il lui dit un jour à brûle-pourpoint : « Voudriez-vous les Légations ? » Et, comme le cardinal allait le prendre au mot, il s'empressa d'ajouter : « Nous verrons ! » En attendant, il promettait de rendre Ancône au pape à la conclusion de la paix et, pour lui venir en aide, il offrait de lui fournir de temps à autre un million de la main à la main. Consalvi se faisait donc une idée fausse de la situation quand il se persuadait qu'avec un peu plus de zèle et d'habileté, Caprara pouvait obtenir davantage encore. Le cardinal-légat ne s'endormait pas dans le palais Montmorency ; il était personnellement trop intéressé à la restitution des Légations pour ne pas y travailler avec tout le soin dont il était capable (3). Mais il n'avait pas tardé à se rendre compte des difficultés de toutes sortes que rencontrait devant lui le général Bonaparte, et c'est en toute vérité que, sous prétexte de se justifier, il écrivait à Consalvi, au mois de février 1802 : « Le Premier consul a de bonnes intentions, mais par politique il ne veut pas les laisser voir. » Il est probable, en effet, que s'il n'avait pas eu à compter avec l'opposition du Tribunat, du Corps législatif, voire même du Conseil d'Etat, Bonaparte aurait donné d'autres gages au Souverain-Pon-

(1) Le 1er novembre.
(2) Vers la mi-décembre.
(3) Le traité de Tolentino l'avait dépouillé de ses deux abbayes de la Romagne et de celle de Bologne.

tife. Il s'en excusait presque en disant que la terre ne s'est
pas faite en un jour, l'église de Saint-Pierre non plus, et
que le pape devait avoir confiance en lui.

Cependant plus on approchait des fêtes de Pâques, moins
il paraissait pressé de publier le Concordat. La chose était
d'autant plus extraordinaire, qu'il avait entre les mains
depuis le mois de décembre la bulle de la circonscription
diocésaine après laquelle il avait soupiré pendant si longtemps. Mais il attendait, paraît-il, que la paix d'Amiens
fût conclue ; ce qui ne l'empêchait pas de préparer secrètement avec Portalis les nominations des nouveaux évêques. S'il faut en croire Caprara et après lui, M. d'Haussonville, le Premier consul aurait témoigné quelque
étonnement au ministre des Cultes de ce qu'il n'y avait pas
de constitutionnels sur les premières listes qu'il lui avait
présentées (1). Le cardinal se trompe et a induit M. d'Haussonville en erreur. J'ai sous les yeux la première liste des
candidats à l'épiscopat dressée par Portalis ; les constitutionnels y sont représentés par onze des leurs (2). Du
reste, voici le rapport que le ministre des Cultes adressait
au Premier consul en ventôse an x, à l'appui de la liste en
question. On verra qu'il n'était pas si hostile, qu'on veut
bien le dire, au clergé constitutionnel.

« ..... Je crois qu'il faut se défier à la fois de l'engoue-
ment et du dénigrement. Les insermentés ou les sermentés
doivent être jugés uniquement sur leur mérite et réputation
personnelle. J'ai vu toute ma vie que tout ce qui se dit en
général contre une classe d'ecclésiastiques est plein d'exagération, d'aigreur et d'injustice. Il faut en révolution ou
après une révolution, quand on parle d'hommes ayant tenu
par quelque rapport que ce soit à un parti, se mettre en
garde contre les assertions trop absolues et trop générales.

(1) *L'Eglise romaine et le premier Empire*, t. i, p. 182.
(2) *Arch. nat.* A F IV, 1044. — Ces onze évêques constitutionnels sont : De Beaulieu, év. de Rouen ; Bécherel, év. de Cou-
tances ; Belmas, év. de Carcassonne ; Lacombe, év. de Bordeaux ;
Charrier de la Roche, év. démissionnaire de Rouen ; Lecoz, év.
métrop. de Rennes ; Montault, év. de Poitiers ; Primat, év. de
Lyon ; Périer, év. de Clermont ; Reymond, év. de Grenoble et
Saurine, év. de Dax. Le douzième, qui fut nommé évêque d'Aix-
la-Chapelle, était Berdolet, ancien évêque de Colmar.

« Il suffit que les prêtres constitutionnels ayent dans une époque de la Révolution appartenu au parti patriotique pour que toutes les voix antirévolutionnaires s'élèvent contre eux. De ces prêtres-là cependant, un grand nombre ne s'est pas engagé dans la Révolution ou y a été très modéré. Or ce serait faire une abnégation publique de tous principes, que d'attribuer à la classe entière les erreurs, les vices, les crimes mêmes de quelques-uns, et d'oublier qu'après avoir été protégés par la Révolution, les constitutionnels, tout comme leurs rivaux, ont fini par en être victimes.

« Il faut pardonner aux hommes qui se sont mis en dehors de la Révolution, et les admettre aux fonctions ecclésiastiques ; mais il faut discerner ceux qui reviennent par esprit de religion et ceux qui sont ramenés par le fanatisme politique.

« Il faut que ceux à qui la Révolution pardonne, pardonnent à leur tour à la Révolution. Ceux qui reprochent encore aujourd'hui aux prêtres d'avoir transigé avec la Révolution, ne méritent pas qu'on transige avec eux. Condescendre à une telle exigence serait diffamer et compromettre dans l'opinion publique tous les résultats de la Révolution.

« Eviter de placer dans le même siège aucun des anciens évêques, est une règle à laquelle il ne faut admettre aucune exception si l'on ne veut pas dans tous les diocèses exposer les nouveaux évêques à la malveillance et à la désobéissance de tous ceux qui regrettent les anciens.

« Il faut que tous les curés qui ont traversé la Révolution sans quitter leurs paroisses y soient conservés. Ce serait la chose du monde la plus insultante pour la Révolution, que de souffrir que les nouveaux évêques pussent changer ces curés par cela seul que dans le cours de la Révolution ils se seraient soumis aux lois pour exercer leur ministère. Cette maxime serait bonne à exprimer dans un article spécial de l'arrêté d'organisation n° 3.

« Il est convenable que dans les cinquante nouveaux évêques ou archevêques on nomme quinze constitutionnels. Il faut chercher dans ce parti quelques personnes vertueuses et sans ambition pour elles, qui puissent indiquer au gouvernement les hommes qui sont dignes de son choix.

« Il paraîtrait utile qu'à Paris où il y a moins de fanatisme religieux et plus de fanatisme politique, et d'où l'on peut moins corriger tout le mal que peut causer ailleurs l'influence d'un principe de circonstance tel que celui de l'amalgame, il paraîtrait utile, dis-je, qu'à Paris on choisît l'évêque dans le clergé constitutionnel (1). »

Ainsi, avant même que le Premier consul se fût décidé à porter le nombre des évêchés de cinquante à soixante, Portalis était d'avis d'attribuer quinze sièges — dont celui de Paris — aux évêques constitutionnels. C'était, on s'en souvient, le premier chiffre de Bonaparte, mais à la suite des plaintes et des récriminations de Caprara, ce chiffre fut réduit à dix (2), et l'archevêché de Paris fut donné à M. de Belloy, évêque légitime de Marseille. Il était primitivement destiné à l'abbé Bernier, mais, soit qu'on l'eût trouvé trop jeune, trop ardent ou trop compromis, le curé de Saint-Laud fut promu à l'évêché d'Orléans où il mourut de chagrin de n'avoir obtenu ni la surintendance générale des affaires ecclésiastiques de France à laquelle il aspirait (3), ni le chapeau de cardinal qui lui était bien dû.

Ce n'est que le 30 mars — trois semaines seulement avant la cérémonie du Concordat — que Caprara apprit de la bouche même du Premier consul qu'il nommerait dix évêques constitutionnels. Cette nouvelle le remplit d'une tristesse d'autant plus vive que, trois jours auparavant, il avait refusé, malgré les sollicitations pressantes de Portalis et de Bernier, d'assister à Notre-Dame au *Te Deum* qui devait être chanté à l'occasion de la paix d'Amiens, et cela pour ne pas paraître entre le clergé légitime et le clergé constitutionnel que le Premier consul désirait associer à cette fête. Non qu'il persistât dans l'opinion qu'il avait exprimée précédemment, à savoir que l'église métropolitaine devait être purifiée et consacrée à nouveau. Il convenait, au contraire, avec Portalis que Notre-Dame continuait d'être église ; que les actes reli-

(1) *Arch. nat.* A F IV, 1044.
(2) A douze, en comptant Charrier de la Roche et Montault, nommés évêques de Versailles et d'Angers.
(3) Lettre de Spina à Consalvi, du 10 septembre 1801. (*Documents sur la Négociation,* t. III).

gieux par lesquels on imprime le caractère, n'avaient pas
besoin d'être réitérés, mais « avant les institutions canoniques demandées et données en conséquence », il ne
voulait pas avoir l'air de reconnaître les évêques et les
prêtres constitutionnels qui ne communiquaient pas avec
le pape. De là sa résistance. Il n'était pas au bout de ses
peines. On peut dire, sans exagération, que la semaine
sainte de l'an 1802 fut la semaine de sa passion. Pendant
huit jours et plus, il endura toutes les tortures morales
d'un homme qui sent peser sur lui une responsabilité terrible et qui n'a comme moyens de défense que ses instructions et ses larmes. Pendant huit jours et plus, il cria
comme le Christ au Jardin des Olives : « Que ce calice
s'éloigne de moi ! » Et ceux-là même qui auraient dû lui
en épargner l'amertume, furent précisément ceux qui le
lui firent boire jusqu'à la lie. Son chemin de croix commença le 9 avril, le jour même où il fut reçu par le
Premier consul en audience solennelle. On lui avait promis
qu'il serait dispensé du serment qu'on exigeait autrefois
des légats, et le lendemain le *Moniteur* publia, comme
étant la teneur du serment qu'il était censé avoir prononcé
et signé, la pièce en langue latine qu'il n'avait consenti à
lire à l'audience que pour avoir la paix. C'était Portalis,
d'ordinaire si correct et si réservé, qui lui avait tendu ce
piège. Quand il réclama, on lui répondit que cela ne tirait
pas à conséquence (1). Et il eut la faiblesse de ne pas
demander de rectification au *Moniteur*. A partir de ce
moment, il semble qu'on se soit fait un malin plaisir de
multiplier les chausse-trappes sous ses pas. Lui, naturellement, était sans défiance. Comment aurait-il pu douter
du dévouement de l'abbé Bernier et de la loyauté de M. de

(1) Et cela en avait si peu, que le jeudi saint les prélats constitutionnels prétextèrent de ce serment pour refuser de signer la
lettre de rétractation qu'il leur tendait. « Monsieur le cardinal,
lui dit Lacombe, que je vous rappelle le serment que vous avez
fait naguère devant notre Premier consul : dans ce serment, vous
avez promis de respecter les libertés de l'Eglise gallicane. Quoi !
vous vous faites un devoir de les respecter, ces libertés, et vous
me faites un crime d'y tenir et d'avoir joui des droits qu'elles me
donnent ! Comment concilier votre conduite d'aujourd'hui envers
nous avec votre serment fait lors de votre réception? » (*Annales
de la Religion,* t. xv.)

Pancemont, surtout au lendemain de leur sacre? C'est pourtant l'évêque de Vannes et celui d'Orléans qui, pour vaincre sa répugnance, eurent recours au pire des mensonges, on pourrait même dire à un sacrilège, puisqu'à tort ou à raison le cardinal faisait, de l'institution canonique à donner aux évêques constitutionnels, une question de dogme. On sait de quoi il s'agit. Les constitutionnels qui venaient d'être nommés évêques s'étaient rendus chez le légat dans la matinée du jeudi saint. A peine étaient-ils assis, que le cardinal Caprara leur présenta à signer une lettre de rétractation qu'ils devaient adresser au pape. Ils s'y refusèrent tous d'une voix unanime. « Monsieur le cardinal, dit Lacombe, nous sommes des évêques français ; vous paraissez nous méconnaître. Vous nous proposez de déclarer à Sa Sainteté que nous sommes repentants de ce que nous avons fait, en conformité de la Constitution civile du clergé ; jamais, non, jamais cette déclaration ne sera faite par nous. Monsieur le cardinal, si je ne puis être assis sur le siège d'Angoulème qu'en adhérant à cette lettre, que vous nous avez donnée à signer, loin de moi l'évêché d'Angoulème, loin de moi votre institution, comme loin de moi votre lettre que je vous rends (1). » Et après avoir protesté que sa foi était celle de l'Eglise catholique, apostolique et romaine, et qu'il l'attesterait au besoin par le sacrifice de sa vie, Lacombe sortit accompagné de Belmas et Leblanc de Beaulieu et se rendit avec eux chez Portalis, lequel manda sur-le-champ tous les évêques constitutionnels et chargea l'abbé Bernier de rédiger une lettre qui ménageât leurs justes susceptibilités. Cette lettre, écrite en mauvais latin, différait sensiblement de celle de Caprara. Il y était dit que les évêques abandonnaient librement la Constitution civile du clergé, mais ils n'y rétractaient aucun de leurs actes ou de leurs principes. Aussi s'empressèrent-ils tous de l'adopter, même avec les changements que Bernier leur proposa d'y faire le lendemain (2).

(1) *Lettre de Lacombe au vénérable prêtre Binos, ancien chanoine de Saint-Bertrand. (Annales de la Religion,* t. xv.)

(2) Savoir : *nominatus* au lieu de *electus ; admittere et admissurum, profiteri* et *professurum,* au lieu de *admissurum* et *professurum ; canonicam institutionem,* au lieu de *canonicæ institutionis munus.*

Dans la soirée, Portalis et Bernier entreprirent ensemble et séparément le cardinal et s'efforcèrent de lui faire accepter, à la place de la lettre envoyée de Rome, celle que les constitutionnels venaient de signer. Mais il ne voulut rien entendre et se retrancha derrière ses instructions comme derrière un mur inexpugnable. Si le cardinal Consalvi l'avait vu se débattre et se raidir en ce moment critique; s'il avait été témoin de ses angoisses, il l'aurait traité moins durement dans ses Mémoires. Sa perplexité était telle, qu'avant de céder aux sollicitations du ministre des Cultes et de l'évêque d'Orléans, il voulut prendre conseil de tous les membres de sa légation. Et lorsqu'il consentit à recevoir la lettre des prélats constitutionnels, il y mit encore ces deux conditions : 1° qu'on porterait à la connaissance du public que les constitutionnels nommés avaient satisfait à ce qui était nécessaire et s'étaient réconciliés avec le chef de l'Eglise; 2° qu'ils confesseraient explicitement, en présence de M. de Pancemont et de l'abbé Bernier, le schisme qu'ils avaient professé et abjureraient leurs erreurs passées. Que si cette confession n'eut pas lieu, on ne saurait, sans injustice, l'en rendre responsable, puisque les deux évêques qui étaient chargés de l'entendre, attestèrent qu'ils l'avaient entendue le jour même — c'est-à-dire le samedi saint !

Maintenant à quel mobile avaient obéi ces deux prélats pour commettre ce mensonge abominable? C'est ce qu'on n'est pas encore arrivé à éclaircir. M. le comte d'Haussonville, ayant lu, dans la correspondance de Napoléon Ier, que Talleyrand avait remis par ordre 24,000 fr. (1) à l'abbé Bernier pour l'aider à traiter convenablement le légat, et que Portalis en avait remis un peu plus tard 50,000 à M. de Pancemont, sans publicité ni destination quelconque, M. le comte d'Haussonville, dis-je, a laissé entendre qu'ils avaient cédé à un mobile inavouable (2). J'avoue que cette idée ne me serait jamais venue à l'esprit. Que Bernier se soit vendu ou ait essayé d'acheter des consciences, c'est une supposition injurieuse sans doute, mais que son âpreté au gain et son passé tortueux et

(1) Et non 30,000 fr. comme il le dit.
(2) *L'Eglise romaine et le Premier Empire,* t. I, p. 205.

louche permettraient peut-être de faire. Mais M. de Pancemont ! Sa vie tout entière proteste contre un soupçon de
cette nature. Le chancelier Pasquier raconte (1) que pendant les années 1793-94, il vécut caché dans une maison
du village de Croissy qu'administrait l'ancien curé devenu
maire. « J'ai connu, dit-il, peu d'hommes plus évangé-
liques. La simplicité de son caractère me le faisait quelquefois comparer à ce personnage si connu de l'abbé
Prevost, au doyen de Kyllerine, dont il avait la laideur ;
quant à sa conduite à l'égard du curé marié auquel il avait
tant d'obligations, elle était d'une convenance, d'une délicatesse admirables : ne négligeant rien pour le ramener
au bien, mais l'excusant autant qu'il dépendait de lui,
instruisant ses enfants qu'il avait baptisés et leur cherchant des parrains et des marraines qui pussent un jour
les protéger et les mettre dans une bonne route. C'est
ainsi que madame Pasquier a tenu l'un d'eux sur les fonts-
baptismaux avec M. de Channorier, le principal proprié-
taire de Croissy. » — J'ajouterai que dans sa cure de
Saint-Sulpice et dans son évêché de Vannes, il a laissé la
réputation d'un saint. Ce n'est donc pas une question
d'argent qui avait pu le déterminer à commettre le mensonge qu'on lui reproche. Je serais plutôt disposé à croire
qu'en le commettant, il n'avait eu d'autre but que de
tranquilliser la conscience du légat — ce qui l'excuserait
dans une certaine mesure. Car les concessions qu'on lui
avait arrachées dans ces derniers jours avaient bouleversé
le cardinal au point qu'il n'avait accordé qu'une attention
distraite à la lecture que Portalis lui avait donnée des
articles organiques. Ces articles avaient pourtant une
tout autre importance que la réconciliation des évêques
constitutionnels. Il est vrai que la Cour de Rome ne les
avait pas prévus. Qui sait même si le Premier consul y
aurait songé, sans l'opposition que son projet de Concordat
rencontra dans le Parlement ? Il faut se souvenir, en
effet, que le Conseil d'Etat avait accueilli avec une froideur
silencieuse la communication qui lui en avait été donnée
par le Premier consul en personne ; que le Corps législatif,

(1) *Mémoires du chancelier Pasquier,* t. ı, p. 117.

qui contenait beaucoup de prêtres sortis des ordres, avaient protesté contre la restauration du culte en portant à la présidence Dupuis, l'antagoniste de tous les cultes ; que la même assemblée avait présenté l'abbé Grégoire pour son candidat au Sénat, et que Bonaparte avait dû remanier le Tribunat pour lui faire accepter la convention avec le Saint-Siège.

C'est donc pour donner satisfaction sur les droits de l'Etat aux esprits jaloux de l'indépendance du pouvoir politique et civil, que les articles organiques, placés à la suite de la convention diplomatique dont ils portaient la date — 15 juillet 1801 — furent proposés comme ne formant qu'un tout avec elle.

Par ce nouveau code « on revenait aux libertés gallicanes, on tempérait les craintes, on apaisait les murmures de ceux que l'acte de puissance récemment exercée par le pape, en procédant d'office au renouvellement de l'épiscopat de toute une nation, avait effrayés pour la liberté et la constitution de l'Eglise. Enfin on mettait pour ainsi dire hors de discussion une foule de questions irritantes qui pouvaient s'élever chaque jour entre les ministres du culte et les fonctionnaires publics, en soumettant leur solution à l'autorité des lois ou de la jurisprudence anciennes (1). »

Mais, comme les articles organiques n'avaient pas été communiqués au Saint-Siège, il fallait s'attendre à le voir protester contre une manière de procéder qui donnait à penser qu'il en avait eu connaissance, d'autant plus que « ce document renfermait les dispositions organiques de deux cultes séparés de la communion catholique. » Il était naturel encore qu'il protestât contre tout ce qui aurait impliqué de sa part une adhésion expresse et directe à des opinions, à des maximes, à des dispositions de lois contraires aux opinions, aux maximes, aux prétentions de la cour de Rome. » Mais ses protestations renouvelées à différentes époques (2) n'ont pas empêché les articles organi-

(1) *Discours, rapports et travaux inédits sur le Concordat et les articles organiques,* par Jean-Etienne-Marie Portalis.

(2) En 1802, le pape se contenta de déclarer qu'ils avaient été rédigés sans sa participation et de demander le changement ou la

ques d'avoir force de loi sous tous les régimes qui se sont succédé depuis la publication du Concordat, et il est probable qu'ils dureront autant que lui.

modification de ceux qu'il jugeait opposés à la discipline de l'Eglise. — En 1804, lors du sacre, l'empereur jura sur l'Évangile d'observer les *lois du Concordat*. Les termes de ce serment avaient été minutieusement pesés et discutés entre l'empereur et le pape. Les lois du Concordat ne contenaient donc *rien qui blessât la conscience ou la foi*. Depuis, le Saint-Siège n'a jamais formulé ses réclamations ; elles sont restées inarticulées. — En 1810, un conseil ecclésiastique formé par l'empereur, et composé de deux cardinaux, d'un archevêque, de quatre évêques, du général des Barnabites et du supérieur des Sulpiciens justifia plusieurs dispositions des articles organiques et demanda seulement l'abrogation de quatre de ces articles qui furent en effet révoqués le 28 février 1810. (Voy. Dupin : *Manuel du droit public ecclésiastique français*, p. 233.) — Après la Restauration, le Saint-Siège en demanda l'abrogation expresse, mais seulement *en ce qu'ils avaient de contraire aux lois de l'Eglise*. Le premier article du Concordat de 1817 la prononça en ces mêmes termes, et un projet de loi, préparé pour la publication et l'exécution de ce Concordat, en déclarant que le Concordat du 15 juillet 1801 cessait d'avoir son effet, reproduisit les dispositions les plus importantes de la loi du 18 germinal an x. Rome n'insista plus, et durant le cours de la négociation qui amena l'organisation actuelle de l'Eglise de France, et prorogea l'exécution du Concordat de 1801, il ne fut plus question des articles organiques. (*Discours, rapports et travaux inédits sur le Concordat*, etc., etc., par Jean-Etienne-Marie Portalis.)

IV

Arrivons maintenant à la cérémonie du Concordat.

On n'avait pas attendu, comme bien on pense, la réconciliation des évêques constitutionnels pour faire à Notre-Dame les préparatifs nécessaires.

Le 10 avril, veille du jour des Rameaux et de l'installation du nouvel archevêque de Paris, les clefs de la basilique, enlevées subrepticement par ordre du Premier consul, avaient été remises à Caprara, afin qu'à partir de ce moment aucun prêtre constitutionnel ne pût y pénétrer. Précaution bien inutile, car l'archevêque « intrus » Royer, qui venait de refuser l'évêché d'Auch (1) et s'était réconcilié avec le Souverain-Pontife, n'aurait certainement opposé aucune résistance à la prise de possession de Notre-Dame par M. de Belloy, son successeur.

Trois semaines auparavant, Mgr Mario, maître de cérémonies du cardinal-légat, était allé visiter la cathédrale pour s'assurer par lui-même si elle renfermait les choses indispensables au culte et faire suppléer à ce qui manquait. Il ne faut pas oublier, en effet, que la Société janséniste qui occupait Notre-Dame depuis la réouverture des églises avait dû se borner, faute de ressources, à y faire les réparations les plus urgentes. L'intérieur de la basilique était proprement tenu, mais les chapelles latérales étaient complètement délabrées. L'entrée de plusieurs de ces cha-

(1) Voy. *Le Diocèse de Paris pendant la Révolution*, par Emmanuel de Beaufond, dans l'*Archiviste* du mois de mai 1893.

pelles était défendue par une cloison en planches brutes ;
dans quelques-unes la trappe qui couvrait l'entrée des
caveaux était défoncée ; dans presque toutes, le sol était
décarrelé, au moins en partie. Et le vent, passant à travers
les vitraux démolis et les portes mal jointes, éteignait
parfois les cierges du maître-autel.

L'archevêché et ses dépendances étaient dans le même
état. L'avant-cour était remplie de décombres. Toute la
partie qui servait naguère encore d'hospice aux maisons
d'arrêt, c'est-à-dire les grands appartements, présentaient
un aspect lugubre. Les parquets avaient été enlevés et
remplacés par des carreaux de terre cuite qui n'avaient
jamais été nettoyés. Les fenêtres avaient perdu leurs vitres ;
il n'y avait de réellement habitable que le logement particulier de l'archevêque occupé par le citoyen Pelletan,
chirurgien en chef de l'Hôtel-Dieu et le rez-de-chaussée
occupé par le citoyen Giraud, chirurgien en second dudit
hôpital.

Quant à la sonnerie de Notre-Dame, il n'en restait que
le bourdon et les cloches de l'horloge. Encore ces dernières
seules pouvaient-elles servir, car le bourdon avait été
descendu pendant la Terreur dans la cour de l'archevêché.
Mais, comme le disait le préfet de police dans son rapport
en date du 19 germinal an x, quelques jours suffisaient
pour le remettre en place, et l'on pouvait disposer la cathédrale de manière à ne point offrir à l'œil le spectacle de ce
désordre (1). On n'avait qu'à tendre des tapisseries à l'entrée de toutes les chapelles et qu'à renverser la cloison en
planches brutes qui défendait en partie l'entrée du pourtour du chœur de chaque côté. C'est ce qui fut fait, trop
tard cependant pour permettre aux évêques nouvellement
promus de s'habiller dans la sacristie le dimanche des
Rameaux. Ce jour-là, MM. de Belloy, Bernier, de Pancemont et Cambacérès furent obligés de revêtir leurs ornements pontificaux dans une maison voisine et de traverser
ainsi la place du Parvis — ce qui causa un grand scandale
parmi les révolutionnaires et les théophilanthropes que
Bonaparte venait de chasser de leurs temples.

(1) *Arch. nat.* A F IV, 1044.

En résumé, le matin du jour de Pâques, l'église Notre-Dame, avec son parvis sablé d'or fin, sa ceinture si pittoresque de vieilles maisons pavoisées de la base au faîte, ses trois portes ouvertes par où s'engouffrait un peuple immense, et le magnifique dais dressé pour les consuls à l'entrée de la nef, offrait malgré tout un très beau coup d'œil.

———

Le 18 avril, au lever du soleil, une salve de trente coups de canon, qui se prolongea jusqu'au soir par bordées de dix coups toutes les heures, annonça à la population parisienne que le grand jour était arrivé.

A huit heures, M. Réal, préfet de police, accompagné des douze maires et de leurs adjoints, des commissaires de police, des officiers de paix, des officiers de l'état-major de la place et de ceux de la gendarmerie du département de la Seine, parcourut tous les quartiers de Paris en publiant la loi du 18 germinal sur le Concordat et l'organisation des cultes. Le cortège était précédé et escorté de plusieurs détachements de cavalerie, de gendarmes et de dragons ayant à leur tête un corps de trompettes.

Les affiches portaient qu'à compter de dix heures du matin, nulle personne à pied ne pourrait stationner ni circuler sur la place du Parvis, dans les rues Neuve-Notre-Dame, Saint-Christophe et de la Juiverie, et sur le petit Pont de l'Hôtel-Dieu. Aussi, pendant que le préfet de police faisait sa tournée, les habitants des faubourgs et du centre de Paris descendaient à flots pressés vers la cathédrale ou s'entassaient péniblement le long des ruelles enchevêtrées qui réunissaient le Châtelet aux Tuileries, pour voir passer le cortège officiel et surtout pour voir le Premier consul.

Vers dix heures et demie, le cardinal Caprara, revêtu de la pourpre romaine fit son entrée dans la basilique. Il était précédé de la croix d'or que les légats *à latere* ont le privilège de faire porter devant eux dans les grandes cérémonies, et derrière lui marchaient, outre le nombreux personnel de sa légation (1), les trente-deux prélats récemment nommés, dont neuf constitutionnels.

Un peu avant midi arrivèrent les autorités constituées, civiles et militaires ; puis, à quelques minutes d'intervalle, le corps diplomatique au grand complet. Et pendant plus d'une heure, ce fut un défilé interminable de voitures de gala, d'équipages somptueux et de voitures de place, déposant au seuil de Notre-Dame les femmes des fonctionnaires, qui avaient revêtu pour la circonstance et *par ordre* les toilettes les plus resplendissantes. Le Premier consul avait, en effet, exprimé le désir de les voir assister à la cérémonie dans leurs plus beaux atours. Et les plus élégantes d'entre elles, les reines de la mode et du monde officiel, celles dont Joséphine aimait à s'entourer aux Tuileries et à la Malmaison, avaient été conviées à se rendre au palais consulaire pour prendre place à côté d'elle dans les voitures de gala qui avaient servi autrefois à la cour de Louis XVI et que Bonaparte avait fait réparer et mettre à neuf. Lui-même s'était plu à étaler pour la première fois en public la livrée verte à galons d'or qui devint plus tard celle dela maison impériale. On juge de l'effet produit par tous ces équipages sur la foule grouillante et bariolée qui regardait par-dessus les épaules des soldats chargés de la contenir.

Mais le groupe le plus admiré, celui qui fit le plus de sensation sur la masse des curieux, fut le groupe des généraux. On savait que peu de temps auparavant le Premier consul avait dû en faire emprisonner quelques-uns pour étouffer une conspiration provoquée par la signature du Concordat (2), et le bruit s'était répandu la veille que les hauts dignitaires de l'armée s'abstiendraient de paraître à la cérémonie de Notre-Dame. On fut donc tout étonné de voir arriver en grande tenue, au milieu d'un état-major

(1) Dont MM. Erskine, auditeur de S. S.; Sala, secrétaire ; Mario, maître de cérémonies ; Walst, chanoine de Saint-Pierre de Rome, camérier ; l'abbé Vadorini, secrétaire particulier et privé ; Jarry, secrétaire français ; Le Surre, secrétaire français ; Lecotte, secrétaire français ; Ducci, secrétaire *in ecclesiasticis* et Rubbi, théologien.

(2) Sur la conspiration des généraux, voy. les *Mémoires du chancelier Pasquier*, t., ɪ p. 158.

des plus brillants, Lannes, Augereau et les autres généraux qui s'étaient signalés par leur violente opposition au
rétablissement officiel du culte. Une ruse innocente du ministre de la guerre, à ce que raconte M. d'Haussonville (1),
avait eu raison de leur résistance. Berthier les avait invités
le matin à un grand déjeuner militaire. Le repas fini, il leur
avait proposé de les conduire aux Tuileries pour féliciter
le Premier consul au sujet de la conclusion de la paix
d'Amiens. Ils avaient accepté. Mais, arrivés au moment
où le cortège se mettait en marche, Bonaparte qui les
attendait leur avait dit de le suivre, et ils avaient obéi en
se mordant les lèvres.

Ce fut donc dans tout l'éclat de sa double puissance
civile et militaire, au bruit du canon, des tambours et
d'une musique guerrière à laquelle le bourdon mêlait sa
voix majestueuse et grave, que le Premier consul, escorté
de ses deux collègues, — à peine remarqués du public,
malgré leur costume écarlate — fut reçu sous le dais à
l'entrée de Notre-Dame, par le légat et tous les évêques.

Le chancelier Pasquier rapporte en ses Mémoires que,
le clergé ayant fait demander à Bonaparte si le second et
le troisième consul devaient être encensés en même temps
que lui, il avait répondu : Non ! ajoutant que cette fumée
était encore trop solide pour eux (2). Je ne saurais dire
jusqu'à quel point ce propos dérisoire est vrai et si cet
honneur ne fut réellement rendu qu'au Premier consul.
Mais ce qu'il y a de certain, c'est que lui seul, parmi
tous ces habits chamarrés d'or, fut le point de mire de l'é-
norme assistance qui remplissait les galeries du pourtour
de Notre-Dame, et que, s'ils l'avaient osé, tous les specta-
teurs, hommes et femmes, les femmes surtout, auraient crié,
comme la foule venait de le faire dans la rue : Vive Bonaparte !... Non pas qu'on lui fût reconnaissant de l'acte
solennel qu'il accomplissait à cette heure. Il aurait fallu
pour cela que ceux qui en étaient témoins eussent des sentiments religieux, et il y avait alors si peu de croyances,
que le Premier consul avait fait appel au génie de Château-

(1) *L'Eglise romaine et le Premier Empire*, t. i, p. 211.
(2) *Mémoires du chancelier Pasquier*, t. i, p. 160.

briand pour les ressusciter (1) Mais on lui savait gré de manifester sa puissance en rendant à la population parisienne, toujours amoureuse du décor et du panache, le plaisir de ces défilés magnifiques dont elle était depuis si longtemps sevrée. Et voilà pourquoi les femmes, transportées par la grandeur du spectacle, souriaient du haut des tribunes à ce héros de trente-quatre ans à peine, qui, pour mettre le sceau à sa gloire, traînait au pied des autels, en dépit de toutes ses protestations, la Révolution régicide et athée.

Ces hommages, d'ailleurs, avaient l'air de le laisser aussi froid qu'indifférent, et son masque immobile trahissait plutôt la mauvaise humeur que le contentement de soi-même. Il paraît qu'en entrant dans la basilique son premier soin avait été de chercher des yeux la tribune qu'il avait fait réserver pour Joséphine, et que cette tribune avait été prise d'assaut, malgré la consigne, par Madame Hulot, belle-mère de Moreau, et sa fille. D'où sa mauvaise humeur pendant toute la cérémonie (2). Il n'en reçut pas moins royalement, après l'évangile, le serment de tous les évêques, à commencer par ceux de l'ancien régime, et lorsqu'il entendit M. de Boisgelin, archevêque nommé de Tours, parler de sa mission providentielle et le comparer à Charlemagne, le grand empereur, son visage jusque là impassible s'illumina d'une petite flamme d'autant plus éloquente qu'elle s'éteignit plus vite.

Après le sermon, Joséphine fit une quête au profit des pauvres, qui rapporta plus de sept cents louis (3) ; et, si elle ne communia pas, comme le cardinal Caprara l'avait espéré, elle édifia tout le monde par son recueillement et sa bonne grâce.

(1) On sait que, sur la prière du Premier consul, M. de Fontanes rendit compte dans le *Moniteur* le jour même de la cérémonie de Notre-Dame, du *Génie du Christianisme* qui avait paru quelques jours avant chez Migneret, imprimeur, rue du Sépulcre, faubourg Saint-Germain, 28.

(2) Chaptal, *Souvenirs*, p. 264. — « De retour aux Tuileries, dit Chaptal, il m'en parla avec des plaintes ; je me justifiai, mais il n'a plus vu Moreau. » — Tant il est vrai que de grands effets sont produits quelquefois par de toutes petites causes.

(3) *Annales de la Religion,* avril 1802.

La messe dite et le *Te Deum* chanté, les trois consuls rentrèrent au palais du gouvernement au milieu des acclamations de la foule enthousiaste, et le soir, au dîner de gala qui eut lieu aux Tuileries, pendant que tout Paris était en fête, Bonaparte dit à Caprara de ce ton familier qu'il aimait à prendre dans ses entretiens avec lui : « Eh bien ! voilà qu'à Rome on commence à pouvoir se tenir sur ses jambes. Une journée comme celle-ci ne peut manquer d'y aider. »

S'il avait été jusqu'au bout de sa pensée, il eût ajouté qu'en consolidant le trône de saint Pierre il venait de poser la première marche du sien, car personne ne s'y trompa : en le voyant pontifier à Notre-Dame dans cette atmosphère d'apothéose, tout le monde eut le pressentiment qu'un nouvel ordre de choses commençait.

CONCLUSION

L'abbé de Pradt, qui a commis tant d'inexactitudes en matière d'histoire, fait dire quelque part (1) à Napoléon que le Concordat fut la plus grande faute de sa vie. Ce propos a été démenti par Napoléon à Sainte-Hélène — ce qui, d'ailleurs, ne l'a pas empêché de courir. Mais alors même que l'empereur aurait omis de le démentir, le mot qu'on lui prête n'en paraîtrait pas moins invraisemblable au regard de l'historien tant soit peu frotté de philosophie. Car c'est en grande partie au Concordat que Napoléon dut son extraordinaire fortune, et ce ne sont point ses démêlés retentissants avec le pape, mais bien son ambition démesurée, insatiable, qui précipitèrent sa chute profonde. Au plus fort des persécutions qu'il lui fit subir, le chef de l'Eglise romaine n'oublia jamais le service immense que

(1) *Les Quatre Concordats.*

Bonaparte rendit à la religion, quand il était Premier consul ; et le 6 octobre 1817, Pie VII écrivait à Consalvi : « La famille de l'empereur Napoléon nous a fait savoir par le cardinal Fesch que le rocher de l'île Sainte-Hélène est mortel, et que le pauvre exilé se voit dépérir à chaque minute. Nous avons appris cette nouvelle avec une peine infinie, et vous la partagez certainement, car nous devons nous souvenir tous les deux qu'après Dieu, c'est à lui principalement qu'est dû le rétablissement de la religion dans ce grand royaume de France. Sa pieuse et courageuse initiative de 1801 nous a fait oublier et pardonner depuis longtemps ses torts subséquents. Savone et Fontainebleau ne sont que des erreurs de l'esprit ou des égarements de l'ambition humaine. Le Concordat fut un acte chrétiennement et héroïquement sauveur. »

Ce jugement a été ratifié par l'histoire, et quelque opinion qu'on ait sur la valeur morale de ces sortes de traités, on ne saurait nier sans injustice que le Concordat de 1801 a été profitable aux deux parties contractantes, puisque, s'il a permis à l'Eglise de relever son crédit et son prestige dans le monde, il a procuré à l'Etat, depuis cent ans tout à l'heure, les bienfaits inestimables de la paix religieuse. Et pourtant, même avec son annexe tant discutée des articles organiques, cette convention n'a jamais satisfait qu'à moitié les gallicans qui, bien des années avant le Concile de 1870, lui reprochèrent d'avoir creusé la tombe de l'Eglise de France. J'ai l'esprit trop large et suis trop de mon temps pour partager toutes les rancunes de l'école ; j'admets volontiers qu'en dépit de la Déclaration de 1682 qui lui fut donnée comme base, le Concordat sacrifia certaines libertés gallicanes qui, sous l'ancien régime, étaient réputées nécessaires ; je reconnais que l'article sur la déposition des évêques non démissionnaires consacra par avance le principe ultramontain de l'infaillibilité, mais je ne puis oublier non plus que ce principe était accepté depuis longtemps par la majorité des églises catholiques et qu'il ne devint un dogme que par la faute du gouvernement français, qui, pressé d'agir par les principales têtes de l'épiscopat, refusa d'intervenir, comme c'était son droit, sous prétexte qu'un gouvernement libéral

n'avait pas à s'immiscer dans des questions d'ordre purement spirituel.

Quoi qu'il en soit, le dogme de l'infaillibité du pape
entraînait logiquement la dénonciation du Concordat, et
nul ne peut dire ce qui serait arrivé sans les événements
de 1870. Mais la République n'était pas en état de faire la
séparation au lendemain de nos désastres, et quand elle le
fut, elle trouva plus simple de combattre le « clérica-
lisme » sous le couvert du Concordat devenu entre ses
mains une arme de guerre. Pendant plusieurs années, elle
mena contre les « cléricaux » une campagne furibonde et
d'une légalité douteuse (1) qui commença par l'article 7 et
les décrets du 29 mars pour finir par la laïcisation à
outrance des écoles et des hôpitaux. Depuis lors, le Concordat n'est plus qu'une loi de finance et de police. Aussi,
malgré « l'esprit nouveau » qui souffle aujourd'hui dans
les régions gouvernementales, chacun a le sentiment que
la séparation de l'Eglise et de l'Etat n'est plus qu'une question de temps et d'opportunité. Elle est entrée déjà dans
la pratique et dans les mœurs, je serais bien surpris si
elle n'était pas consacrée par une loi avant la fin du dix-
neuvième siècle. Sera-ce un bien? sera-ce un mal? C'est
le secret de l'avenir. Avec les traditions monarchiques de
la France et sa longue habitude de l'Etat-gendarme, on ne
peut répondre de rien. Mais de toute façon, cette solution
sera beaucoup digne des deux parties en cause, à supposer, bien entendu, qu'elle soit amenée par des voies libé-
rales.

(1) Voy. le livre de M. le duc de Broglie sur le *Concordat.*
(Calmann-Lévy, 1893)

APPENDICE

I

LA PROMESSE DE FIDÉLITÉ & Mgr SPINA

Lettre de l'abbé Michot, chanoine, à l'abbé Bonnet, vicaire général du diocèse du Mans, déporté et réfugié à Londres (1).

Nivôse an IX.

« Vous ne pouvez, mon cher confrère et bon ami, me faire un plaisir plus sensible que de me procurer de vos nouvelles et de celles de vos fidèles et vertueux compatriotes. Je sais bon gré à M. Touchard et à ses compagnons d'avoir préféré leur retour à Londres à la demande qu'on n'aurait pas manqué de leur faire. Mais n'auraient-ils pas pu trouver moyen de se faire conduire secrètement par de bons guides? On n'en manque pas sur nos côtes. Il ne s'agit que de faire

(1) Lettre saisie par le Commissaire du gouvernement à Calais et envoyée au ministre de la Police générale. Elle était adressée aux citoyens Quillacq et Duplessis, négociants à Calais, pour le citoyen Simon Hankey (de Londres), correspondant des prêtres déportés et des émigrés.

deux ou trois lieues pour ne plus être inquiété. On se procure facilement des passe-ports sans désignation de qualité. C'est ainsi que M. Pillier est passé. J'ai eu le plaisir de l'embrasser ici et nous avons bien parlé de vous et de nos amis communs.

« On a effectivement essayé de nous intimider ; on a fait circuler le bruit qu'on exigerait de nous la promesse, mais quand on a vu que nous étions décidés à attendre la décision du chef de l'Eglise, on nous a laissés tranquilles. Il y a même eu des ordres expédiés dans les départements de l'Ouest, de ne point inquiéter ceux qui ne seraient pas disposés à faire la promesse *jusqu'à la décision du Saint-Siège*. Nos préfets ont fait de concert des représentations sur les dangers de troubler la paix dont jouissent nos provinces, et il paraît qu'on continuera d'y avoir égard. L'opinion du peuple est toujours la même quoi qu'on ait fait pour lui persuader que la promesse était licite. On a répandu avec profusion un extrait du *Moniteur*. Les têtes sont même montées à un point, que quelques-uns savent mauvais gré au Souverain-Pontife d'avoir entamé des négociations avec notre gouvernement. Quelques-uns même, un peu exaltés, répandent des doutes sur la légitimité de l'élection du Souverain-Pontife, fondés sur ce que la lettre encyclique adressée aux évêques ne nous est pas parvenue. Il y a partout des gens extrêmes. La démarche de quelques-uns de vos confrères à Calais m'a surpris et affligé. Cependant je n'ai pas cru devoir faire d'éclat, parce que ce sont de bons et vertueux ecclésiastiques. D'eux d'entre-eux sont venus ici me faire eux-mêmes l'aveu de leur faute ; ils m'ont cependant ajouté qu'ils avaient restreint leur engagement à celui que prennent les prêtres catholiques avec le gouvernement anglais. Je me suis contenté de cette restriction, en leur recommandant de tenir leur acte bien secret. On leur a demandé ici la promesse, ils l'ont refusée, ils ont annoncé à Laval qu'ils ne la feraient pas, ils sont rentrés tranquillement dans leurs bénéfices, et je suis bien sûr qu'ils ne varieront plus et qu'ils ne feront rien que de concert avec nous. Vous me feriez plaisir de me faire passer une copie du serment qu'on exige des prêtres catholiques anglicans. Je l'ai vu imprimé dans l'*Ordo* de Londres, et j'ai cru pouvoir assurer qu'il ne ressemble point du tout à l'acte qu'on exige de nous en France.

« Le clergé d'Alençon a écrit à Mgr Spina, archevêque de Corinthe, pour le consulter. J'ai lu sa réponse qui m'a paru fort sage. Le prélat leur représente que le Souverain-Pontife ayant nommé une congrégation pour l'examen de la question, il convient d'attendre sa décision, qu'on ne peut dans le doute prendre un pareil engagement ; il les exhorte à la patience. On suivra son avis, du moins j'ai lieu de le croire *par la lettre que m'a adressée un assez chaud partisan de la promesse qui lui-même avait écrit à l'archevêque de Corinthe.*

« Nous avons toujours grand besoin de bons ouvriers. La religion fait toujours de nouveaux progrès. Vous apprendrez avec plaisir que la ville de La Ferté montre aujourd'hui le plus grand zèle pour le rétablissement de la religion. Nous y avons placé provisoirement le bon M. Janvier, curé de Bouessé. Il a maintenant trois cents enfants à son catéchisme. L'intrus lui a cédé son église. Le canton de Saint-Calais montre le même zèle et le Grand-Lucé désire un desservant. Voilà bien les cantons les plus gangrenés de notre diocèse. Mais nous n'y ferons le bien qu'autant que nous aurons de bons ouvriers, car j'aime mieux laisser la vigne en friche que d'en confier la culture à des gens qui gâteraient la besogne. Les cantons de Sablé, Laval et le Bas-Maine vont à merveille. Plus il nous arrive de bons prêtres, plus on nous en demande. Vous savez que je ne me suis prêté qu'avec répugnance à l'ouverture des églises. Mais les voyant ouvertes en Anjou et en Bretagne, il n'y avait pas moyen de s'y opposer. J'en bénis la Providence. Nos revenants, quoique bien prévenus, sont eux-mêmes dans l'enthousiasme. Il y a quelques petites villes ou gros bourgs où peu d'hommes, se croyant au-dessus du vulgaire, se contentent d'assister à la messe et n'approchent pas des sacrements. Il en existait avant notre révolution, mais en général nos missionnaires sont occupés du matin au soir au confessionnal. Ne ferait-on pas d'autre bien que d'instruire la jeunesse, de la retirer du vice, ce serait un bien inappréciable. La route la plus sûre pour arriver ici est celle de Hollande. Pour peu qu'on ait mis le pied en France, on est sûr de voyager tranquillement. Mais je ne presse personne, quoique j'aie de fortes raisons pour croire que nous n'essuierons pas de persécutions semblables à celles du temps passé. Je ne puis donner de garantie, je ne veux point avoir à me reprocher d'avoir exposé des confrères au danger de nouvelles persécutions, mais je ne puis vous dissimuler que je sais un gré infini à ceux qui ont le courage de venir partager nos travaux. Ils ne doivent pas compter sur les avantages temporels ; nous ne mourons pas de faim, voilà tout. Ils auront de l'ouvrage autant et plus que leurs forces ne leur permettent d'en supporter, mais ils gagneront des âmes à Dieu, et il n'en revient aucun qui n'éprouve de vraies consolations. Quantité de vieux pécheurs attendent nos déportés. Ils ont confiance en eux : 1° parce qu'ils sont intacts ; 2° parce qu'ils ne se sont mêlés d'aucun parti et que la calomnie ne peut mordre sur eux. Car nous avons de bons et très bons ouvriers faisant beaucoup de bien, mais qui ne jouissent pas d'une confiance générale, parce qu'on les accuse d'avoir coopéré aux contributions qui ont été exigées en certains pays, etc., etc. M. Péchereau, vicaire de Saint-Marceau, est réclamé par son curé et par les habitants qui lui feront un sort honnête.

« Si j'avais une douzaine de bons ouvriers pour la partie normande et le Bas-Maine, une demi-douzaine pour le Haut-Maine, je satisferais aux besoins les plus pressants. Je ne serais pas fâché que les paroisses désirent de bons prêtres et en sentent le besoin. Nous gagnons le terrain peu à peu. Nous avons placé de bons ouvriers dans les paroisses voisines des pays gangrenés. Quand ceux-ci ont vu que le culte s'y exerçait paisiblement et avec solennité, ils ont conçu peu à peu le désir de rétablir la religion et de donner de l'instruction à leurs enfants. Les catéchismes ont fait un bien infini. Le spectacle de jeunes gens de dix-huit et de vingt ans, montrant la docilité des enfants, saisissant avec avidité l'instruction, déplorant leurs écarts, faisant la première communion le cierge à la main, a touché bien des vieux pécheurs et a opéré des conversions. »

(Suit une discussion sur le plus ou moins fondé de la promesse de fidélité à la Constitution. Le signataire de cette lettre est d'avis qu'on doive attendre que le Souverain-Pontife ait prononcé).

« Vous avez très bien fait de donner des pouvoirs à ceux des nôtres qui rentrent. A leur arrivée je leur assignerai une mission. Nous avons reçu le Bref du pape qui annonce aux évêques ses négociations avec le gouvernement français. Vous voyez sans doute M. Grimaldi, notre ancien évêque. Offrez-lui nos hommages et ceux de notre confrère de Bourgneuf.

« *P. S.* — Voulez-vous bien écrire à M. Le Bas, curé à la maison commune des prêtres français, Rading-Berks, que je lui accorde tous les pouvoirs qu'il me demande.

« MICHOT. »

(*Arch. nat.* F. 7, 7823).

II

PREMIER PROJET DE CONCORDAT PROPOSÉ A SA SAINTETÉ PAR LE GOUVERNEMENT FRANÇAIS (1)

---

22 novembre 1800.

Nous, soussignés, réunis et avoués par nos gouvernements respectifs, pour aviser aux moyens de rétablir en France la religion catholique et l'union du clergé français avec l'Eglise de Rome, centre de l'Unité ;

Considérant que cet heureux rétablissement, si nécessaire pour le bien de l'Etat, la pureté des mœurs, la paix et la tranquillité de tous les Français, ne peut s'effectuer que par des sacrifices mutuels.

Sommes convenus de ce qui suit, sauf la ratification du Premier consul et de Sa Sainteté le pape Pie VII :

TITRE PREMIER

Des Evêchés et Métropoles

Article 1er. — Il y aura en France une nouvelle circonscription de métropoles et d'évêchés.

(1) Pour permettre au lecteur de se rendre compte de la marche de la négociation, nous reproduisons ici, d'après le P. Theiner et M. Boulay de la Meurthe, les neuf projets de Concordat auxquels elle donna lieu, avec les observations de Mgr Spina sur les deux premiers projets, les variantes confidentielles de Bernier et le contre-projet romain.

Art. 2. — Cette circonscription nouvelle sera désignée par le Premier consul et ratifiée par le Saint-Siège.

Art. 3. — Elle se fera de telle manière, que le nombre des métropoles et des évêchés soit proportionné au besoin spirituel des fidèles.

Art. 4. — Aucun des évêchés français conservés ne dépendra, ni en totalité ni en partie, d'un diocèse étranger.

TITRE SECOND

Des anciens Evêques

Article 1er. — Les anciens évêques non réélus par le gouvernement, d'accord avec le Saint-Siège, seront réputés démissionnaires.

Art. 2. — Sa Sainteté leur intimera l'ordre d'abandonner leurs sièges, pour le bien de la paix et de la religion, par voie de cession et d'abdication.

Art. 3. — Le Premier consul se réserve de statuer sur la rentrée en France desdits évêques non réélus, et sur ce qui convient à leur état et à leur subsistance, d'après la déférence qu'ils témoigneront eux-mêmes pour les ordres du Saint-Siège relatifs à leur démission.

26 novembre 1800.

TITRE TROISIÈME

Du nombre des évêchés conservés, et de la nomination des archevêques et évêques.

Article 1er. — Il n'existera en France, d'après la nouvelle circonscription des diocèses, que douze métropoles et cinquante évêchés.

Art. 2. — Ces métropoles et évêchés sont ceux que le gouvernement désigne à Sa Sainteté, dans le tableau annexé au présent Concordat.

Art. 3. — Le gouvernement français se réserve de désigner à Sa Sainteté un nouvel arrondissement d'évêchés, pour l'agrandissement du territoire qu'il pourrait acquérir dans la suite.

Art. 4. — Il sera procédé de suite à la nomination aux métropoles et évêchés conservés.

Art. 5. — Cette nomination se fera par le Premier consul, et aura lieu, dans la suite, par lui et ses successeurs professant la religion catholique.

TITRE QUATRIÈME

De l'institution des archevêques et des évêques, de leurs pouvoirs, et de leurs relations avec le Saint-Siège.

Article 1er. — Le Souverain-Pontife accordera gratuitement aux nouveaux évêques les bulles et l'institution canonique dont ils ont besoin.

Art. 2. — Sa Sainteté consent à n'exiger des évêques français aucun droit d'annates et autres titres ecclésiastiques, aucun droit de dévolu, de réserve, ou de nomination extraordinaire, même pour vacance *in curia*.

Art. 3. — Sa Sainteté proroge, pour vingt ans, les pouvoirs extraordinaires accordés par le pape Pie VI, son prédécesseur, aux évêques de France ; et, dans le cas où une nouvelle prorogation des mêmes pouvoirs deviendrait nécessaire, le gouvernement en préviendra Sa Sainteté, qui promet pour elle et ses successeurs, d'avoir égard à cette invitation.

Art. 4. — Les indults, permissions, dispenses et autorisations quelconques, pour lesquels il serait nécessaire de recourir à Rome, seront accordés gratuitement.

TITRE CINQUIÈME

De la mise en possession des archevêques, évêques et autres titulaires ecclésiastiques, et de la garantie à donner par eux au gouvernement.

Article 1er. — Les évêques nommés par le Premier consul, et canoniquement institués par le Saint-Siège, prendront de suite possession de leurs sièges.

Art. 2. — Aussitôt la réception de leurs bulles et avant leur consécration et mise en possession, les nouveaux évêques promettront fidélité à la Constitution de l'an VIII, entre les mains du Premier consul.

Art. 3. — Il en sera de même de tous les autres ecclésiastiques appelés à l'exercice de leurs fonctions. Ils seront tenus de faire la même promesse entre les mains de leurs municipalités, sous-préfets ou préfets respectifs, suivant leur titre.

Art. 4. — Le gouvernement déclare que cette promesse n'a pour objet que l'engagement purement civil, dû par tous les Français au gouvernement établi par la Constitution.

TITRE SIXIÈME

De l'arrondissement des cures, et des titres curiaux.

Article 1er. — Il sera fait, dans chaque diocèse, par l'évêque nommé, une réduction des paroisses, succursales et annexes.

Art. 2. — Cette réduction devra être, avant toute promulgation, présentée au gouvernement et approuvée par lui.

Art. 3. — La nomination aux titres curiaux conservés appartiendra, de plein droit, aux évêques, quels qu'en aient été ci-devant les collateurs ou présentateurs.

TITRE SEPTIÈME

Du traitement des archevêques, évêques, curés et autres ecclésiastiques.

Article 1er. — Il sera alloué à chaque archevêque un traitement de..... et à chaque évêque une somme annuelle de....., payable à l'avance et par trimestre sur la recette des contributions des départements compris dans l'arrondissement de son siège.

Art. 2. — Le traitement des curés conservés sera de.....; celui des vicaires, de..... Tous les autres prêtres seront rétribués à raison de.....

Art. 3. — Le gouvernement accorde un traitement particulier de..... à quatre vicaires généraux par diocèse ou métropole, sans néanmoins vouloir restreindre à ce nombre celui des vicaires généraux, non rétribués, que les archevêques ou évêques prétendraient choisir.

Art. 4. — Le traitement sera sujet aux contributions et retenues, payables par tous ceux qui, reçoivent un semblable traitement de la part de l'Etat.

TITRE HUITIÈME

Des biens ecclésiastiques, et de la garantie donnée par l'Eglise aux acquéreurs de ces mêmes biens.

Article 1er. — Les biens nationaux appartenant aux métropoles, évêchés et cures, non encore aliénés, seront affectés à la subsistance et entretien des ministres de la religion conservés, déduction faite de la valeur desdits biens sur le traitement qui leur est alloué, d'après l'estimation qui en sera faite par les communes, contradictoirement avec les nouveaux titulaires.

Art. 2. — Seront également rendus aux paroisses les églises et édifices curiaux dont elles étaient en possession en l'an II, conformément à l'arrêté du 7 nivôse an VIII, et les biens de fabriques non aliénés.

Art. 3. — En vertu de ces dispositions et pour le bien de la paix et de la religion, Sa Sainteté déclare qu'elle ratifie, au nom de l'Eglise et comme son chef, l'aliénation faite et consommée des biens ecclésiastiques dits nationaux.

Art. 4. — Elle interdit tant aux ecclésiastiques qu'aux Français catholiques toute réclamation contraire, sans déroger néanmoins aux concessions parfaitement libres que les particuliers consentiraient à faire, pour les frais du culte ou pour la dotation des églises.

Art. 5. — Seront lesdites concessions, si aucunes sont faites dans la suite, soumises à tous les impôts et charges de l'Etat que supportent les autres propriétés particulières.

TITRE NEUVIÈME

Articles généraux.

Article 1er. — Aux conditions ci-dessus et vu leur acceptation par le Saint-Siège, le gouvernement français déclare que la religion catholique, apostolique et romaine est la religion de l'Etat.

Art. 2. — Sa Sainteté reconnaît dans le gouvernement français le même droit dont jouissaient les rois de France pour la désignation d'un certain nombre de cardinaux, et en général toutes les prérogatives dont jouissaient les rois qui ont précédé le gouvernement actuel.

Art. 3. — Les articles du Concordat passé entre Léon X et François Ier seront observés, en tout ce qui n'est pas contraire au présent Concordat, à l'exception de ce qui concerne les gradués et leurs droits.

Art. 4. — Toutes les lois, arrêtés et jugements, contraires au libre exercice de la religion catholique, ou à la liberté de ses ministres et à leur rentrée dans le sein de la République, sont considérés comme révolutionnaires et définitivement abolis.

Art. 5. — Sa Sainteté ordonne, tant en son nom qu'en celui de l'Eglise, que le présent Concordat soit religieusement et strictement observé. Elle interdit toute discussion ultérieure sur les articles qui en font l'objet, sous peine d'encourir les censures ecclésiastiques.

CORRECTIONS INDIQUÉES PAR SPINA

TITRE PREMIER

De la religion en général

Article 1er. — Le gouvernement français déclare que la religion catholique, apostolique et romaine, est la religion de la nation et de l'Etat.

Art. 2. — L'exercice de ladite religion sera libre et public en France. Elle y sera conservée dans toute la pureté de ses dogmes et l'intégrité de sa discipline ; et toutes les lois, arrêtés et jugements, contraires à son exercice, ou à la liberté de ses ministres à leur rentrée dans le sein de la République, sont considérés comme révolutionnaires et entièrement abolis.

TITRE DEUXIÈME

Des métropoles et évêchés

Article 1er. — Il y aura en France une nouvelle circonscription des métropoles et évêchés.

Art. 2. — Cette circonscription se fera d'accord par Sa Sainteté avec le Premier consul, et par le moyen de réunion d'un diocèse à un autre, en conservant les titres des archevêchés ou évêchés supprimés.

Art. 3. — Elle se fera de telle manière que les sièges plus anciens des métropoles et des évêchés soient conservés, et qu'elle soit proportionnée au besoin spirituel des fidèles, sauf à en rétablir un plus grand nombre, quand, d'après l'expérience, le besoin des fidèles l'exige.

Art. 4. — Le gouvernement français se réserve de proposer à Sa Sainteté, après une paix générale, un nouvel arrondissement d'évêchés pour l'agrandissement du territoire qu'il pourrait acquérir.

Art. 5. — Après que la paix générale sera faite, l'on prendra des arrangements avec Sa Sainteté pour que ni les évêques conservés, ni le territoire qui sera réuni à la France, dépendent des évêques étrangers.

TITRE QUATRIÈME

De la nomination des archevêques et évêques

Article 1er. — Tantôt que le nombre des métropoles et évêchés sera établi, l'on procédera à la nomination des archevêques et évêques des sièges conservés.

Art. 2. — Sa Sainteté, regardant le Premier consul Bonaparte comme le restaurateur de l'exercice public de la religion catholique en France, lui accorde, autant qu'il restera à la place de Premier consul et qu'il représentera en France la souveraineté, le privilège de nommer à tous les archevêchés et évêchés vacants, suivant la forme et les règles du Concordat entre Léon X et François Ier de l'an 1516.

Art. 3. — La nomination des archevêques et des évêques appartiendra après lui à la personne qui représentera également en France la souveraineté, pourvu qu'il soit, par une loi fondamentale de l'Etat, établi que ladite personne doit professer la religion catholique.

Art. 4. — En cas différent, et jusqu'à cet établissement, l'élection des archevêques et évêques appartiendra à Sa Sainteté, les bulles et l'institution canonique, de la manière que l'on pratiquait avant le changement du gouvernement.

TITRE SIXIÈME

De la mise en possession des archevêques, évêques et autres titulaires, etc.

Art. 4. — Le gouvernement déclare que cette promesse n'a pour objet que l'engagement purement civil de fidélité, dû par tous les Français au gouvernement établi par la Constitution, et il permet aux catholiques, pour tranquilliser leurs consciences, qu'on ajoute à la promesse ; « sauf la religion catholique que je professe. »

TITRE SEPTIÈME

De l'arrondissement des cures et des titres curiaux

Article 1er. — Sa Sainteté autorise les archevêques et évêques de faire une réduction des paroisses, succursales et annexes.

Art. 2. — Cette réduction devra être, avant toute promulgation, présentée au Premier consul Bonaparte, et approuvée par lui.

Art. 3. — Pour le bien de la paix l'on convient que, dorénavant et jusqu'à nouvel ordre, la nomination aux titres curiaux conservés, appartiendra de plein droit aux archevêques et évêques, quels qu'en aient été ci-devant les collateurs ou présentateurs.

Art. 4. — Les Chapitres seront conservés. Les Séminaires seront rétablis par les évêques, de la manière que les circonstances pourront leur permettre.

TITRE HUITIÈME

Du traitement des archevêques, évêques, curés, etc. (1)

TITRE NEUVIÈME

Des biens ecclésiastiques et de la garantie donnée par l'Eglise aux acquéreurs de ces mêmes biens

Article 1er. — Pour le bien de la paix et pour que la religion catholique puisse tranquillement se rétablir en France, Sa Sainteté, au nom de l'Eglise et comme son chef, dispense les possesseurs des biens ecclésiastiques, les aliénations desquels sont déjà consommées, de toute restitution, soit de la propriété soit des fruits desdits biens.

Art. 2. — Elle interdit tant aux ecclésiastiques qu'aux Français catholiques toute réclamation contraire à cette concession.

Art. 3. — En vertu de cette concession, tous les biens ecclésiastiques non encore aliénés appartenant aux métropoles, évêchés, cures et autres églises, et notamment les biens appartenant aux hôpitaux, seront rendus en plein droit de propriété aux églises et aux ministres de la religion, et aux hôpitaux respectifs.

Art. 4. — Le traitement accordé aux archevêques, évêques et autres ministres du culte catholique, se diminuera à proportion du revenu des biens qui existent encore,

_____

(1) Ce titre viii (titre vii du projet du gouvernement) n'était l'objet d'aucune observation.

d'après l'estimation qui en sera faite par les communes contradictoirement avec les nouveaux titulaires.

Art. 5. — Seront rendus aux archevêques et évêques les églises, les maisons, épiscopales et jardins annexés, et seront également rendus aux paroisses, les églises et édifices curiaux dont elles étaient en possession en l'an ii.

Art. 6. — Tous les particuliers seront parfaitement libres de faire, de la manière qu'ils voudront, des concessions pour les frais du culte et la dotation des églises.

Art. 7. — Seront lesdites concessions, si aucunes sont faites dans la suite, soumises à tous impôts et charges de l'État que supportent les autres propriétés particulières.

TITRE DIXIÈME

Articles généraux

Article 1er. — Par les mêmes raisons énoncées dans l'article 2 du titre iv, Sa Sainteté accorde au Premier consul Bonaparte, pour tout le temps qu'il représentera en France la souveraineté, le même droit dont jouissaient les rois de France pour la nomination des cardinaux.

Art. 2. — Les successeurs du premier consul Bonaparte ne pourront jouir des prérogatives à lui accordées ci-dessus, que suivant ce qui a été été établi pour la nomination aux archevêchés et évêchés.

Art. 3. — Les articles du Concordat passé entre Léon X et François Ier seront à son égard observés, en tout ce qui n'est pas contraire au présent Concordat, à l'exception de ce qui concerne les gradués et leurs droits.

Art. 4. — Ledit article, pour ce qui concerne les gradués, ne pourra avoir lieu que quand les Universités seront en France rétablies, etc.

Art. 5. — Le présent Concordat sera religieusement et strictement observé, Sa Sainteté l'ordonne tant en son nom qu'au nom de l'Eglise, et interdit toute discussion ultérieure sur les articles qui en sont l'objet, sous peine d'encourir les censures ecclésiastiques. Le Premier consul Bonaparte le promet au nom de la Nation, et interdit à toute personne de s'y opposer, sur les peines prescrites par les lois.

PROJET DE CONVENTION N° 11

Paris, vers le 24 décembre 1800.

TITRE PREMIER

Le gouvernement de la République française reconnaît que la grande majorité de la nation professe le catholicisme romain, et déclare qu'en conséquence il protégera la publicité de son exercice d'une manière spéciale, et que tous les actes du gouvernement contraires au libre exercice de son culte sont annulés.

TITRE DEUXIÈME

Article 1er. — Il sera fait, d'accord entre le Saint-Siège et le gouvernement français, une nouvelle circonscription, qui réduira l'Eglise gallicane à cinquante évêchés et dix métropoles.

Art. 2. — Les titres des évêchés supprimés passeront aux diocèses dans lesquels ils seront incorporés ; et selon l'ancien usage de l'Eglise, l'évêque titulaire joindra au nom de son diocèse ceux des diocèses y réunis.

Art. 3. — Les évêques pourront, s'ils le jugent nécessaire, établir auprès d'eux des séminaires et des chapitres. Le gouvernement leur accordera protection, mais ne sera pas tenu de les doter.

Art. 4. — Si dans la suite, il devient nécessaire de faire des changements à la circonscription qui sera faite en vertu du présent Concordat, il sera pris des arrangements pour que, dans aucun cas, les citoyens catholiques français ne puissent ressortir d'un diocèse étranger.

TITRE TROISIÈME

Article 1er. — Les titulaires actuels, tant de l'ancienne circonscription que ceux du clergé dit constitutionnel, qui ne seront pas portés dans la liste de nomination aux diocèses de la circonscription nouvelle, seront exhortés par Sa Sainteté à se démettre de leurs sièges, pour le bien de la paix et l'intérêt bien entendu de la religion.

Art. 2. — Sur le refus de ces démissions, les nouveaux titulaires rempliront les sièges, pendant la vie des anciens évêques à titre d'administration, et à titre définitif après leur mort.

TITRE QUATRIÈME

Article 1er. — La nomination aux évêchés et métropoles de la nouvelle circonscription, ainsi qu'aux vacances qui surviendront, sera faite par le Premier consul Bonaparte, et par ses successeurs catholiques. L'institution canonique appartient au Saint-Siège, et le Saint-Père s'engage à la conférer aux titulaires aussitôt que leur nomination lui sera notifiée.

Art. 2. — Dans le cas où les successeurs du général Bonaparte ne professeront pas la religion catholique, apostolique et romaine, le gouvernement de la République et le Saint-Siège se concerteront pour que les lois de l'Eglise soient observées sur ce point, sans qu'il soit porté atteinte aux droits du gouvernement.

TITRE CINQUIÈME

Article 1er. — Les évêques nommés par le Premier consul et institués par le Saint-Siège feront, avant leur consécration, la promesse de fidélité à la Constitution entre les mains du Premier consul.

Art. 2. — Les ecclésiastiques du second ordre feront la même promesse entre les mains des autorités civiles.

Cette promesse emporte l'engagement de ne jamais faire servir l'influence de leur ministère à détourner les fidèles de l'obéissance aux lois, et du respect qu'ils doivent porter aux autorités. Le gouvernement déclare qu'il n'exige rien de relatif à la liberté du culte, et à la doctrine.

TITRE SIXIÈME

Article 1er. — Le Saint-Siège autorise les évêques à faire, chacun dans leur diocèse, une nouvelle circonscription des paroisses.

Art. 2. Les nouvelles circonscriptions seront soumises à l'approbation du gouvernement.

Art. 3. — La nomination aux titres curiaux sera faite par les évêques.

TITRE SEPTIÈME

En sus des subventions volontaires des fidèles, la République accordera aux titulaires des diocèses et des cures un traitement annuel, dont la quotité sera déterminée par une loi. Ce traitement commencera immédiatement après la paix du continent.

TITRE HUITIÈME

Le Saint-Père, reconnaissant l'impossibilité de revenir sur l'aliénation des biens ecclésiastiques sans perpétuer le trouble et les malheurs de l'Eglise de France, ratifie au nom du Saint-Siège cette aliénation, et interdit, soit aux ecclésiastiques, soit aux fidèles, toute réclamation à ce sujet.

TITRE NEUVIÈME

Article 1er. — Sa Sainteté reconnaît dans le gouvernement français les mêmes droits et privilèges, dont jouissaient les rois de France avant le changement du gouvernement.

Article 2. — L'enseignement et le degré d'instruction nécessaires pour l'admission dans le clergé, dépendront des évêques et seront réglés par eux.

Art. 3. — Les ecclésiastiques qui, dans les derniers temps sont entrés dans les liens du mariage, seront, conformément aux anciens canons, réduits à la communion laïque.

Art. 4. — Les évêques qui ont exercé des fonctions épiscopales sans avoir été institués par le Saint-Siège, et les prêtres qui ont été pourvus par eux, seront de droit réunis au Saint-Siège, s'ils se conforment volontairement aux règles convenues dans le présent Concordat.

OBSERVATIONS DE SPINA SUR LE PROJET II

Paris, fin décembre 1800.

TITRE PREMIER

La religion catholique, apostolique et romaine, n'étant pas la religion de la nation en général et du gouvernement, elle ne sera pas dominante. Tout au plus elle sera en France une religion privilégiée. Dans ce cas, Sa Sainteté ne pourra pas faire toutes les concessions, qu'il pourrait faire en la déclarant dominante. Je me rapporte à mes notes précédentes du 11 et du 26 novembre.

TITRE DEUXIÈME

Article 1er. — Il semble impossible que dix métropoles et cinquante évêchés puissent suffire au besoin de tous les fidèles de la France.

Art. 3. — Les évêques pourront établir les séminaires et conserver les chapitres. Ne pouvant pas le gouvernement les doter, il faudra qu'il permette aux fidèles de le faire.

TITRE TROISIÈME

Article 1er. — Sa Sainteté ne reconnaît aucune juridiction dans les évêques du clergé dit constitutionnel. Aucune démission donc il faut leur demander, pour que leurs sièges soient rendus aux titulaires légitimes.

L'on promettait, dans le projet précédent, de pourvoir à

la subsistance des évêques qui ne seraient pas portés dans la liste de la nouvelle circonscription ; il ne convient pas de supprimer cet article. Pour ce qui regarde les évêques émigrés, je me rapporte toujours à mes notes du 11 et du 17 novembre.

TITRE QUATRIÈME

Article 1er. — Pour ce qui regarde la nomination aux évêchés, je me rapporte à ma note du 26 novembre. Même dans le cas que le droit de nomination entre Sa Sainteté et le gouvernement français soit réglé, le Saint-Père ne pourra pas accorder l'institution canonique aux évêques, qu'étant assuré de l'idonéité de la personne désignée. Il faudra encore déterminer le temps dans lequel le gouvernement doit nommer, ou il faudra s'en rapporter expressément au Concordat entre Léon X et François Ier.

TITRE CINQUIÈME

Je me rapporte à ma note du 22 novembre et à celle du.....

TITRE SEPTIÈME

Les subventions volontaires, pour qu'elles soient considérées comme partie du traitement, devront être en biens fonds, ou au moins perpétuelles. C'est bien à désirer que les évêques, et les autres ministres du culte catholique, ne soient pas longtemps regardés comme des ministres salariés. C'est également à désirer que la paix du continent soit bientôt faite : mais cependant jusqu'à la paix comment pourront vivre les évêques et les curés ? N'accordant pas la République aucun traitement aux vicaires, il faudra bien que celui accordé aux évêques soit tel, qu'ils puissent pourvoir aux besoins des vastes diocèses qui leur seront confiés.

TITRE HUITIÈME

Le Saint-Père ne peut pas ratifier les aliénations des biens ecclésiastiques. Il peut seulement les conserver, dispensant les possesseurs de la restitution. La nation n'étant pas en général catholique, la dispense ne pourra pas être adressée à la nation française. Pour qu'il puisse accorder la dispense, il faut qu'en même temps l'on rende à l'Eglise tous les biens, l'aliénation desquels n'est pas consommée, et il faut que l'on permette aux fidèles également de faire librement des concessions pour les frais du culte et pour la dotation des églises.

TITRE NEUVIÈME

Sa Sainteté pourra reconnaître tous les droits et privilèges, qui sont compatibles avec un gouvernement qui ne professe pas constitutionnellement la religion catholique.

Art. 3. — Il n'y a pas de canons qui réduisent à la communion laïque les prêtres qui entrent dans les liens du mariage. L'Eglise, au contraire, doit faire tous ses efforts pour les rappeler à la sainteté de ses ordres. Les circonstances seules ont quelquefois persuadé de prendre des mesures différentes. Sa Sainteté ouvrira sûrement toutes les voies de la miséricorde, et pour rappeler au bercail de Jésus-Christ ces brebis égarées, et pour qu'il soit réparé de quelque manière le grand scandale que le mariage des prêtres a produit en France; mais tout cela doit dépendre des différentes circonstances de chacun en particulier. C'est une affaire de conscience, et elle ne peut pas être l'objet du Concordat.

Art. 4. — De même l'on doit dire pour les évêques qui n'ont point d'institution canonique. Reconnaissant le gouvernement la nécessité de cette institution, il ne doit pas les regarder comme titulaires d'aucune église, et il doit convenir par conséquent que toutes les églises doivent être rendues aux titulaires légitimes.

L'on laisse à M. l'abbé Bernier, assez éclairé dans les sciences ecclésiastiques, de décider si une acceptation quelconque du Concordat peut suffire pour réhabiliter les évêques qui n'ont point d'institution canonique, à l'exercice de ces fonctions. Rien sûrement n'est plus à cœur de Sa Sainteté, que de pouvoir regarder et embrasser comme des fils légitimes les évêques qui n'ont point jusqu'à présent d'institution canonique, et il le fera sûrement, en proportion qu'eux-mêmes donneraient de leur part des preuves de repentir, et de soumission aux décrets du Saint-Siège.

PROJET DE CONVENTION Nº III

Paris, vers le 4 janvier 1801.

Projet de Concordat entre S. S. le pape Pie VII et les Consuls.

TITRE PREMIER

De la religion catholique par rapport à la France.

Les Consuls de la République française, reconnaissant que la grande majorité des citoyens français professe la religion catholique, apostolique et romaine, déclarent qu'elle est par là même la religion du gouvernement ; qu'elle sera protégée comme telle d'une manière spéciale ; et que tous actes contraires au libre exercice de son culte seront annulés.

TITRE DEUXIÈME

Des Evêchés et Métropoles.

Article 1er. — Il sera fait, d'accord entre le Saint-Siège et le gouvernement français, une nouvelle circonscription, qui réduira l'Eglise gallicane à cinquante évêchés et douze métropoles.

Art. 2. — Les titres des évêchés supprimés passeront au diocèse dans lequel ils seront incorporés ; et, selon les anciens usages de l'Eglise, l'évêque titulaire joindra au nom de son diocèse ceux des diocèses y réunis.

Art. 3. — Les évêques pourront. s'ils le jugent nécessaire, établir auprès d'eux des séminaires et conserver des chapitres. Le gouvernement leur accordera protection, mais il ne sera pas tenu de les doter.

Art. 4. — Si, dans la suite, il devient nécessaire de faire des changements à la circonscription qui sera faite en vertu du présent concordat, il sera pris des arrangements pour que, dans aucun cas, les citoyens français catholiques ne puissent ressortir ou dépendre d'un diocèse étranger.

TITRE TROISIÈME

Des titulaires actuels des Evêchés français.

Article 1er. — Les titulaires actuels des évêchés français, qui ne seront pas portés dans la liste de nomination aux diocèses de la circonscription nouvelle, seront exhortés par Sa Sainteté à se démettre de leurs sièges, pour le bien de la paix et l'intérêt, bien entendu, de la religion.

Art. 2. — Sur le refus de ces démissions, les nouveaux titulaires rempliront les sièges, pendant la vie des anciens évêques à titre d'administration, et à titre définitif après leur mort.

TITRE QUATRIÈME

De la nomination aux Evêchés conservés.

Article 1er. — La nomination aux évêchés et métropoles de la nouvelle circonscription, ainsi qu'aux vacances qui surviendront, sera faite par le Premier consul Bonaparte et par ses successeurs catholiques, dans le délai de six mois après la vacance. L'institution appartient au Saint Siège, et le Saint-Père s'engage à la conférer, dans la forme ordinaire, aux nouveaux titulaires, aussitôt que leur nomination lui sera notifiée.

Art. 2. — Dans le cas où les successeurs du général Bonaparte ne professeraient pas la religion catholique, apostolique et romaine, le gouvernement de la République et le Saint-Siège se concerteront pour que les lois de l'Eglise soient observées en ce point, sans qu'il soit porté atteinte aux droits du gouvernement.

TITRE CINQUIÈME

*De la garantie à donner au gouvernement, par les ministres
de la religion catholique.*

Article 1er. — Les évêques nommés par le Premier
consul et institués par le Saint-Siège feront, avant leur
consécration, la promesse de fidélité à la Constitution entre
les mains du Premier consul.

Art. 2. — Les ecclésiastiques du second ordre feront la
même promesse, entre les mains des autorités civiles respectives.

Cette promesse emporte l'engagement de ne jamais faire
servir l'influence de leur ministère à détourner les fidèles de
l'obéissance due au gouvernement, et du respect qu'ils
doivent porter aux autorités constituées. Le gouvernement
déclare qu'il n'exige rien de relatif à la liberté des cultes, à
la doctrine et à la discipline ecclésiastique.

TITRE SIXIÈME

Des autres titres ecclésiastiques.

Article 1er. — Le Saint-Siège autorise les évêques à
faire, chacun dans leur diocèse une nouvelle circonscription
des paroisses.

Art. 2. — Les nouvelles circonscriptions seront soumises à l'approbation du gouvernement.

Art. 3. — La nomination à tous les titres curiaux sera
faite par les évêques.

TITRE SEPTIÈME

*Du traitement des évêques, archevêques et autres ecclésias-
tiques.*

Article 1er. — La République accordera aux titulaires
des diocèses et des cures un traitement annuel et propor-
tionnel, dont la quotité sera déterminée par une loi.

Art. 2. — Ce traitement sera diminué en proportion des revenus des biens ecclésiastiques non aliénés, dont la distribution aura lieu entre les différentes églises, déduction faite de ceux qui seraient encore désignés comme nécessaires pour les besoins de l'Etat.

Art. 3. — Le gouvernement permet aux Français catholiques de faire, quant à présent et sans rien préjuger pour l'avenir, des fondations en rentes au profit des églises, lesquelles rentes, ainsi que tous les autres biens destinés aux frais du culte, seront assujetties sans exception aux charges de l'Etat.

TITRE HUITIÈME

De la garantie donnée par l'Eglise aux acquéreurs des biens ecclésiastiques.

Sa Sainteté, reconnaissant l'impossibilité de revenir sur l'aliénation des biens ecclésiastiques sans perpétuer les troubles et les malheurs de l'Eglise de France, autorise, au nom du Saint-Siège, les catholiques français acquéreurs de ces mêmes biens à en conserver les fruits et la propriété. Elle interdit, soit aux ecclésiastiques, soit aux fidèles, toute réclamation à ce sujet.

TITRE NEUVIÈME

Articles généraux.

Article 1er. — Sa Sainteté reconnaît dans le gouvernement français catholique, les mêmes droits et privilèges dont jouissaient les rois de France, avant le changement de gouvernement.

Art. 2. — L'enseignement et les degrés d'instruction nécessaires pour l'admission dans le clergé, dépendront des évêques et seront réglés par eux.

Art. 3. — Sa Sainteté, aussitôt après la publication du présent Concordat, enverra en France un légat muni de pleins pouvoirs, pour terminer, de la manière la plus convenable aux lois ecclésiastiques, à la tranquillité de l'Etat et au repos personnel de chaque individu, les dissensions religieuses qui se sont élevées en France, par suite de la constitution civile du clergé et de l'inobservation du célibat ecclésiastique.

Art. 4. — Le présent concordat sera religieusement observé, Sa Sainteté l'ordonne, tant en son nom qu'au nom de l'Eglise, et interdit toute discussion ultérieure sur les articles qui en sont l'objet, sur peine d'encourir les censures ecclésiastiques.

Le Premier consul Bonaparte le promet également, au nom de la Nation française et de ses successeurs, et défend à toute personne de s'y opposer, sur les peines portées par les lois contre ceux qui entravent l'exécution des ordres du gouvernement.

PROJET DE CONVENTION N° IV (1)

---

14 janvier 1801.

TITRE PREMIER

De la religion catholique en France

Les Consuls de la République française reconnaissent que la religion catholique, apostolique et romaine, est la religion de la grande majorité des citoyens français.

Elle sera protégée *comme telle* (2) par le gouvernement d'une *manière spéciale,* et tous actes contraires au libre exercice de son culte sont annulés.

(1) Projet remis à Spina le soir du 14 janvier. Le P. Consul avait essayé de le reviser, mais il abandonna ce travail le 4 février. (*Note de M. Boulay de la Meurthe*).

(2) Les mots soulignés avaient été effacés postérieurement au 14 janvier sur la minute conservée aux *Arch. des aff. étrang.* (*Note de M. Boulay de la Meurthe*).

TITRE DEUXIÈME

Des Métropoles et des Evêchés français

Article 1er. — Il sera fait, d'accord entre le Saint-Siège et le gouvernement français, une nouvelle circonscription, qui réduira l'église de France à cinquante évêchés et douze métropoles.

Art. 2. — Les titres des évêchés supprimés passeront au diocèse dans lequel ils seront incorporés, et, selon les anciens usages de l'Eglise, l'évêque titulaire joindra au nom de son diocèse ceux des diocèses y réunis (1).

Art. 3. — Les évêques pourront, s'ils le jugent nécessaire, établir auprès d'eux des séminaires et conserver des chapitres. Le gouvernement leur accordera protection, mais il ne sera pas tenu de les doter.

Art. 4. — Si, dans la suite, il devient nécessaire de faire des changements à la circonscription nouvelle qui sera faite en vertu du présent traité de paix et d'union, il sera pris des arrangements pour que, dans aucun cas, les Français catholiques ne puissent repartir et dépendre d'un diocèse étranger.

TITRE TROISIÈME

Des titulaires actuels des Evêchés français

Article 1er. — Les titulaires quelconques des évêchés français seront invités par Sa Sainteté à se démettre de leurs sièges pour assurer le rétablissement tranquille et complet de la religion catholique en France. Les sièges de ceux qui se refuseront à cette mesure, nécessitée par les circonstances, seront par l'autorité du chef suprême de l'Eglise catholique, apostolique et romaine, déclarés vacants et ils seront, ainsi que les sièges des évêques volontairement démissionnaires, remplis par de nouveaux titulaires.

(1) Les art. 2, 3 et 4 du titre II avaient été supprimés comme inutiles. *(Note de M. Boulay de la Meurthe).*

TITRE QUATRIÈME

De la nomination aux Evêchés conservés

Article 1er. — La nomination aux métropoles et évêchés de la nouvelle circonscription, ainsi qu'aux vacances qui surviendront, sera faite par le Premier consul et par ses successeurs catholiques.

L'institution canonique appartient au Saint-Siège, et Sa Sainteté s'engage à la conférer dans la forme ordinaire aux nouveaux titulaires, aussitôt que leur nomination lui sera notifiée.

Art. 2. — Dans le cas où les successeurs du Premier consul ne professeraient pas la religion catholique, apostolique et romaine, le gouvernement de la République et le Saint-Siège se concerteront pour que les lois de l'Eglise soient observées en ce point, sans qu'il soit porté atteinte aux droits du gouvernement.

TITRE CINQUIÈME

De la garantie à donner au gouvernement par les ministres de la Religion catholique

Article 1er. — Les évêques nommés par le Premier consul et institués canoniquement par le Saint-Siège feront, avant leur consécration, la promesse de fidélité à la Constitution entre les mains du Premier consul.

Art. 2. — Les ecclésiastiques du second ordre feront la même promesse entre les mains des autorités civiles, chargées de la recevoir.

Cette promesse emporte l'engagement de ne jamais faire servir leur influence personnelle ou celle de leur ministère, à détourner les fidèles de l'obéissance due au gouvernement et du respect qu'ils doivent porter aux autorités constituées.

Le gouvernement déclare qu'il n'exige rien de relatif à la liberté du culte et à la doctrine de l'Eglise catholique.

TITRE SIXIÈME

Des autres titres ecclésiastiques

Article 1or. — Le Saint-Siège autorise les évêques français à faire, chacun dans leurs diocèses, une nouvelle circonscription des paroisses.

Art. 2. — Les nouvelles circonscriptions seront soumises à l'approbation du gouvernement.

Art. 3. — La nomination à tous les titres curiaux sera faite par les évêques.

TITRE SEPTIÈME

Du traitement des archevêques, évêques et autres ecclésiastiques

Article 1er. — La République accorde aux titulaires des évêchés et des cures, le traitement annuel qui leur fut accordé par les décrets de l'Assemblée constituante des 24 juillet, 3, 6, 11 août 1790.

Art. 2. — Les dispositions de l'arrêté du 7 nivôse an viii relatives aux édifices servant au culte, et adoptées par les Consuls pour les départements de l'Ouest, seront étendues aux autres départements de la République.

Art. 3. — Le gouvernement permet aux catholiques français de faire, quant à présent et sans rien préjuger pour l'avenir, des fondations en rente sur l'Etat au profit de l'Eglise, lesquelles rentes, ainsi que les édifices et habitations destinées aux ministres du culte, seront assujetties aux impôts et charges de l'Etat.

TITRE HUITIÈME

De la garantie donnée par l'Eglise aux acquéreurs des biens ecclésiastiques

Le Saint-Siège reconnaît les aliénations des domaines

ecclésiastiques faites en vertu des lois de la République, et la propriété incommutable de ces domaines dans les mains des acquéreurs ; il interdit, tant aux ecclésiastiques qu'aux fidèles, toute réclamation sur cet objet.

TITRE NEUVIÈME

Articles généraux

Article 1er. — Sa Sainteté reconnaît dans le gouvernement français actuel les mêmes droits et privilèges dont jouissaient les rois de France avant la Révolution et le changement de gouvernement.

Art. 2. — Les ecclésiastiques qui, dans ces derniers temps, sont entrés après leur consécration dans les liens du mariage seront réputés simples citoyens et réduits comme tels à la communion laïque.

Art. 3. — Les évêques qui ont exercé en France des fonctions épiscopales sans avoir été canoniquement institués par le Saint-Siège, et les prêtres qui ont été pourvus par eux, seront de droit réunis au Saint-Siège, s'ils déclarent simplement et volontairement à Sa Sainteté, vouloir se conformer aux règles contenues dans les présents articles.

Art. 4. — La présente Convention sera religieusement observée. Sa Sainteté l'ordonne tant en son nom, qu'au nom de l'Eglise et de ses successeurs. Elle interdit toutes discussions ultérieures sur les articles qui en sont l'objet, sous peine d'encourir les censures ecclésiastiques.

Le Premier consul le promet également, au nom de la nation française et de ses successeurs, et défend à toutes personnes de s'y opposer, sur les peines portées par les lois contre ceux qui entravent l'exécution des ordres du gouvernement.

PROJET DE CONVENTION N° V

DICTÉ PAR LE PREMIER CONSUL

2 février 1801.

TITRE PREMIER

Article 1er. — Le gouvernement de la République française reconnaissant que la religion catholique, apostolique et romaine est la religion de la grande majorité des citoyens français, il sera fait de concert, par le gouvernement de la République et le Saint-Siège, une nouvelle circonscription des diocèses catholiques français.

Art. 2. — Les titulaires actuels, à quelque titre que ce soit, des évêchés français, seront invités par Sa Sainteté à se démettre. Les sièges de ceux qui se refuseraient à cette mesure que commande le bien de l'Eglise, seront déclarés vacants par l'autorité du chef suprême de l'Eglise.

TITRE DEUXIÈME

Article 1er. — Le Premier consul nommera, dans les trois mois qui suivront la publication de la Bulle de Sa Sainteté aux archevêchés et évêchés de la nouvelle circonscription. Sa Sainteté s'engage à conférer l'institution canonique dans les formes accoutumées aussitôt que les modifications lui seront notifiées.

Art. 2. — Les nominations aux évêchés vacants, seront également faites par le Premier consul.

TITRE TROISIÈME

Article 1er. — Les évêques, avant d'entrer en fonction, prêteront directement entre les mains du Premier consul, le serment de fidélité et d'obéissance au gouvernement institué par la constitution de la République.

Art. 2. — Les ecclésiastiques du second ordre prêteront le même serment entre les mains des autorités civiles qui seront désignées par le gouvernement.

Art. 3. — La formule de prière qui suit, sera récitée à la fin de l'office divin dans les Eglises catholiques de France.

TITRE QUATRIÈME

Article 1er. — Les évêques, de concert avec le gouvernement, feront une nouvelle circonscription de paroisses dans leurs diocèses respectifs.

Art. 2. — Ils nommeront à toutes les cures, avec l'approbation du gouvernement.

TITRE CINQUIÈME

Article 1er. — Toutes les églises métropolitaines, cathédrales et paroissiales, qui ne seraient pas aliénées, seront remises à la disposition du culte catholique, conformément à l'arrêté du 7 nivôse an VIII.

Art. 2. — Le Saint-Siège reconnaît les aliénations des domaines ecclésiastiques faites en vertu des lois de la République et la propriété incommutable de ces domaines dans les mains des acquéreurs.

Art. 3. — Le gouvernement prendra les mesures nécessaires pour assurer un traitement convenable aux évêques dont les sièges sont compris dans la nouvelle circonscription, ainsi qu'aux curés de leurs diocèses.

Art. 4. — Le gouvernement de la République prendra des mesures, pour qu'il soit permis aux catholiques français de faire des fondations en rentes sur l'Etat en faveur des églises, lesquelles, dans cette jouissance, ainsi que dans celle indiquée dans l'article premier du titre V, seront soumises à toutes les charges de l'Etat.

TITRE SIXIÈME

Article 1er. — Les ecclésiastiques qui sont entrés depuis leur consécration dans les liens du mariage ou qui par

d'autres actes ont notoirement renoncé à l'état ecclésiastique,
rentreront dans la classe des simples citoyens, et seront
admis comme tels à la communion laïque.

Art. 2. — Sa Sainteté reconnaît dans le gouvernement
français actuel les mêmes droits et privilèges dont jouissaient
les rois de France, avant la Révolution et le changement de
gouvernement.

VARIANTES DU PROJET V, INDIQUÉES CONFIDEN-
TIELLEMENT PAR BERNIER, COMME ADMIS-
SIBLES.

Paris, 25 février 1801.

Article 1er. — Le gouvernement français reconnaît que
la religion catholique, apostolique et romaine est la religion
de la grande majorité des citoyens français.

Il l'adopte pour sa religion particulière : il protégera la
publicité de son culte, sans préjudicier à la liberté d'aucun
autre.

Art. 2. — Il sera fait, de concert entre lui et le Saint-
Siège, une nouvelle circonscription des diocèses français :
leur nombre sera réduit, de telle manière néanmoins qu'il
suffise aux besoins spirituels des fidèles.

Art. 3. — Le gouvernement déclare que, vu les circonstances, il ne pourrait allier le maintien de la paix intérieure
avec le retour de la religion catholique en France, sans
l'abdication préalable de tous les évêques, quel que soit leur
titre. Sa Sainteté accepte et ratifie cette disposition, pour le
bien de la paix et de la religion, et déclare qu'elle ne reconnaîtra pour évêques titulaires des évêchés conservés en
France, que ceux qui lui seront désignés par le Premier
consul dans les trois mois de la publication de la bulle, et
institués canoniquement par elle.

Art. 4. — Les nominations subséquentes se feront également par le Saint-Siège, dans les formes accoutumées,
aussitôt après leur notification.

Art. 5. — Les archevêques et évêques, avant d'entrer en

16

fonctions, prêteront directement entre les mains du Premier consul le serment de fidélité.

Art. 6. — La formule de ce serment sera celle-ci : « Je promets obéissance et fidélité au gouvernement établi par la Constitution de la République française. »

Art. 7. — Les ecclésiastiques du second ordre prêteront le même serment, entre les mains des autorités civiles désignées par le gouvernement.

Art. 8. — La prière suivante sera récitée, dans toutes les églises catholiques de France, à la fin de l'office divin : « *Domine salva Galliæ consules, et exaudi nos in die qua invocaverimus te.* »

Art. 10. — Les évêques, de concert avec le gouvernement, feront une nouvelle circonscription de paroisses dans leurs diocèses respectifs.

Art. 11. — Ils nommeront à toutes les cures et choisiront de préférence des pasteurs vertueux et pacifiques, agréables au gouvernement.

Art. 12. — Ils pourront avoir des séminaires et conserver à volonté des chapitres, mais sans dotation de la part du gouvernement.

Art. 13. — Toutes les églises, métropolitaines, cathédrales et paroissiales non aliénées seront remises à la disposition du culte catholique, conformément à l'arrêté du 7 nivôse an VIII.

Art. 14. — Le Saint-Siège reconnaît les aliénations des domaines ecclésiastiques faites en vertu des lois républicaines, et la propriété incommutable de ces domaines dans les mains des acquéreurs.

Art. 15. — Le gouvernement assure aux évêques et curés conservés un traitement convenable, fixé d'après les décrets de l'Assemblée constituante relatifs au culte.

Art. 16. — Il prendra des mesures pour que les catholiques français puissent, s'ils le veulent, faire en faveur des églises des fondations en rentes, assujetties aux charges de l'Etat.

Art. 17. — Les ecclésiastiques qui sont entrés depuis leur consécration dans les liens du mariage, ou qui par d'autres actes ont notoirement renoncé à l'état ecclésiastique, rentreront dans la classe des simples citoyens, et pourront, s'ils le demandent, être admis à la communion de l'Eglise, mais parmi les laïques seulement.

Art. 18. — Sa Sainteté reconnaît, dans le gouvernement français actuel, les mêmes droits et privilèges dont jouissaient les rois de France, avant la Révolution et le change·ment de gouvernement.

Art. 19. — Elle s'engage, ainsi que le gouvernement français, à maintenir la présente convention, à l'exécution de laquelle les deux autorités promettent de concourir également.

Nota. — L'article 14°, relatif aux biens ecclésiastiques, pourrait être ainsi rédigé en latin : « *Sanctitas Sua pro rata et consum-* « *mata habere consentit bonorum ecclesiasticorum alienationem,* « *virtute legum in Gallia factam ; incommutabilemque eorum,* « *in manibus acquisitorum, proprietatem et possessionem* « *agnoscit.* »

CONTRE-PROJET ROMAIN

Rome, 12 mai 1801.

Convention entre S. S. le pape Pie VII *et le gouvernement français.*

Article 1er. — Gubernium Gallicanæ reipublicæ recognoscit maximam civium partem religionem catholicam, apostolicam, romanam profiteri. Pari spiritu animatum, eamdemque religionem profitens, illam proteget ita ut libere et palam divinæ cultui vocari in Gallia possit. Dogmatum ejus puritatem et ecclesiasticæ disciplinæ exercitium liberum servabit. Leges atque

Le gouvernement de la République française reconnaît que la religion catholique, apostolique, romaine, est la religion de la grande majorité des citoyens français. Animé par les mêmes sentiments, et professant la même religion, il protègera la liberté et la publicité de son culte ; il la conservera dans toute la pureté de ses dogmes et dans l'exercice de sa discipline. Les lois et dé-

decreta eorumdem dogmatorum puritati liberoque disciplinæ exercitio adversantia, irrita fient.

Art. 2. — Ab Apostolica Sede collatis cum Gallicano Gubernio consiliis, novis finibus Galliarum diœceses circumscribentur : earum tamen numerus ita redigetur, ut spiritualibus fidelium necessitatibus satis cons ultum sit.

Art. 3. — Summus Pontifex legitimis Galliarum significabit se juste ac firmiter de eorum animorum dispositione illud persuasum habere, nimirum eos ad omnia sacrificia paratos esse, quæ pax atque Ecclesiæ unitas exigere ab eis possit.

Hæc hortatione præmissa, Sanctitas Sua, ne diutius religionis catholicæ, apostolicæ, romanæ restitutio in Gallia differatur, opportuna media adhibebit, quibus religionis bono consulatur, ac novæ diœcesium circumscriptio plenissimum sortiatur effectum, juxta finem quem in eadem probanda Sanctitas Sua sibi proposuit.

Art. 4. — Consul Primus, professione catholicus, intra tres menses qui primi promulgationem constitutionis apostolicæ pro novarum diœcesium circumscriptione con-

crets contraires à la pureté de ses dogmes et au libre exercice de sa discipline, seront annulés.

Il sera fait par le Saint-Siège, de concert avec le gouvernement, une nouvelle circonscription des diocéses français : leur nombre sera réduit de telle manière, néanmoins, qu'il suffise aux besoins spirituels des fidèles.

Sa Sainteté témoignera aux évêques légitimes la juste et ferme persuasion où elle est de leur disposition à se prêter à tout sacrifice, que pourra exiger d'eux la paix et l'unité de l'Eglise.

D'après cette exhortation, le Saint-Père, pour ne point retarder davantage le rétablissement de la religion catholique, apostolique et romaine en France, prendra les mesures convenables pour le bien de la religion et pour le plein effet de la nouvelle circonscription, conformément à l'objet qu'il s'est proposé en l'approuvant.

Le Premier consul, professant la religion catholique, nommera aux archevêchés et évêchés de la circonscription nouvelle, dans les premiers trois mois qui

sequentur, archiepiscopos et episcopos nominabit. Ponti-fex vero iisdem ita nominatis institutionem canonicam dabit plene, ac juxta formas in concordatis inter Leonem X summum Pontificem et Francescum I regem statutas.

Art. 5. — Item Consul primus ad episcopales sedes quæ in posterum vacaverint, novos antistites nominabit; iisque, ut in articulo præcedenti constitutum est, Apostolica Sedes canonicam dabit institutionem.

Art. 6. — Archiepiscopi atque episcopi, antequam munus suum gerendum suscipiant, coram Primo consule directe juramentum fidelitatis emittent.

Art. 7. — Juramenti formula hæc erit : « Ego promitto obedientiam et fidelitatem regimini statuto Gallicanæ reipublicæ constitutione ».

Art. 8. — Ecclesiastici secundi ordinis idem juramentum emittent coram auctoritatibus civilibus a Gallicano regimine designatis.

Art. 9. — Post divina officia in omnibus catholicis Gallicæ templis sic orabitur :

« Domine, salvam fac rem Gallicanam et exaudi nos in die qua invocaverimus te » ;

suivront la publication de la bulle de Sa Sainteté concernant la circonscription susdite. Sa Sainteté donnera à ceux qui seront ainsi nommés, l'institution canonique dans les formes établies dans le Concordat entre Léon X et François Ier.

Les nominations aux évêchés qui viendront à vaquer, se feront également par le Premier consul, et l'institution sera donnée par le Saint-Siège en conformité de l'article précédent.

Les archevêques et évêques, avant d'entrer en fonctions, prêteront directement entre les mains du Premier consul le serment de fidélité.

La formule du serment sera celle-ci : « Je promets obéissance et fidélité au gouvernement établi par la constitution de la République française. »

Les ecclésiastiques du second ordre prêteront le même serment entre les mains des autorités civiles, désignées par le gouvernement.

La prière suivante sera récitée dans toutes les églises catholiques de France, à la fin de l'office divin :

Domine, salvam fac rem Gallicanam et exaudi nos in

sive : « Domine, salva Galliæ consules et exaudi nos in die qua invocaverimus te. »

Art. 10. — Episcopi, collatis cum gubernio consiliis, in sua quisque diœcesi novas parœcias circumscribent ; ita tamen ut non desit quo spiritualibus fidelium necessitatibus occurri possit.

Art. 11. — Idem episcopi ad parœcias omnes nominabunt, talesque seligent pastores qui dotibus per sacros canones requisitis præditi sint ad spirituale gregis sui bonum procurandum, itemque pacis studiosi, nec gubernii fiducia indigni.

Art. 12. — Poterunt iidem episcopi habere Seminaria, itemque Capitula, verum sine ulla dotationis obligatione ex parte gubernii.

Art. 13. — Templa metropolitana, cathedralia, parochialia, cæteraque omnia quæ nondum alienata sunt, catholicæ religionis usui restituentur.

Art. 14. — Summus Pontifex, ut, quantum fieri potest, operam suam conferat ad Galliarum tranquillitatem quæ perturbaretur omnino si Ecclesiæ bono a Republica alienata ab iis qui ex nunc possident essent repetenda, ac præsertim ne vel minimum

die qua invocaremus te » ; ou « Domine, salva Galliæ consules et exaudi nos in die qua invocaremus te ».

Les évêques, de concert avec le gouvernement, feront une nouvelle circonscription de paroisses dans leurs diocèses respectifs ; bien entendu qu'il soit pouvu aux besoins spirituels des fidèles.

Ils nommeront à toutes les cures, et choisiront des pasteurs doués des qualités requises par les lois de l'Eglise pour le bien spirituel de leurs troupeaux, pacifiques et qui n'auront pas démérité la confiance du gouvernement.

Ils pourront avoir des séminaires et conserver à volonté des chapitres ; mais sans obligation de dotation de la part du gouvernement.

Toutes les églises métropolitaines, cathédrales, paroissiales et les autres non aliénées seront remises à la disposition du culte catholique.

Le Saint-Père afin de coopérer, autant qu'il est en lui, à la tranquillité de la France, qui serait entièrement troublée par la répétition des biens ecclésiastiques aliénés par la République, et particulièrement pour ne point retarder le rétablisse-

quidem temporis differatur catholicæ religionis restitutio, inspecta tantæ rei gravitate simulque novorum possessorum multitudine, antecessorum Pontificium exemplo, liberat ab omni onere restitutionis tam fundorum acquisitorum quam fructuum perceptorum vel percipiendorum novos possessores, sive ii catholici sint, sive ab Ecclesiæ unitate sejuncti iterum cum illa reconciliari velint.

ment de la religion catholique ; eu égard à l'importance de l'objet et à la multitude des acquéreurs ; dispense, à l'exemple de ses prédécesseurs, les acqué. reurs catholiques ou qui s'étant éloignés de l'unité de l'Eglise, y feront retour, de toute restitution soit des biens fonds, soit des fruits perçus ou à percevoir.

Declarat præterea cæteros novos possessores neque a se, neque a Romanis Pontificibus, successoribus suis, quoad possessionem dictorum bonorum, molestiam ullam habituros.

Il déclare aussi que les autres ne seront pas inquiétés dans leur possession desdits biens, ni par lui, ni par ses successeurs.

Art. 15. — Gallicanæ reipublicæ gubernium in se recipit præstiturum ut, tum episcopis quorum diœceses nova circumscriptio complectitur, tum eorundem diœcesium parochis, juxta cujusque statum, consulatur, quo decenter sustentari possiut.

Le gouvernement se charge d'un traitement convenable aux évêques dont les diocèses sont compris dans la nouvelle circonscription, ainsi qu'aux curés de leurs diocèses.

Art. 16. — Idem gubernium curabit ut catholicis in Gallia liberum sit, si libuerit, novis fundationibus ecclesiis consulere, quarum tamen redditus publicis oneribus sint obnoxii.

Il prendra des mesures pour que les catholiques français puissent, s'ils le veulent, faire en faveur des églises, des fondations assujetties aux charges de l'Etat.

Art. 17. — Gallicanæ rei-

Le gouvernement de la

publicæ gubernium iisdem privilegiis per Santam Sedem agnitis fruetur, quibus olim Galliarum reges fruebantur, antequam mutatis rebus nova regiminis forma induceretur.

République française jouira des mêmes privilèges reconnus par le Saint-Siège, dont jouissaient les rois de France avant la Révolution et le changement du gouvernement.

Nota. — Voici maintenant les articles « segnati con tre puntini » qui formaient à leur tour variantes au « Progetto con due puntini », et ne devaient être admis que comme dernière ressource :

Article 1er. — Gubernium Gallicanæ reipublicæ recognoscit maximam civium partem religionem catholicam, apostolicam, romanam profiteri. Pari spiritu animatum, *eamdemque religionem tanquam suam peculiarem adoptans,* illam proteget...

Le gouvernement français reconnaît que la religion catholique, apostolique et romaine est la religion de la grande majorité des citoyens français. Animé par les mêmes sentiments, *et l'adoptant lui-même pour sa religion particulière,* il protégera...

Art. 4. — Primus consul, in catholica religione manens, intra tres menses....

Le Premier consul, étant dans la religion catholique, nommera aux archevêchés....

Art. 7. — Juramenti formula hæc erit : « Ego promitto submissionem legibus *salva religione,* et obedientiam regimini statuto Gallicanæ reipublicæ constitutione. »

La formule du serment sera celle-ci : « Je promets soumission aux lois, *sauf la religion,* et obéissance au gouvernement établi par la Constitution de la République française. »

(*Documents sur la Négociation du Concordat,* t. II, p. 275).

PROJET DE CONVENTION N° VI

Paris, vers le 14 juin 1801.

*Convention entre le gouvernement français
et Sa Sainteté le pape Pie VII.*

TITRE PREMIER

Article 1er. — Le gouvernement de la République française, reconnaissant que la religion catholique, apostolique et romaine est la religion de la grande majorité des citoyens français, il sera fait de concert, par le gouvernement de la République et le Saint-Siège, une nouvelle circonscription des diocèses catholiques français.

Art. 2. — Sa Sainteté déclarera à tous les titulaires des évêchés français qu'elle attend d'eux avec confiance, et qu'ils doivent faire pour le bien de la paix, toute espèce de sacrifice, même celui de leurs sièges ; et, d'après cette exhortation, tous les diocèses de la circonscription nouvelle seront réputés vacants, et il sera pourvu à leur gouvernement de la manière indiquée dans le titre suivant.

TITRE DEUXIÈME

Article 1er. — Le Premier consul de la République française nommera, dans les trois mois qui suivront la publication de la bulle de Sa Sainteté, aux archevêchés et évêchés de la nouvelle circonscription. Sa Sainteté s'engage à conférer l'institution canonique dans les formes usitées, aussitôt que les nominations lui seront notifiées.

Art. 2. — Les nominations aux évêchés qui vaqueront dans la suite, seront également faites par le Premier consul, en conformité de l'article précédent.

TITRE TROISIÈME

Article 1er. — Les évêques, avant d'entrer en fonctions, prêteront directement entre les mains du Premier consul le serment de fidélité dans la forme suivante : « Je promets obéissance et fidélité au gouvernement, et aux autorités établies par la constitution de la République française », ou celle-ci : « Je promets soumission aux lois civiles et politiques de la République française, et obéissance au gouvernement établi par la constitution. »

Art. 2. — Les ecclésiastiques du second ordre prêteront le même serment entre les mains des autorités civiles désignées par le gouvernement.

Art. 3. — La formule de prière suivante sera récitée à la fin de l'office divin dans les églises catholiques de France : *Domine, salva Galliæ consules*, etc., ou celle-ci : *Domine, salvam fac Galliam*, etc., ou enfin : *Domine, salvam fac Rem Gallicanam*, etc.

TITRE QUATRIÈME

Article 1er. — Les évêques feront, avec l'approbation du gouvernement, une nouvelle circonscription des paroisses de leurs diocèses respectifs.

Art. 2. — Ils nommeront à toutes les cures, mais ces nominations seront soumises à l'approbation du gouvernement.

TITRE CINQUIÈME

Article 1er. — Toutes les églises métropolitaines, cathédrales, paroissiales et autres non aliénées seront remises à la disposition du culte catholique.

Art. 2. — Sa Sainteté, pour elle et ses successeurs, renonce au nom de l'Eglise, pour le bien de la paix, à toute prétention sur les domaines ecclésiastiques aliénés en France, et déclare que la propriété de ces mêmes biens et les droits y attachés demeureront incommutables entre les mains des acquéreurs.

Art. 3. — Le gouvernement prendra les mesures nécessaires pour assurer un traitement convenable aux évêques
dont les diocèses sont compris dans la nouvelle circonscription, ainsi qu'aux curés de leurs diocèses.

Art. 4. — Le gouvernement prendra également des mesures pour que les catholiques français puissent, s'ils le
veulent, faire en faveur des églises, des fondations assujetties aux charges de l'Etat. Il se réserve d'en régler la
nature et les formes.

TITRE SIXIÈME

Article 1er. — Les ecclésiastiques qui depuis leur consécration sont entrés dans les liens du mariage, ou qui par
d'autres actes ont notoirement renoncé à l'état ecclésiastique, seront admis à la communion laïque.

Art. 2. — Sa Sainteté reconnaît dans le gouvernement
français les mêmes droits et prérogatives dont jouissaient
près d'elle les rois de France avant la Révolution et le
changement de gouvernement.

PROJET DE CONVENTION N° VII

Paris, 26 juin 1801.

*Convention entre le gouvernement français
et Sa Sainteté le pape Pie VII.*

Le gouvernement de la République française reconnaît
que la religion catholique, apostolique et romaine est celle
de la grande majorité des citoyens français.

Le Saint-Père reconnaît que c'est de l'établissement et de
l'exercice du culte catholique au sein de la France que la
religion catholique, apostolique et romaine a retiré dans
tous les temps son plus grand éclat.

En conséquence, les deux gouvernements, également
animés du désir de mettre fin aux divisions politiques et

religieuses qui ont interrompu jusqu'à ce jour le libre et légitime exercice du culte romain, sont convenus des articles suivants :

TITRE PREMIER

Article 1er. — Il sera fait de concert par le gouvernement de la République et le Saint-Siège une nouvelle circonscription des diocèses catholiques français.

Art. 2. — Sa Sainteté déclarera à tous les titulaires des évêchés français qu'elle attend d'eux avec confiance, et qu'ils doivent faire pour le bien de la paix, toute espèce de sacrifices, même celui de leurs sièges ; et, d'après cette exhortation, ces sièges seront réputés vacants.

TITRE DEUXIÈME

Article 1er. — Le Premier consul de la République nommera, dans les trois mois qui suiveront la publication de la bulle de Sa Sainteté, aux archevêchés et évêchés de la nouvelle circonscription.

Sa Sainteté conférera l'institution canonique dans les formes usitées, aussitôt que les nominations lui seront notifiées.

Art. 2. — Les nominations aux évêchés qui vaqueront dans la suite, seront également faites par le Premier consul, en conformité de l'article précédent.

TITRE TROISIÈME

Article 1er. — Les évêques avant d'entrer en fonctions, prêteront directement entre les mains du Premier consul, le serment de fidélité dans la forme suivante : « Je promets obéissance au gouvernement établi par la constitution, et soumission aux lois civiles et politiques de la République. »

Art. 2. — Les ecclésiastiques du second ordre prêteront le même serment entre les mains des autorités civiles, désignées par le gouvernement.

Art. 3. — La formule de prière suivante sera récitée à la

fin de l'office divin, dans les églises catholiques de France :
Domine, salva Galliæ consules, etc., ou : *Domine, salvam fac
Galliam*, etc., ou enfin : *Domine, salvam fac Rem galli-
canam*, etc.

TITRE QUATRIÈME

Article 1ᵉʳ. — Les évêques feront, avec l'approbation du
gouvernement, une nouvelle circonscription des paroisses
de leurs diocèses respectifs.

Art. 2. — Ils nommeront à toutes les cures. Ces nominations seront soumises à l'approbation du gouvernement.

TITRE CINQUIÈME

Article 1ᵉʳ. — Toutes les églises métropolitaines, cathédrales, paroissiales et autres non aliénées, seront remises à
la disposition du culte catholique.

Art. 2. — Sa Sainteté pour elle et ses successeurs, renonce
au nom de l'Eglise, pour le bien de la paix, à toute prétention sur les domaines ecclésiastiques aliénés en France, et
déclare que la propriété de ces mêmes biens et les droits y
attachés demeureront incommutables entre les mains des
acquéreurs.

Art. 3. — Le gouvernement prendra les mesures nécessaires pour assurer un traitement convenable aux évêques
dont les diocèses sont compris dans la nouvelle circonscription, ainsi qu'aux curés de leurs diocèses.

Art. 4. — Le gouvernement prendra également des mesures pour que les catholiques français puissent, s'ils le
veulent, faire en faveur des églises, des fondations en rentes
sur l'Etat.

TITRE SIXIÈME

Article 1ᵉʳ. — Les ecclésiastiques qui depuis leur consécration sont entrés dans les liens du mariages, ou qui par
d'autres actes ont notoirement renoncé à leur état, seront
admis à la communion laïque.

Art. 2. — Sa Sainteté reconnaît dans le gouvernement

français les mêmes droits et prérogatives dont jouissaient près d'elle les rois de France avant la Révolution et le changement de gouvernement.

PROJET DE CONVENTION (No VIII) DISCUTÉ DANS LA PREMIÈRE CONFÉRENCE

Paris, 13 juillet 1801.

Projet de Convention entre S. S. le pape Pie VII et le gouvernement français.

Le gouvernement de la République reconnaît que la religion catholique, apostolique et romaine est la religion de la grande majorité des citoyens français.

Sa Sainteté reconnait également que c'est de l'établissement du culte catholique en France, que cette même religion catholique, apostolique et romaine a retiré et attend encore en ce moment le plus grand bien et le plus grand éclat.

En conséquence, et d'après cette reconnaissance mutuelle, pour le maintien de la paix civile et religieuse, ils sont convenus de ce qui suit :

TITRE PREMIER

Article 1er. — La religion catholique, apostolique et romaine sera librement exercée en France. Son culte sera public, en se conformant toutefois aux règlements de police que le gouvernement jugera nécessaires.

Art. 2. — Il sera fait par le Saint-Siège, de concert avec le gouvernement, une nouvelle circonscription de diocèses catholiques français.

Art. 3. — Sa Sainteté déclarera aux titulaires des évêchés français qu'elle attend avec une ferme confiance, pour le bien de la paix et de l'unité, toute espèce de sacrifices, même celui de leurs sièges.

D'après cette exhortation, s'ils se refusaient à ce sacrifice commandé par le bien de l'Eglise (refus néanmoins auquel Sa Sainteté ne s'attend pas), il sera pourvu par la nomination de nouveaux titulaires au gouvernement des évêchés de la circonscription nouvelle, de la manière suivante :

TITRE DEUXIÈME

Article 1er. — Le Premier consul de la République nommera, dans les trois mois qui suivront la publication de la bulle de Sa Sainteté, aux archevêchés et évêchés de la nouvelle circonscription.

Sa Sainteté conférera immédiatement l'institution canonique, suivant les formes établies par rapport à la France avant le changement de gouvernement.

Art. 2. — Les nominations aux évêchés qui vaqueront dans la suite seront également faites par le Premier consul, et l'institution canonique sera donnée par le Saint-Siège, en conformité de l'article précédent.

TITRE TROISIÈME

Article 1er. — Les évêques, avant d'entrer en fonctions, prêteront directement entre les mains du Premier consul le serment de fidélité dans la forme suivante : « Je promets obéissance au gouvernement établi par la Constitution, et soumission aux lois de la République. »

Ou bien la formule suivante : « Je jure et promets à Dieu sur les saints évangiles, de garder obéissance et fidélité au gouvernement établi par la Constitution de la République française. Je promets aussi de n'avoir aucune intelligence, de n'assister à aucune ligue, soit au dedans soit au dehors, qui soit contraire à la tranquillité de l'Etat. »

Art. 2. — Les ecclésiastiques du second ordre prêteront le même serment entre les mains des autorités civiles, désignées par le gouvernement.

Art. 3. — La formule de prière suivante sera récitée à la fin de l'office divin dans toutes les églises catholiques de France : *Domine, salvam fac Rempublicam gallicanam.*

TITRE QUATRIÈME

Art. 1er. — Les évêques feront une nouvelle circonscription des paroisses de leurs diocèses, qui n'aura d'effet que d'après le consentement du gouvernement.

Art. 2. — Les évêques nommeront aux cures avec l'approbation du gouvernement.

TITRE CINQUIÈME

Article 1er. — Toutes les églises métropolitaines, cathédrales et paroissiales non aliénées, nécessaires au culte, seront mises à la disposition des évêques.

Art. 2. — Sa Sainteté, au nom de l'Eglise, pour le bien de la paix et l'heureux rétablissement de la religion catholique, déclare que ni elle, ni ses successeurs ne troubleront en aucune manière les acquéreurs des biens ecclésiastiques, et que la propriété de ces mêmes biens, les droits et revenus y attachés, demeureront incommutables entre leurs mains et celles de leur ayant-cause.

Art. 3. — Le gouvernement prendra des mesures pour assurer un traitement convenable aux évêques et aux curés, conformément aux articles 1 et 2 du titre II.

Art. 4. — Le gouvernement prendra également des mesures pour que les catholiques français puissent, s'ils le veulent, faire en faveur des églises des fondations de rentes sur l'Etat, dont il se réserve de régler la nature, la qualité et les formes.

TITRE SIXIÈME

Sa Sainteté relèvera de la loi du célibat les ecclésiastiques qui depuis leur consécration sont entrés dans les liens du mariage, sous la clause qu'ils renonceront à l'exercice de leurs fonctions, et admettra au rang de catholiques séculiers ceux qui par d'autres actes ont notoirement renoncé à leur état.

TITRE SEPTIÈME

Sa Sainteté reconnaît dans le gouvernement français les mêmes droits et prérogatives, dont jouissaient près d'elle les rois de France avant le changement de gouvernement.

TITRE HUITIÈME

Il est convenu entre les parties contractantes que, dans le cas où quelqu'un des successeurs du Premier consul actuel ne serait pas catholique, les droits et prérogatives mentionnés dans le titre ci-dessus, et la nomination aux évêchés seront réglés par rapport à lui par une nouvelle convention.

PROJET DE CONVENTION ARRÊTÉ PAR LES PLÉNIPOTENTIAIRES A LA FIN DE LA PREMIÈRE CONFÉRENCE.

Paris, 25 messidor an IX (14 juillet 1801).

Convention entre Sa Sainteté Pie VII et le gouvernement français.

Le gouvernement de la République reconnaît que la religion catholique, apostolique et romaine, est la religion de la grande majorité des citoyens français.

Sa Sainteté reconnaît également que cette même religion a retiré, et attend encore en ce moment, le plus grand bien et le plus grand éclat de l'établissement du culte catholique en France et de la profession particulière qu'en font les consuls de la République.

En conséquence, d'après cette reconnaissance mutuelle, tant pour le bien de la religion que pour le maintien de la paix extérieure, ils sont convenus de ce qui suit :

17

Article 1er. — La religion catholique, apostolique et romaine, sera librement exercée en France. Les obstacles qui pourront encore subsister seront levés. Son culte sera public, en se conformant toutefois aux règlements de police que les circonstances de ce temps rendront nécessaires.

Art. 2. — Il sera fait par le Saint-Siège, de concert avec le gouvernement, une nouvelle circonscription des diocèses français.

Art. 3. — Sa Sainteté déclarera aux titulaires des évêchés français, qu'elle attend d'eux, avec une ferme confiance, pour le bien de la paix et de l'unité, toute espèce de sacrifices, même celui de leurs sièges.

D'après cette exhortation s'ils se refusaient à ce sacrifice commandé pour le bien de l'Eglise (refus néanmoins auquel Sa Sainteté ne s'attend pas), il sera pourvu (par) de nouveaux titulaires, au gouvernement des évêchés de la circonscription nouvelle, de la manière suivante.

Art. 4. — Le Premier consul de la République nommera, dans les trois mois qui suivront la publication de la bulle de Sa Sainteté, aux archevêchés et évêchés de la circonscription nouvelle. Sa Sainteté conférera l'institution canonique, suivant les formules établies par rapport à la France avant le changement de gouvernement.

Art. 5. — Les nominations aux évêchés qui vaqueront dans la suite, seront également faites par le Premier consul; et l'institution canonique sera donnée par le Saint-Siège, en conformité de l'article précédent.

Art. 6. — Les évêques, avant d'entrer en fonctions, prêteront directement, entre les mains du Premier consul, le serment de fidélité qui était en usage avant le changement de gouvernement, exprimé dans les termes suivants :

« Je jure et promets à Dieu, sur les saints évangiles, de garder obéissance et fidélité au gouvernement établi par la constitution de la République française. Je promets aussi de n'avoir aucune intelligence, de n'assister à aucun conseil, de n'entretenir aucune ligue, soit au dedans soit au dehors, qui soit contraire à la tranquillité publique ; et si, dans mon diocèse ou ailleurs, j'apprends qu'il se trame quelque chose au préjudice de l'Etat, je le ferai savoir au gouvernement. »

Art. 7. — Les ecclésiastiques du second ordre prêteront

le même serment entre les mains des autorités civiles, désignées par le gouvernement.

Art. 8. — La formule de prière suivante sera récitée à la fin de l'office divin, dans toutes les églises catholiques de France : *Domine, salvam fac Rempublicam*, etc ; *Domine, salvos fac Consules*, etc.

Art. 9. — Les évêques feront une nouvelle circonscription des paroisses de leurs diocèses, qui n'aura d'effet que d'après le consentement du gouvernement.

Art. 10. — Les évêques nommeront aux cures. Ils ne choisiront les pasteurs, qu'après s'être assurés qu'ils ont les qualités requises par les lois de l'Eglise et qu'ils jouissent de la confiance du gouvernement.

Art. 11. — Les évêques pourront avoir un chapitre dans leur cathédrale, et un séminaire pour leur diocèse, sans que le gouvernement s'oblige à les doter.

Art. 12. — Toutes les églises métropolitaines, cathédrales, paroissiales et autres non aliénées, ou affectées à un service public, seront mises à la disposition des évêques.

Art. 13. — Sa Sainteté, pour le bien de la paix et l'heureux rétablissement de la religion catholique, déclare que ni elle ni ses successeurs, ne troubleront en aucune manière les acquéreurs des biens ecclésiastiques aliénés, et qu'en conséquence la propriété de ces mêmes biens, les droits et revenus y attachés, demeureront incommutables entre leurs mains ou celles de leurs ayant-cause.

Art. 14. — Le gouvernement assurera un traitement convenable aux évêques et aux curés dont les diocèses et les cures seront compris dans la circonscription nouvelle.

Art. 15. — Le gouvernement prendra également des mesures pour que les catholiques français puissent, s'ils le veulent, faire en faveur des églises, des fondations.

Art. 16. — Sa Sainteté reconnaît dans le Premier consul, comme chef du gouvernement de la République française, les mêmes droits et prérogatives dont jouissaient près d'elle les rois de France avant le changement de gouvernement.

Art. 17. — Il est convenu entre les parties contractantes, que, dans le cas où quelqu'un des successeurs du Premier consul actuel ne serait pas catholique, les droits et prérogatives mentionnés dans l'article ci-dessus, et la nomination aux évêchés, seront réglés, par rapport à lui, par une nouvelle convention.

Fait à Paris, le 25 messidor de l'an ix de la République française.

DERNIER PROJET DU PREMIER CONSUL (N° IX)

Paris, 15 juillet 1801.

*Projet de convention entre S. S. le pape Pie VII
et le gouvernement français.*

Le gouvernement de la République française reconnaît que la religion catholique, apostolique et romaine est la religion de la grande majorité des citoyens français.

Sa Sainteté reconnait également que c'est de l'établissement du culte catholique en France et de la profession particulière qu'en fait le gouvernement actuel, en la personne des consuls auxquels il est confié, que cette même religion a retiré, et attend encore en ce moment, le plus grand bien et le plus grand éclat.

En conséquence et d'après cette reconnaissance mutuelle, pour le bien de la religion et le maintien de la paix intérieure, ils sont convenus de ce qui suit :

TITRE PREMIER

Article 1er. — La religion catholique, apostolique et romaine sera librement exercée en France. Son culte sera public, en se conformant toutefois aux règlements de police que le gouvernement jugera nécessaires.

Art. 2. — Il sera fait par le Saint-Siège, de concert avec le gouvernement, une nouvelle circonscription des diocèses catholiques français.

Art. 3. — Sa Sainteté déclarera aux titulaires des évêchés français qu'elle attend d'eux avec une ferme confiance, pour le bien de la paix et de l'unité, toute espèce de sacrifice, même celui de leurs sièges.

D'après cette exhortation, s'ils se refusaient à ce sacrifice commandé par le bien de l'Eglise (refus néanmoins auquel Sa Sainteté ne s'attend pas), elle pourvoira par de nouveaux titulaires au gouvernement des évêchés de la circonscription nouvelle, de la manière suivante :

TITRE DEUXIÈME

Article 1er. — Le Premier consul de la République nommera, dans les trois mois qui suivront la publication de la bulle de Sa Sainteté, aux archevêchés et évêchés de la circonscription nouvelle. Sa Sainteté conférera l'institution canonique suivant les formes établies par rapport à la France avant le changement du gouvernement.

Art. 2. — Les nominations aux évêchés qui vaqueront dans la suite seront également faites par le Premier consul, et l'institution canonique donnée par le Saint-Siège, en conformité de l'article précédent.

TITRE TROISIÈME

Article 1er. — Les évêques, avant d'entrer en fonctions, prêteront directement entre les mains du Premier consul, le serment de fidélité dans la forme suivante :

« Vous jurez et promettez à Dieu sur les saints évangiles, de garder obéissance et fidélité au gouvernement établi par la constitution de la République française. Vous promettez aussi de n'avoir aucune intelligence, de n'assister à aucun conseil, de n'entretenir aucune ligue, soit au dedans soit au dehors, qui soit contraire à la tranquillité publique, et si, dans votre diocèse ou ailleurs, vous apprenez qu'il se trouve quelque chose au préjudice du gouvernement, vous serez tenu de l'avertir en toute diligence. Vous le jurez ainsi, et promettez à Dieu et au Premier consul. » L'évêque répondra : « Je le jure et je le promets. »

Art. 2. — Les ecclésiastiques du second ordre prêteront le

même serment entre les mains des autorités civiles, désignées par le gouvernement.

Art. 3. — La formule de prière suivante sera récitée à la fin de l'office divin dans toutes les églises catholiques de France : *Domine, salvos fac Consules.*

TITRE QUATRIÈME

Article 1er. — Les évêques feront une nouvelle circonscription des paroisses de leurs diocèses, qui n'aura d'effet que d'après le consentement obtenu du gouvernement.

Art. 2. — Les évêques nommeront aux cures avec l'approbation du gouvernement.

Art. 3. — Les évêques pourront avoir un chapitre dans leur cathédrale et un séminaire pour leur diocèse : ni les uns ni les autres ne seront dotés.

TITRE CINQUIÈME

Article 1er. — Toutes les églises métropolitaines, cathédrales, paroissiales, non aliénées, nécessaires au culte, seront mises à la disposition des évêques.

Art. 2. — Sa Sainteté, au nom de l'Eglise, pour le bien de la paix et l'heureux rétablissement de la religion, déclare que ni elle ni ses successeurs ne troubleront en aucune manière les acquéreurs des biens ecclésiastiques, et qu'en conséquence la propriété de ces mêmes biens, les droits et revenus y attachés, démeureront incommutables entre leurs mains et celles de leurs ayant-cause.

Art. 3. — Le gouvernement assurera un traitement convenable aux évêques et aux curés qui seront nommés conformément aux articles 1 et 2 du titre II.

Art. 4. — Le gouvernement prendra également des mesures pour que les catholiques français puissent, s'ils le veulent, faire en faveur des églises des fondations, dont il se réservera de régler la nature et les formes.

TITRE SIXIÈME

Article 1er. — Sa Sainteté reconnaît dans le gouvernement français les mêmes droits et prérogatives dont jouissaient près d'elle les rois de France avant le changement du gouvernement.

Art. 2. — Il est convenu entre les parties contractantes que dans le cas où quelqu'un des successeurs du Premier consul actuel ne serait pas catholique, les droits et prérogatives mentionnés dans l'article ci-dessus, et la nomination aux évêchés seront réglés par rapport à lui par nouvelle convention.

TEXTE DÉFINITIF DU CONCORDAT

Paris, 26 messidor an ix (15 juillet 1801).

Sa Sainteté le Souverain-Pontife Pie VII et le Premier consul de la République française ont nommé pour leurs plénipotentiaires respectifs :

Sa Sainteté, S. Em. Mgr Hercule Consalvi, cardinal de la sainte Eglise romaine, diacre de sainte Agathe *ad suburram*, son secrétaire d'Etat ; Joseph Spina, archevêque de Corinthe, prélat domestique de Sa Sainteté, assistant du trône pontifical, et le père Caselli, théologien consultant de Sa Sainteté, munis de pleins pouvoirs ;

Le Premier consul, les citoyens Joseph Bonaparte, conseiller d'Etat, Crétet, conseiller d'Etat, et Bernier, docteur en théologie, curé de Saint-Laud d'Angers, pareillement munis de pleins pouvoirs en bonne et due forme ;

Lesquels, après l'échange des pleins pouvoirs respectifs, ont arrêté la convention suivante :

Convention entre Sa Sainteté Pie VII et le gouvernement français :

Le gouvernement de la République reconnaît que la religion catholique, apostolique et romaine, est la religion de la grande majorité des citoyens français.

Sa Sainteté reconnaît également que cette même religion a retiré et attend encore en ce moment, le plus grand éclat de l'établissement du culte catholique en France, et de la profession particulière qu'en font les consuls de la République.

En conséquence, d'après cette reconnaissance mutuelle, tant pour le bien de la religion que pour le maintien de la tranquillité intérieure, ils sont convenus de ce qui suit :

Article 1er. — La religion catholique, apostolique et romaine, sera librement exercée en France.

Son culte sera public, en se conformant aux règlements de police que le gouvernement jugera nécessaires pour la tranquillité publique.

Art. 2. — Il sera fait par le Saint-Siège, de concert avec le gouvernement, une nouvelle circonscription des diocèses français.

Art. 3. — Sa Sainteté déclarera aux titulaires des évêchés français, qu'elle attend d'eux, avec une ferme confiance, pour le bien de la paix et de l'unité, toute espèce de sacrifices, même celui de leurs sièges.

D'après cette exhortation, s'ils se refusaient à ce sacrifice commandé par le bien de l'Eglise (refus néanmoins auquel Sa Sainteté ne s'attend pas) il sera pourvu, par de nouveaux titulaires, au gouvernement des évêchés de la circonscription nouvelle, de la manière suivante :

Art. 4. — Le Premier consul de la République nommera, dans les trois mois qui suivront la publication de la bulle de Sa Sainteté, aux archevêchés et évêchés de la circonscription nouvelle. Sa Sainteté conférera l'institution canonique, suivant les formes établies par rapport à la France avant le changement de gouvernement.

Art. 5. — Les nominations aux évêchés qui vaqueront dans la suite seront également faites par le Premier consul; et l'institution canonique sera donnée par le Saint-Siège, en conformité de l'article précédent.

Art. 6. — Les évêques, avant d'entrer en fonctions, prêteront directement, entre les mains du Premier consul, le serment de fidélité qui était en usage avant le changement de gouvernement exprimé dans les termes suivants :

« Je jure et promets à Dieu sur les saints évangiles, de garder obéissance et fidélité au gouvernement établi par la Constitution de la République française. Je promets aussi de n'avoir aucune intelligence, de n'assister à aucun conseil, de n'entretenir aucune ligue, soit au dedans, soit au dehors, qui soit contraire à la tranquillité publique ; et si, dans mon diocèse ou ailleurs, j'apprends qu'il se trame quelque chose au préjudice de l'Etat, je le ferai savoir au gouvernement. »

Art. 7. — Les ecclésiastiques du second ordre prêteront le même serment entre les mains des autorités civiles désignées par le gouvernement.

Art. 8. — La formule de prière suivante sera récitée à la fin de l'office divin dans toutes les églises catholiques de France :

« *Domine, salvam fac Rempublicam ; Domine, salvos fac Consules* ».

Art. 9. — Les évêques feront une nouvelle circonscription des paroisses de leurs diocèses, qui n'aura d'effet que d'après le consentement du gouvernement.

Art. 10. — Les évêques nommeront aux cures. Leur choix ne pourra tomber que sur des personnes agréées par le gouvernement.

Art. 11. — Les évêques pourront avoir un chapitre dans leur cathédrale, et un séminaire pour leur diocèse, sans que le gouvernement s'oblige à les doter.

Art. 12. — Toutes les églises métropolitaines, cathédrales, paroissiales et autres non aliénées, nécessaires au culte, seront mises à la disposition des évêques.

Art. 13. — Sa Sainteté, pour le bien de la paix et l'heureux rétablissement de la religion catholique, déclare que ni elle, ni ses successeurs, ne troubleront en aucune manière les acquéreurs des biens ecclésiastiques aliénés, et qu'en conséquence la propriété de ces mêmes biens, les droits et revenus y attachés, demeureront incommutables entre leurs mains ou celles de leurs ayant-cause.

Art. 14. — Le gouvernement assurera un traitement convenable aux évêques et aux curés dont les diocèses et les curés seront compris dans la circonscription nouvelle.

Art. 15. — Le gouvernement prendra également des mesures pour que les catholiques français puissent, s'ils le veulent, faire en faveur des églises, des fondations.

Art. 16. — Sa Sainteté reconnaît dans le Premier consul de la République française, les mêmes droits et prérogatives, dont jouissait près d'elle l'ancien gouvernement.

Art. 17. — Il est convenu entre les parties contractantes, que, dans le cas où quelqu'un des successeurs du Premier consul actuel ne serait pas catholique, les droits et prérogatives mentionnés dans l'article ci-dessus, et la nomination aux évêchés seront réglés par rapport à lui, par une nouvelle convention.

Les ratifications seront échangées à Paris dans l'espace de quarante jours.

Fait à Paris, le vingt-six messidor de l'An IX de la République française.

ARTICLES ORGANIQUES DE LA CONVENTION DU 26 MESSIDOR AN IX

TITRE PREMIER

Du régime de l'Eglise catholique dans ses rapports généraux avec les droits et la police de l'Etat

Article 1er. — Aucune bulle, bref, rescrit, décret, mandat, provision, signature servant de provision, ni autres expéditions de la cour de Rome, même ne concernant que les particuliers, ne pourront être reçus, publiés, imprimés, ni autrement mis à exécution, sans l'autorisation du gouvernement.

Art. 2. — Aucun individu se disant nonce, légat, vicaire ou commissaire apostolique, ou se prévalant de toute autre dénomination, ne pourra, sur la même autorisation, exercer sur le sol français ni ailleurs, aucune fonction relative aux affaires de l'Eglise gallicane.

Art. 3. — Les décrets des synodes étrangers, même ceux des conciles généraux, ne pourront être publiés en France avant que le gouvernement en ait examiné la forme, leur conformité avec les lois, droits et franchises de la République française, et tout ce qui, dans leur publication, peut altérer ou intéresser la tranquillité publique.

Aucun concile national ou métropolitain, aucun synode diocésain, aucune assemblée délibérante n'aura lieu sans la permission expresse du gouvernement.

Art. 5. — Toutes les fonctions ecclésiastiques seront gratuites, sauf les oblations qui seront autorisées et fixées par les règlements.

Art. 6. — Il y aura recours au conseil d'Etat dans tous les cas d'abus de la part des supérieurs et autres personnes ecclésiastiques. Les cas d'abus sont : l'usurpation ou l'excès de pouvoir, la contravention aux lois et règlements de la République, l'infraction des règles consacrées par les canons reçus en France, l'attentat aux libertés, franchises et coutumes de l'Eglise gallicane, et toute entreprise ou tout procédé qui, dans l'exercice du culte, peut compromettre l'honneur des citoyens, troubler arbitrairement leur conscience, dégénérer contre eux en oppression ou en injure, ou en scandale public.

Art. 7. — Il y aura pareillement recours au conseil d'Etat, s'il est porté atteinte à l'exercice public du culte, et à la liberté que les lois et les règlements garantissent à ses ministres.

Art. 8. — Le recours compétera à toute personne intéressée. A défaut de plainte particulière, il sera exercé d'office par les préfets.

Le fonctionnaire public, l'ecclésiastique ou la personne qui voudra exercer ce recours, adressera un mémoire détaillé et signé au conseiller d'Etat chargé de toutes les affaires concernant les cultes, lequel sera tenu de prendre dans le plus court délai tous les renseignements convenables, et sur son rapport l'affaire sera suivie et définitivement terminée dans la forme administrative, ou renvoyée, selon l'exigence des cas, aux autorités compétentes.

TITRE DEUXIÈME

Des ministres

SECTION PREMIÈRE

Dispositions générales

Art. 9. — Le culte catholique sera exercé sous la direction des archevêques et évêques dans leurs diocèses, et sous celle des curés dans leurs paroisses.

Art. 10. — Tout privilège portant exemption ou attribution de juridiction épiscopale est aboli.

Art. 11. — Les archevêques et évêques pourront, avec l'autorisation du gouvernement, établir dans leurs diocèses des chapitres cathédraux et des séminaires. Tous autres établissements ecclésiastiques sont supprimés.

Art. 12. — Il sera libre aux archevêques et évêques d'ajouter à leur nom celui de Monsieur.

Toutes autres qualifications sont interdites.

SECTION DEUXIÈME

Des archevêques ou métropolitains

Art. 13. — Les archevêques consacreront et installeront leurs suffragants. En cas d'empêchement ou de refus de leur part, ils seront suppléés par le plus ancien évêque de l'arrondissement métropolitain.

Art. 14. — Ils veilleront au maintien de la foi et de la discipline dans les diocèses dépendants de leur métropole.

Art. 15. — Ils connaîtront des réclamations et des plaintes portées contre la conduite et les décisions des évêques suffragants.

SECTION TROISIÈME

Des évêques, des vicaires généraux et des séminaires

Art. 16. — On ne pourra être nommé évêque avant l'âge de trente ans, et si on n'est originaire Français.

Art. 17. — Avant l'expédition de l'arrêté de nomination, celui où ceux qui seront proposés seront tenus de rapporter une attestation de bonne vie et mœurs, expédiée par l'évêque dans le diocèse duquel ils auront exercé les fonctions du ministère ecclésiastique ; et ils seront examinés sur leur doctrine par un évêque et deux prêtres, qui seront commis par le Premier consul, lesquels adresseront le résultat de leur examen au conseiller d'Etat chargé de toutes les affaires concernant les cultes.

Art. 18. — Le prêtre nommé par le Premier consul fera les diligences pour rapporter l'institution du pape. Il ne pourra exercer aucune fonction avant que la bulle portant son institution ait reçu l'attache du gouvernement, et qu'il ait prêté en personne le *serment prescrit par la convention* passée entre le gouvernement français et le Saint-Siège. Ce serment sera prêté au Premier consul ; il en sera dressé procès-verbal par le secrétaire d'Etat.

Art. 19. — Les évêques nommeront et institueront les curés. Néanmoins ils ne manifesteront leur nomination, et ils ne donneront l'institution canonique, qu'après que cette nomination aura été agréée par le Premier consul.

Art. 20. — Ils seront tenus de résider dans leurs diocèses ; ils ne pourront en sortir qu'avec la permission du Premier consul.

Art. 21. — Chaque évêque pourra nommer deux vicaires généraux, et chaque archevêque pourra en nommer trois : il les choisiront parmi les prêtres ayant les qualités requises pour être évêques.

Art. 22. — Ils visiteront annuellement et en personne une partie de leur diocèse et, dans l'espace de cinq ans, le diocèse entier. En cas d'empêchement légitime, la visite sera faite par un vicaire général.

Art. 23. — Les évêques seront chargés de l'organisation de leurs séminaires, et les règlements de cette organisation seront soumis à l'approbation du Premier consul.

Art. 24. — Ceux qui seront choisis pour l'enseignement dans les séminaires, souscriront la déclaration faite par le clergé de France en 1682, et publié par un édit de la même année ; ils se soumettront à y enseigner la doctrine qui y est contenue, et les évêques adresseront une expédition en forme de cette soumission au conseiller d'Etat chargé de toutes les affaires concernant les cultes.

Art. 25. — Les évêques enverront, toutes les années à ce conseiller d'Etat, le nom des personnes qui étudieront dans les séminaires et qui se destineront à l'état ecclésiastique.

Art. 26. — Ils ne pourront ordonner aucun ecclésiastique, s'il ne justifie d'une propriété produisant au moins un revenu annuel de trois cents francs, s'il n'a atteint l'âge de vingt-cinq ans, et s'il ne réunit les qualités requises par les canons reçus en France.

SECTION QUATRIÈME

Des curés

Art. 27. — Les curés ne pourront entrer en fonctions qu'après avoir prêté, entre les mains du préfet, le serment prescrit par la convention passée entre le gouvernement et le Saint-Siège. Il sera dressé procès-verbal de cette prestation par le secrétaire général de la préfecture, et copie collationnée leur en sera délivrée.

Art. 28. — Ils seront mis en possession par le curé ou le prêtre que l'évêque désignera.

Art. 29. — Ils seront tenus de résider dans leurs paroisses.

Art. 30. — Les curés seront immédiatement soumis aux évêques dans l'exercice de leurs fonctions.

Art. 31. — Les vicaires et desservants exerceront leur ministère sous la surveillance et la direction des curés. Ils seront approuvés par l'évêque et révocables par lui.

Art. 32. — Aucun étranger ne pourra être employé dans

les fonctions du ministère ecclésiastique sans la permission du gouvernement.

Art. 33. — Toute fonction est interdite à tout ecclésiastique, même français, qui n'appartient à aucun diocèse.

Art. 34. — Un prêtre ne pourra quitter son diocèse pour aller desservir dans un autre sans la permission de son évêque.

SECTION CINQUIÈME

Des chapitres cathédraux, et du gouvernement des diocèses pendant la vacance du siège.

Art. 35. — Les archevêques et évêques qui voudront user de la faculté qui leur est donnée d'établir des chapitres, ne pourront le faire sans avoir rapporté l'autorisation du gouvernement, tant pour l'établissement lui-même que pour le nombre et le choix des ecclésiastiques destinés à les former.

Art. 36. — Pendant la vacance des sièges, il sera pourvu par le métropolitain, et, à son défaut, par le plus ancien des évêques suffragants, au gouvernement des diocèses.

Les vicaires généraux de ces diocèses continueront leurs fonctions, même après la mort de l'évêque, jusqu'à son remplacement.

Art. 37. — Les métropolitains, les chapitres cathédraux, seront tenus, sans délai, de donner avis au gouvernement de la vacance des sièges, et des mesures qui auront été prises pour le gouvernement des diocèses vacants.

Art. 38. — Les vicaires généraux qui gouvernent pendant la vacance, ainsi que les métropolitains ou capitulaires, ne se permettront aucune innovation dans les usages et coutumes des diocèses.

TITRE TROISIÈME

Du culte.

Art. 39. — Il n'y aura qu'une liturgie et un catéchisme pour toutes les églises catholiques de France.

Art. 40. — Aucun curé ne pourra ordonner des prières

publiques extraordinaires dans sa paroisse, sans la permission spéciale de l'évêque.

Art. 41. — Aucune fête, à l'exception du dimanche, ne pourra être établie sans la permission du gouvernement.

Art. 42. — Les ecclésiastiques useront, dans les cérémonies religieuses, des habits et ornements convenables à leur titre : ils ne pourront dans aucun cas, ni sous aucun prétexte, prendre la couleur et les marques distinctives réservées aux évêques.

Art. 43. — Tous les ecclésiastiques seront habillés à la française et en noir.

Les évêques pourront joindre à ce costume la croix pastorale et les bas violets.

Art. 44. — Les chapelles domestiques, les oratoires particuliers, ne pourront être établis sans une permission expresse du gouvernement, accordée sur la demande de l'évêque.

Art. 45. — Aucune cérémonie religieuse n'aura lieu hors des édifices consacrés au culte catholique dans les villes où il y a des temples destinés à différents cultes.

Art. 46. — Le même temple ne pourra être consacré qu'à un même culte.

Art 47. — Il y aura, dans les cathédrales et paroisses, une place distinguée pour les individus catholiques qui remplissent les autorités civiles et militaires.

Art. 48. — L'évêque se concertera avec le préfet pour régler la manière d'appeler les fidèles au service divin par le son des cloches. On ne pourra les sonner pour toute autre cause sans la permission de la police locale.

Art. 49. — Lorsque le gouvernement ordonnera des prières publiques, les évêques se concerteront avec le préfet et le commandant militaire du lieu, pour le jour, l'heure et le mode d'exécution de ces ordonnances.

Art. 50. — Les prédications solennelles appelées sermons, et celles connues sous le nom de stations de l'Avent et du Carême, ne seront faites que par des prêtres qui en auront obtenu une autorisation spéciale de l'évêque.

Art. 51. — Les curés, aux prônes des messes paroissiales, prieront et feront prier pour la prospérité de la République française et pour les consuls.

Art. 52. — Ils ne se permettront dans leurs instructions aucune inculpation directe ou indirecte, soit contre les personnes, soit contre les autres cultes autorisés par l'Etat.

Art. 53. — Ils ne feront au prône aucune publication étrangère à l'exercice du culte, si ce n'est celles qui seront ordonnées par le gouvernement.

Art. 54. — Ils ne donneront la bénédiction nuptiale qu'à ceux qui justifieront, en bonne et due forme, avoir contracté mariage devant l'officier civil.

Art. 55. — Les registres tenus par les ministres du culte, n'étant et ne pouvant être relatifs qu'à l'administration des sacrements, ne pourront, dans aucun cas, suppléer les registres ordonnés par la loi pour constater l'état-civil des Français.

Art. 56. — (Cet article, relatif à l'emploi du calendrier républicain, a cessé d'être en usage avec le calendrier).

Art. 57. — Le repos des fonctionnaires publics sera fixé au dimanche.

TITRE QUATRIÈME

De la circonscription des archevêchés, des évêchés et des paroisses ; des édifices destinés au culte et du traitement des ministres. ·

Art. 58. — Il y aura en France dix archevêchés ou métropoles, et cinquante évêchés.

Art. 59. — La circonscription des métropoles et des diocèses sera faite conformément au tableau ci-joint.

SECTION DEUXIÈME

De la circonscription des paroisses

Art. 60. — Il y aura au moins une paroisse dans chaque justice de paix. Il sera en outre établi autant de succursales que le besoin pourra l'exiger.

Art. 61. — Chaque évêque de concert avec le préfet, réglera le nombre et l'étendue de ces succursales. Les plans arrêtés seront soumis au gouvernement, et ne pourront être mis à exécution sans son autorisation.

Art. 62. — Aucune partie du territoire français ne pourra être érigée en cure ou en succursale sans l'autorisation expresse du gouvernement.

Art. 63. — Les prêtres desservant les succursales sont nommés par les évêques.

SECTION TROISIÈME

Du traitement des ministres

Art. 64. — Le traitement des archevêques sera de 15,000 fr.

Art. 65. Le traitement des évêques sera de 10,000 fr.

Art. 66. — Les curés seront distribués en deux classes. Le traitement des curés de la première classe sera porté à 1,500 francs ; celui des curés de la seconde classe à 1,000 fr.

Art. 67. — Les pensions, dont ils jouissent en exécution des lois de l'Assemblée constituante, seront précomptées sur leur traitement. Les conseils généraux des grandes communes pourront sur leurs biens ruraux ou sur leurs octrois, leur accorder une augmentation de traitement si les circonstances l'exigent.

Art. 68. — Les vicaires et desservants seront choisis parmi les ecclésiastiques pensionnés, en exécution des lois de l'Assemblée constituante. Le montant de ces pensions et le produit de ces oblations formeront leur traitement.

Art. 69. — Les évêques rédigeront les projets de règlements relatifs aux oblations que les ministres du culte sont autorisés à recevoir pour l'administration des sacrements. Les projets de règlements rédigés par les évêques ne pourront être publiés ni autrement mis à exécution, qu'après avoir été approuvés par le gouvernement.

Art. 70. — Tout ecclésiastique, pensionnaire de l'Etat, sera privé de sa pension s'il refuse, sans cause légitime, les fonctions qui pourront lui être confiées.

Art. 71. — Les conseils généraux de département sont autorisés à procurer aux archevêques et évêques un logement convenable.

Art. 72. — Les presbytères et les jardins attenants, non aliénés, seront rendus aux curés et aux desservants des succursales. A défaut de ces presbytères, les conseils généraux des communes sont autorisés à leur procurer un logement et un jardin.

Art. 73. — Les fondations qui ont pour objet l'entretien des ministres et l'exercice du culte, ne pourront consister qu'en rentes constituées sur l'Etat, elles seront acceptées par l'évêque diocésain, et ne pourront être exécutées qu'avec l'autorisation du gouvernement.

Art. 74. — Les immeubles, autres que les édifices destinés aux logements et les jardins attenants, ne pourront être affectés à des titres ecclésiastiques, ni possédés par les ministres du culte à raison de leurs fonctions.

SECTION QUATRIÈME

Des édifices destinés au culte

Art. 75. — Les édifices anciennement destinés au culte catholique, actuellement dans les mains de la Nation, à raison d'un édifice par cure et par succursale, seront mis à la disposition des évêques par arrêtés du préfet du département. Une expédition de ces arrêtés sera adressée au conseiller d'Etat chargé de toutes les affaires concernant les cultes.

Art. 76. — Il sera établi des fabriques pour veiller à l'entretien et à la conservation des temples, à l'administration des aumônes.

Art. 77. — Dans les paroisses où il n'y aura point d'édifice disponible pour le culte, l'évêque se concertera avec le préfet pour la désignation d'un édifice convenable.

III

ETAT NOMINATIF DES PRÉFETS

nommés en exécution de la loi du 28 pluviose an viii

(Arch. nat. F. 1 *b.* 134) (1)

AIN

Ozun (Jean-Antoine). Né à Sarrancolin (Hautes-Pyrénées) le 31 janvier 1768, mort à Bourg, le 26 mai 1802. — Ancien administrateur des Hautes-Pyrénées. — Député de ce département au Conseil des Cinq-Cents.

AISNE

Dauchy (Luc-Jacques-Edouard, comte). Né à Saint-Just (Oise) le 12 octobre 1757, mort au même endroit le 17 juillet 1817. — Ancien cultivateur et maître de la poste aux chevaux, à Saint-Just. — Député de l'Aisne à l'Assemblée constituante et au Conseil des Cinq-Cents.

(1) Documents complétés avec la *Biographie Michaud,* le *Dictionnaire des Parlementaires* et des renseignements particuliers.

ALLIER

Huguet (Jean-Antoine). Né à Billom (Puy-de-Dôme) le
28 mars 1751, mort à Riom, le 30 juillet 1819. —
Député de ce département à l'Assemblée constituante et au Conseil des Cinq-Cents.

BASSES-ALPES

Texier-Olivier. Marié, trois enfants, 110.000 fr. de capital.
Né à Reignac (Indre-et-Loire) en 1764. — Homme
de loi. — Administrateur du Directoire de ce département. — Député aux Cinq-Cents.

HAUTES-ALPES

Bonnaire (Félix). Marié, deux enfants, 110.000 fr. de fortune. Né à Vitry-le-François, le 23 octobre 1766,
mort en sa terre de la Brosse (Cher) le 2 décembre 1844. Ancien administrateur du département
du Cher. — Député suppléant du Cher à la Convention et au Conseil des Cinq-Cents.

ARDÈCHE

Caffarelly. Célibataire, 500 l. de revenu. Né au Folga
(Haute-Garonne) le 15 janvier 1758. Ancien chanoine de Toul.

ARDENNES

Frain (Joseph). Marié, quatre enfants 6000 l. de revenu
en biens fonds. Né à Avranches le 10 juillet 1758,
mort en cette ville le 26 décembre 1840. — Avocat.
— Député de la Manche au Conseil des Anciens.

ARIÈGE

BRUN. Marié, deux enfants, 4000 l. de revenu. Né à Montpellier le 25 novembre 1754. — Avocat. — Ancien administrateur du département de l'Hérault. — Ancien commissaire du Directoire près l'administration municipale de Montpellier.

AUBE

BRUSLÉ (Claude-Louis). Marié, 10.000 l. de revenu. Né à Paris le 5 décembre 1766, mort en cette ville le 2 mars 1825, — Ancien procureur au Parlement de Paris. — Membre du Corps législatif.

AUDE

BARANTE (Claude BRUGIÈRE DE). Marié, six enfants, 400.000 fr. en propriétés foncières. Né à Riom le 10 décembre 1745, mort dans sa terre de Barante le 14 mai 1814. — Lieutenant criminel de la Sénéchaussée d'Auvergne et présidial de Riom. — Procureur-syndic.

AVEYRON

SAINT-HORENT. Marié, un fils, 150.000 fr. de fortune. Né à Boussac (Creuse) le 30 octobre 1756. — Ancien avocat. — Administrateur. — Membre du Corps législatif.

BOUCHES-DU-RHONE

DELACROIX DE CONSTANT (Charles). Né à Givry (Marne) le 14 avril 1741, mort à Bordeaux le 26 octobre 1805. — Avocat en 1789. — Membre de la Convention. — Ministre des Relations extérieures sous le Directoire.

CALVADOS

Collet-Descoutils (Jean). Né à Cheux (Calvados) le 19
janvier 1740, mort à Yvetot (Seine-Inférieure) le 9
avril 1827. Ancien juge de paix à Valognes. — Député de la Manche au Conseil des Cinq-Cents.

CANTAL

Riou. Marié, 2.400 l. de rente ; 25.000 fr. de mobilier. Né
à Morlaix le 2 mai 1765, mort à Paris le 25 juillet
1811. — Ancien avocat au Parlement de Rennes.
— Député du Finistère au Conseil des Cinq-Cents.

CHARENTE

Delettre. — Commissaire central de la Seine-Inférieure.

CHARENTE-INFÉRIEURE

Français de Nantes (Antoine). — Né à Beaurepaire (Isère)
le 17 janvier 1756, mort à Paris, le 7 mars 1836.
— Directeur des Douanes à Nantes. — Député de
la Loire-Inférieure à la Législative. — Député de
l'Isère au Conseil des Cinq-Cents.

CHER

Legendre de Luçay. — Administrateur de l'Indre.

CORRÈZE

Verneilh-Puyraseau (Joseph, chevalier de). Né à Nexon
(Haute-Vienne) le 29 juillet 1756, mort à Limoges
le 3 juin 1839. — Homme de loi. — Député de la
Dordogne à la Législative.

COTE-D'OR

GUIRAUDET. — Ancien secrétaire général du ministère des Relations extérieures.

COTES-DU-NORD

BOULLÉ (Jean-Pierre). Marié, cinq enfants, 3.000 liv. de revenu. Né à Auray le 2 juillet 1753, mort au Vaumeno (Côtes-du-Nord) le 13 juin 1816. — Avocat. — Député du Morbihan à l'Assemblée constituante et au Conseil des Cinq-Cents.

CREUSE

MUSSET (Joseph-Mathurin). Né en 1754, mort en Belgique en 1828. — Ancien curé de Falleron (Vendée). — Prêta le serment à la Constitution civile du clergé. — Député de la Vendée à la Législative et à la Convention.

DORDOGNE

RIVET (Léonard-Philippe). Marié, deux enfants. 4.600 l. de revenu. Né à Brives le 15 décembre 1768, mort à Brives le 28 avril 1853. — Avocat. — Administrateur du pays conquis en Catalogne. — Procureur général syndic du département de la Corrèze.

DOUBS

DE BRY (Jean). Marié deux fois, cinq enfants, 7.200 l. de revenu. Né à Vervins le 25 novembre 1760, mort à Paris le 6 janvier 1834. — Avocat et homme de lettres. — Député de l'Aisne à la Législative, à la Convention et au Conseil des Cinq-Cents.

DROME

Collin de Sussy (Jean-Baptiste). Né à Sainte-Ménéhould (Marne) le 1er janvier 1750, mort à Paris le 7 juillet 1826. — Administrateur des Douanes.

LA DYLE

Doulcet-Pontécoulant (Louis Gustave). Né à Caen (Calvados) le 17 novembre 1764, mort à Paris le 3 avril 1853. — Ancien garde du corps. — Député suppléant du Calvados à la Législative ; membre de la Convention.

ESCAULT

Faypoult. Né à Paris le 4 décembre 1752, mort en cette ville le 12 octobre 1817. — Ancien officier de génie. — Ministre plénipotentiaire à Gênes et ministre des finances sous le Directoire.

EURE

Masson Saint-Amand.

EURE-ET-LOIR

Delaitre (Jean-François-Marie). Célibataire, 400.000 fr. de fortune. Né à Paris le 11 juillet 1766, mort en cette ville le 13 avril 1835. — Contrôleur général des entrées de Paris. — Commissaire du roi pour la fabrication des assignats.

FINISTÈRE

1. Didelot (avril-mai 1800).

2. RUDLER (François-Joseph). Marié, point d'enfants, 6.000 l.
de revenu. Né à Guebwiller (Haut-Rhin), le 9 septembre 1757, mort à Strasbourg le 13 novembre
1837. — Avocat au conseil souverain d'Alsace. —
Député à l'Assemblée constituante et à la Convention.

FORÊTS (Luxembourg)

1. BIRNBAUM.
2. LACOSTE (Jean-Baptiste). Marié, deux enfants; 250,000 f.
de fortune. Né à Mauriac (Cantal) le 30 août 1756,
mort au château de Vaisses, près Mauriac, le
13 août 1821. — Avocat. — Député du Cantal à la
Convention.

GARD

DUBOIS (Dieudonné), dit Dubois des Vosges. Né à Saint-
Dié le 20 novembre 1859, mort en cette ville le
14 mai 1804. — Avocat.

HAUTE-GARONNE

RICHARD (Joseph-Etienne). Marié, sans enfants, 7,000 l. de
revenu. Né à la Flèche le 28 septembre 1761, mort
à Saintes le 17 août 1834. — Avocat. — Député à
la Législative.

GERS

BALGUERIE. Célibataire, fortune : 60,000 l. de sa mère et
300,000 l. de son père. Né à Bordeaux le 16 mars
1768. — Homme de loi. — Commissaire du gouvernement près l'administration municipale de
Bordeaux. — Président de l'Administration départementale de la Gironde.

GIRONDE

C. THIBAUDEAU (Antoine-Clair). 10,000 liv. de revenu. Né
à Poitiers, le 23 mars 1765, mort à Paris le
8 mars 1854. — Avocat. — Procureur de la Cour
de Poitiers. — Député de la Vienne à la Convention et au Conseil des Cinq-Cents.

GOLO (Bastia)

PIETRI. Né à Sartène le 23 octobre 1765. — Prêtre en 1789.
— Secrétaire au Directoire du District de Tallano
en 1790. — Président de l'Administration centrale
du département du Liamone.

HÉRAULT

NOGARET (Pierre-Barthe-Joseph). Célibataire; 200,000 fr. en
propriétés foncières. Né à Marvejols le 28 juin
1762, mort à Paris le 31 août 1841. — Administrateur du département de l'Aveyron et suppléant du
Procureur général syndic. — Député de ce département à l'Assemblée législative et au Conseil des
Cinq-Cents.

ILLE-ET-VILAINE

BORIE (Nicolas-Yves). Né à Tréguier (Côtes-du-Nord), le
24 février 1757, mort à Reims le 18 avril 1805. —
Entra dans l'Administration après le 18 Brumaire.

INDRE

DALPHONSE (François-Jean-Baptiste). Marié, sans enfants; 3,000 fr. de revenu. Né à Ronny (Loiret),
le 22 octobre 1756, mort à Moulins le 24 septembre
1821. — Avocat au Parlement. — Membre du
Directoire du district de Moulins. — Député de
l'Allier au Conseil des Anciens.

INDRE-ET-LOIRE

1. GRAHAM.
2. POMMEREUL. Marié, trois enfants; 10,000 l. de revenu.
Né à Fougères en 1745. — Officier d'artillerie avant
1789. — Emigra, rentra en France, devint général
de division d'artillerie.

ISÈRE

Ricard de Séalt (Gabriel-Joseph-Xavier). Né à Saint-Maximin (Var) en 1754, mort à Grenoble le 1er février 1802. — Avocat. — Député du Var à l'Assemblée constituante.

JEMMAPES

Garnier (Jean-Baptiste-Etienne). Né à Paris le 20 novembre 1756, mort à Versailles le 24 octobre 1827. — Conseiller du roi au Châtelet. — Député de Paris à l'Assemblée constituante.

JURA

Poncet. Marié, un enfant ; 12,000 l. de revenu. Né à Chalon-sur-Saône le 8 octobre 1753. — Colonel dans l'état-major des armées du Roi depuis 89. — Administrateur du district, membre de la municipalité de Châlons.

LANDES

Méchin (Alexandre-Edme). Marié, trois enfants, chargé du soin de presque toute sa famille, tant de son côté que de celui de sa femme ; 3,000 l. de revenu. Né à Paris le 18 mars 1772, mort en cette ville le 20 septembre 1849. — Député extraordinaire et commandant des gardes nationales de plusieurs communes du département de Seine-et-Marne. — En frimaire an VII, contrôleur des recettes et dépenses et membre de la Commission civile du Directoire exécutif près l'armée de Naples.

LÉMAN

Eymar (Ange-Marie d'). Né à Forcalquier (Basses-Alpes), le 8 septembre 1747, mort à Genève le 11 juin 1803. Membre de la Constituante ; ambassadeur de la République à Turin sous le Directoire.

LIAMONE (Ajaccio)

Galeazzini. Ex-commissaire central.

LOIR-ET-CHER

Corbigny, marié, quatre enfants ; 2,000 fr. de revenu. Né à
Rennes en 1771. — Chargé successivement de
missions dans l'intérieur et à l'étranger par les
ministres des Relations extérieures, de la Marine
et de la Guerre.

LOIRE

Imbert (François-Perret), célibataire, fortune médiocre. Né
à la Terrasse (Isère) le 3 décembre 1766, mort à
Montbrison le 9 mars 1807. — Avocat. — Secrétaire général du district de Grenoble. — Député de
l'Isère au Conseil des Cinq-Cents.

HAUTE-LOIRE

Lamothe, marié, trois enfants ; 320,000 fr. de propriétés.
Né à Clermont en 1756. — Avocat du roi au présidial de cette ville. — Membre du jury central de
l'Instruction publique du Puy-de-Dôme.

LOIRE-INFÉRIEURE

Letourneur de la Manche (Charles-Louis-François-
Honoré). Né à Granville le 15 mars 1751, mort à
Lacken (Belgique) le 4 octobre 1817. — Député à
l'Assemblée législative, et au Conseil des Anciens,
membre du Directoire.

LOIRET

Maret. Commissaire central de la Côte-d'Or.

LOT

Bailly.

LOT-ET-GARONNE

Pieyre fils (Jean), marié, un fils ; 7,000 l. de revenu. Né à Nîmes en 1755. — Ancien négociant. — Député du Gard à l'Assemblée législative.

LOZÈRE

Jerphanion, marié, quatre enfants ; 100,000 fr. de fortune. Né au Puy en 1758. — Syndic du pays de Vélay. — Administrateur de la Haute-Loire. — Inspecteur des Contributions directes dans la Haute-Loire.

LA LYS (Bruges)

Viry (François-Marie-Joseph-Justin), né à Viry (Haute-Savoie), le 1er novembre 1736, mort à Paris le 23 octobre 1813.—Ministre plénipotentiaire auprès des Etats généraux des Provinces unies en 1766, émigra à la Révolution et rentra au Consulat.

MAINE-ET-LOIRE

Montault des Illes (Pierre de). Né à Loudun le 9 mai 1751. Conseiller secrétaire du roi à la Chancellerie près le Parlement de Rouen. Député de la Vienne à l'Assemblée législative et au Conseil des Anciens.

MANCHE

Magnitot. Ancien commissaire de la marine.

MARNE

Bourgeois-Jessain (Claude-Laurent), marié, deux enfants, 20,000 fr. en propriétés. Né à Bar-sur-Aube le 26 avril 1764, mort au château de Beaulieu (Aube) le 8 janvier 1853. — Receveur particulier des finances.

HAUTE-MARNE

Ligniville (René-Charles-Elisabeth). Né à Herbeviller (Meurthe) le 22 février 1760, mort au château de Raucourt (Meuse) le 15 septembre 1813. — Sous-lieutenant aux gardes du corps de M. de Beauveau en 1779, il servit sous les ordres de Dumouriez et fut arrêté comme suspect en avril 93.

MAYENNE

Harmand (Nicolas-François), marié, quatre enfants; 10,000 l. de revenu. Né à Souilly (Meuse) le 9 janvier 1746, mort à Senlis (Oise) le 31 décembre 1821. — Ancien membre de la Constituante.

MEURTHE

Marquis (Jean-Joseph). marié ; 100,000 fr. de fortune. Né à Saint-Mihiel (Meuse), le 14 août 1747, mort en cette ville le 7 juin 1822. — Ancien avocat. — Député de la Meuse à l'Assemblée constituante, à la Convention et au Conseil des Cinq-Cents.

MEUSE

Saulnier (Pierre-Dieudonné-Louis). Né à Nancy (Meurthe) le 1er janvier 1767, mort à Paris le 23 février 1838. — Ancien commissaire central de la Meuse. — Il n'exerça aucune fonction publique avant thermidor.

MEUSE-INFÉRIEURE (Maëstricht)

Becays-Perraud (Général).

MONTBLANC

Sauzay (Antoine de). Né à Lyon le 1er avril 1745, mort à Paris le 26 avril 1821. — Administrateur du département du Mont-Blanc au 18 Brumaire.

MORBIHAN

Jullien, célibataire, fortune presque nulle et nombreuse famille. Né à Lapalue (Vaucluse) en 1764. — Officier de génie, fit toutes les campagnes de la Révolution jusqu'en l'an vi.

MOSELLE

Colchen (Jean-Victor). Né à Metz le 5 novembre 1752, mort à Paris le 21 juillet 1830. — Chef de division au ministère des affaires étrangères en 1789.

DEUX-NETHES (Anvers)

D'herbouville (Charles-Joseph-Fortuné). Marié, deux enfants, 30.000 livres de revenu. Né à Paris le 14 avril 1756; mort en cette ville le 1er avril 1829. — Ancien militaire ; procureur syndic de l'Assemblée provinciale de haute Normandie, commandant de la garde nationale de Rouen, commissaire du Roi pour la formation des départements, districts et municipalités. Président du département de la Seine-Inférieure.

NIÈVRE

Sabathier (Pierre-Louis-André). Né à... ? mort à Paris le 4 décembre 1820. — Député du Cher à la Législative.

NORD

Joubert (Pierre-Mathieu). Né à Angoulême le 16 novembre 1748, mort à Paris le 26 avril 1815. — Curé de Saint-Martin d'Angoulême en 1789. — Député de la Charente à l'Assemblée constituante. — Prêta le serment à la Constitution civile du clergé. — Nommé évêque constitutionnel de la Charente, se maria en 1793 et le 8 ventôse an ix devint conseiller de préfecture de la Seine.

OISE

Cambry. Ancien administrateur de la Seine.

ORNE

Lamagdelaine. Célibataire, 9.000 l. de revenu. Né à Verdun-sur-Garonne en 1764. — Avocat et procureur du Roi. — Maire de Verdun. — Membre de la première administration départementale de la Haute-Garonne ; membre du Directoire et procureur général syndic du même département.

OURTHE

Desmousseaux. Marié, quatre enfants, 300.000 fr. de fortune. Né à Rouen en 1757. — Avocat au Parlement de Paris. — Président du district de Sainte-Opportune. — Représentant de la commune, administrateur de ses domaines et finances. — Juge au tribunal des échevins. — Membre et secrétaire du bureau administratif. — Membre de la municipalité définitive en 1790. — Membre du Tribunat.

PAS-DE-CALAIS

Poitevin-Maissemy. Marié, deux enfants. Une belle habitation à Saint-Domingue et 6.000 l. de revenu en France. Né à Guiscard (Oise), le 9 mars 1748. — Conseiller à la Cour des aides. — Maître des Requêtes. — Directeur général de la librairie en 1788. Le 15 juillet 1789, l'un des premiers représentants de la Commune de Paris. — Administrateur du département de l'Oise.

PUY-DE-DOME

Ramey-Sugny.

BASSES-PYRÉNÉES

Guinebaud (Jacques-Nicolas). Né à Nantes le 21 janvier 1738
mort à Oporto (Portugal), le 20 décembre 1813. —
Ancien négociant et juge-consul en 1776. — Député
de la Loire-Inférieure à l'Assemblée constituante.

HAUTES-PYRÉNÉES

Lasnes. Administrateur.

PYRÉNÉES-ORIENTALES

Martin (Joseph). Célibataire, 3.500 fr. de revenu. Né à
Saint-Béat (Haute-Garonne), le 6 janvier 1753,
mort à Toulouse en 1815. — Ancien négociant. —
Général de brigade à l'armée des Pyrénées-Orien-
tales, an II. — Député de ce département au Conseil des Cinq-Cents.

BAS-RHIN

Laumont.

HAUT-RHIN

Harmand.

RHONE

Verninac. Né en 1762 à Souillac (Lot), mort en 1822. —
Ambassadeur de la République française en l'an III
près la Sublime-Porte.

SAMBRE ET MEUSE

Pérès (Emmanuel). Marié, trois enfants, 24.000 l. de re
venu. Né à Boulogne en Comminges (Haute-
Garonne), le 22 mai 1752, mort à Boulogne le 17
juillet 1733. — Avocat au Parlement de Toulouse.
Député de la Haute-Garonne à l'Assemblée constituante, à la Convention et au Conseil des Cinq-
Cents.

HAUTE-SAONE

Vergnes.

SAONE-ET-LOIRE

Buffault (Philippe-Jean-Marie), né à Paris le 4 juin 1760,
mort en cette ville le 4 décembre 1850. — Ancien
administrateur.

SARTHE

Auvray. Célibataire, 1.200 l. de revenu. Né à Poitiers en
1762. — Employé à l'Intendance de Paris, chef de
bureau à la Commission intermédiaire de l'administration principale de l'Ile-de-France, capitaine
d'infanterie en 1789. — Chef de bataillon et chef de
brigade.

SEINE

Frochot (Nicolas-Thérèse-Benoît). Marié, deux enfants,
2.400 l. de revenu. Né à Dijon le 20 mars 1761,
mort à Etuf (Haute-Marne), le 29 juillet 1828. —
Avocat au Parlement de Bourgogne. — Député de
la Côte-d'Or à l'Assemblée constituante.

SEINE-INFÉRIEURE

Beugnot (Jacques-Claude). Né à Bar-sur-Aube le 25 juil-
let 1761, mort à Bagneux (Seine), le 24 juin 1835.
— Lieutenant général du présidial de Bar-sur-
Aube. — Député de l'Aube à l'Assemblée législative.

SEINE-ET-MARNE

La Rochefoucault (Alexandre-François). Né à Paris le
24 août 1767, mort en cette ville le 2 mars 1841. —
Avait pris part sous les ordres de La Fayette à la
guerre de l'indépendance américaine.

SEINE-ET-OISE

Germain-Garnier. Ancien administrateur.

DEUX-SÈVRES

Dupin. Marié, deux enfants, 3.000 l. de revenu. Né à Metz en 1767. — Secrétaire de M. Ethis de Corny, son oncle, procureur du roi de la ville de Paris. — A passé toute la Révolution au département de la Seine, d'abord comme secrétaire adjoint, ensuite comme secrétaire général et commissaire du gouvernement, enfin comme administrateur.

SOMME

Quinette (Nicolas-Marie). Marié, deux enfants, 8.000 l. de revenu. Né à Paris le 16 septembre 1762, mort à Bruxelles le 14 juin 1821. — Notaire à Soissons en 1789; administrateur du département de l'Aisne. — Député de l'Aisne à l'Assemblée législative, à la Convention et au Conseil des Cinq-Cents, ministre de l'Intérieur en l'an vii.

TARN

Lamarque (François). Né à Monpont (Dordogne), le 2 novembre 1753, mort audit lieu le 13 mai 1839. — Avocat. — Député de la Dordogne à la Législative, à la Convention et au Conseil des Cinq-Cents.

VAR

Fauchet (Joseph). Marié, un enfant 12.000 l. de revenu. Né à Saint-Quentin le 31 août 1761, mort à Paris le 13 septembre 1834. — Avocat au barreau de Paris. — Chef du bureau central de l'administration de la Police; secrétaire général de la mairie de Paris. — Ministre plénipotentiaire près les Etats-Unis du Nord.

VAUCLUSE

Pelet de la Lozère (Jean). Né à Saint-Jean-du-Gard (Gard), le 23 février 1759, mort à Paris le 26 janvier 1842. — Avocat au Parlement de Provence. — Député du Gard à la Convention.

VENDÉE

Le Faucheux (Jean-Baptiste-Antoine). Né à Verdun le 12 juillet 1752, mort à Pont-à-Mousson (Meurthe), le 23 mai 1834. — Sous-lieutenant au régiment de Bouillon ; administrateur des poudres et salpêtres à Epinal.

VIENNE

Cochon (Charles). Marié, quatre enfants, 9.000 l. de revenu. Né à Champdeniers (Deux-Sèvres), le 24 janvier 1750, mort à Poitiers le 17 juillet 1825. — Conseiller à la sénéchaussée de Fontenay-le-Comte. — Député des Deux-Sèvres à l'Assemblée constituante. — Président du tribunal criminel du département des Deux-Sèvres. — Membre de la Convention ; ministre de la Police.

HAUTE-VIENNE

Pougeard-Dulimbert (François). Né à Confolens (Charente), le 3 juillet 1753, mort à Limoges le 28 mars 1837. Avocat au Parlement de Paris. — Député de la Charente à l'Assemblée constituante et au Conseil des Anciens.

VOSGES

Desgouttes. Ex-commissaire de Genève près la République française.

YONNE

Rougier la Bergerie (Jean-Baptiste). Né à Bormeuil
(Indre), le 21 décembre 1762, mort à Paris le 13 septembre 1836. — Agriculteur. — Président de l'administration du district de Saint-Fargeau. —
Député de l'Yonne à l'Assemblée législative.

FIN DE L'APPENDICE DU SECOND VOLUME

ERRATA

—

Page 2, au lieu de : la *verve Maury*, lire : la *verve de Maury*.

Page 37, au lieu de : *deux* ecclésiastiques de l'ancien régime, lire : *quatre*. J'ai oublié, en effet, Piétri, nommé préfet de Bastia, et Joubert, ancien évêque constitutionnel de la Charente, nommé préfet de Lille.

Page 60, au lieu de : *et du court mais cordial entretien qu'il avait eu avec Bonaparte*, lire : *et parce qu'il était* PERSONA GRATA *auprès de Bonaparte qui avait eu avec lui, à son retour d'Egypte, un court mais cordial entretien.*

Page 80, au lieu de : la preuve en est qu'à Rome *on craignait* un instant que Bonaparte *se fit* représenter à Verceil..... lire : *on craignit* un instant que Bonaparte *ne se fit* représenter à Verceil.....

Page 106, au lieu de : *si* chacun avait donné au pape son avis par écrit, lire : *et* chacun....

Page 107, au lieu de : laquelle *était chargée*, lire : *avait été chargée.*

Page 181, au lieu de : *l'aurait-il eu*, lire : *l'aurait-il eue.*

TABLE DES MATIÈRES

FIN DE LA TABLE DES MATIÈRES DU TOME SECOND

ET DERNIER

TABLE ALPHABÉTIQUE

DES NOMS PROPRES CITÉS DANS LES DEUX VOLUMES

DES ORIGINES DU CONCORDAT

B

H

M

Macchiola, t. i, 167.
Macerata, t. i, 90. 98, 106, 276, 287.
Machiavel, t. i, 77.
Macon, t. i, 120, 148.
Madrid, t. i, iii, 230 ; t. ii, 4, 6, 7.
Maguitot, t. ii, 286.
Mahomet, t. ii, 29.
Maine-et-Loire, t. ii, 57, 61, 286.
Malines t. ii, 75.
Malte, t. i, 322 ; t. ii, 110.
Manche, (la) t. ii, 37, 51, 277, 286.
Manfredini, t. i, 78, 250, 252, 253, 288.
Manguin, t. i, 123.
Mantoue, t. i, 40, 57, 84, 88, 91, 179, 180, 191, 194, 195, 196, 200, 214, 229, 236, 241, 242, 244, 253, 254, 258, 259, 273, 274, 280, 316 ; t. ii, 6.
Marche, (la) t. i, 90, 163, 260, 276, 286, 293.
Marchetti, t. i, 259.
Marengo, t. i, xv, xvi, 20 ; t. ii, 39.
Maret, t. ii, 149, 285.
Marie-Antoinette, t. ii, 139.
Marigny, t. ii, 61.
Marinelli, t. i, 168.
Mario (Mgr), t. ii, 200.
Marmontel, t. i, 14.
Marne, t. i, 32 ; t. ii, 281, 286.
Marne (Haute-), t. ii, 46.
Marquis, t. ii, 287.
Marolles, t. i, 16.
Marseille, t. i, 148 ; t. ii, 31, 186.
Marta, t. i, 5.
Martin (Joseph), t. ii, 290.

Martiniana, t. ii, 2, 20, 59, 66, 80, 172.
Marvejols, t. ii, 283.
Masa de Carraca, t. i, 213.
Masséna, t. i, 195, 240.
Massini, t. i, 104, 107, 117, 151, 172, 278, 328.
Masson-Saint-Amand, t. ii, 281.
Masson, (Frédéric) t. i, 2, 3, 4, 43.
Mathieu, t. ii, 178.
Mattei, (card.) t. i, 40, 52, 58, 80, 81, 83, 87, 93, 102, 103, 104, 106, 107, 108, 116, 232, 233, 234, 278, 282, 348, 351 ; 366 ; t. ii, 2, 6, 7, 10, 12, 14, 15.
Maudru, t. i, 143.
Maupeou, t. i, 18.
Mauriac, t. ii, 282.
Maury, t. i, 1, 15, 162 ; t. ii, 2, 3, 5, 8, 9, 10, 11, 12, 13, 14, 15, 18, 22, 23, 26, 27, 28, 29, 31, 32, 33, 60, 77, 80, 167, 295.
Mauviel, t. ii, 81.
Mayenne, (la) t. i, 130 ; t. ii, 163, 287.
Mazini, t. i, 9.
Meaux, t. i, 18, 57, 131, 135.
Méchin, t. ii, 284.
Médicis, t. i, 57, 196.
Méditerranée, t. i, 200, 230, 265.
Mendizabal, t. i, 54, 82, 89, 91, 112. 177, 195, 225, 230, 248, 267, 270, 280, 288, 289, 290, 313.
Mendoza, t. ii, 2.
Mengs, t. i, 178.
Mer, t. i, 139.
Mermel, t. ii, 84.
Messine, t. i, 228.
Meurthe, t. ii, 287.
Meuse, t. ii, 287.
Meuse-Inférieure, t. ii, 287.
Metz, t. i, 143 ; t. ii, 288, 292.

N

O

T

U

V

FIN DU DEUXIÈME TOME.

Savenay. — Imprimerie J.-J. ALLAIR, rue de l'Eglise.

www.ingramcontent.com/pod-product-compliance
Ingram Content Group UK Ltd.
Pitfield, Milton Keynes, MK11 3LW, UK
UKHW021506090726
13657UKWH00001B/56